KB021592

반기문처럼
김용처럼

세계 무대의 주인공이 되라
반기문처럼 김용처럼

초판 1쇄 펴낸 날 | 2015년 11월 23일

지은이 | 서정명
펴낸이 | 이금석
기획 · 편집 | 박수진
디자인 | 김현진
마케팅 | 곽순식
물류지원 | 현란
펴낸곳 | 도서출판 무한
등록일 | 1993년 4월 2일
등록번호 | 제3-468호
주소 | 서울 마포구 서교동 469-19
전화 | 02)322-6144
팩스 | 02)325-6143
홈페이지 | www.muhan-book.co.kr
e-mail | muhanbook7@naver.com

가격 13,500원
ISBN 978-89-5601-396-1 (03320)

잘못된 책은 교환해 드립니다.
※ 이 책 표지에는 우아한형제들에서 제공한 배달의민족 도현체가 적용되어 있습니다.

세계 무대의 주인공이 되라

반기문처럼
김용처럼

서정명 지음

무한

Be a champion in your life

．
．
．

　하루하루 버티기도 힘든 인생이다. 내일은 오늘보다 나을 것이라는 희망과 기대를 품고 살아가고 있지만, 삶이 우리에게 항상 행운의 미소를 보내는 것은 아니다. 슬픔과 절망, 낙담과 한숨, 눈물과 좌절이 먹구름처럼 우리의 일상을 뒤덮고 있을 때도 많다. 명문 대학에 들어가겠다는 맹목적인 일념 때문에 젊음을 희생당하는 청소년들, 직장을 구하지 못해 생활고에 허덕이는 젊은이들, 급등하는 전세가격에 한숨짓는 신혼부부들, 늘어나기만 하는 빚더미에 눈물짓는 주부들. 남의 일이 아니라 우리들의 자화상이다.

　이제 절망을 희망으로, 슬픔을 기쁨으로, 눈물을 웃음으로, 한숨을 환희로 바꾸어야 한다. 감이 떨어지기를 기다리며 나무 밑에서 하염없이 입을 벌리고 있는 것은 시간낭비에 불과하다. 그러한 행운은 절대 찾아오지 않는다.

　살다가 막다른 길목에 다다랐다는 느낌을 받을 때에는 '큰바위 얼굴'이 필요하다. 우리에게 '다시 한 번 해보는 거야', '일어나! 할 수 있어', '너라면 가능해'라고 옆에서 용기를 불어넣어 줄 수 있는 거인도人이 있어야 한다. 아무런 목적과 지향점이 없이 방황하는 배는 거친 풍랑을 만나면 침몰하고 말지만, 확고한 목표를 정한 뒤 나침반을 친구 삼아 앞으로 전진하는 배는 항구에 도착하게 된다.

나는 우리 시대의 큰바위 얼굴로 반기문 유엔 사무총장과 김용 세계은행 총재를 추천하고 싶다. 뉴욕특파원 시절, 나는 반기문 총장과 김용 총재를 가까운 거리에서 지켜볼 수 있었고 인터뷰를 통해 그들의 성공원칙과 삶의 철학을 엿볼 수 있었다.

누구나 불가능할 것이라고 생각했지만 결국은 세계 최고의 외교관이 되어 글로벌 사회를 이끌고 있는 반기문 총장. 동양인이라는 핸디캡과 미국 주류사회의 멸시를 극복하고 글로벌 경제를 지휘하고 있는 김용 총재. 나는 반기문 총장과 김용 총재가 뿜어내는 일에 대한 열정과 실패에 굴하지 않는 도전정신, 끊임없는 자기계발, 철저한 시간관리 등의 자세야 말로 될 대로 되라는 식으로 살아가는 소인小人들에게 죽비가 되어 큰 가르침을 줄 것이라고 확신한다.

이 책은 반기문 총장과 김용 총재를 자세히 관찰하면서 있는 모습 그대로 옮긴 보고서라고 할 수 있다. 반기문 총장의 생활습관을 통해서는 꿈, 열정, 변화, 겸손, 성실 등을 배울 수 있고, 반기문 총장의 마음자세에서는 원칙과 리더십, 글로벌 마인드, 독서, 배려 등의 덕목을 음미할 수 있다. 또 김용 총재의 성공습관을 통해서는 도전, 긍정, 소통과 경청, 공부법, 멘토, 혁신 등에 대해 배울 수 있고, 김용 총재의 정신과 가치관에서는 외국어, 목표, 낮춤, 통솔력, 인맥, 자기계발 등의 철학을 맛볼 수 있다.

　녹진한 삶에 지쳐 있는가. 희망이 없다고 슬퍼하고 있는가. 눈물과 한숨으로 하루하루를 보내고 있는가. 자기 자신이 불쌍한가. 어떻게 살아야 할지 해답을 찾지 못하고 있는가. 반기문 총장과 김용 총재가 전하는 삶의 향기를 맡으면서 흙먼지를 털어내고 다시 일어서자. 이제 눈물을 닦고 미소를 띠자. 그리고 도전하자. 여러분은 할 수 있다고 반 총장과 김 총재가 응원하고 있다.

— 서정명 드림

목차

2장
반기문 총장의 마음자세

3장
김용 총재의
성공습관

1

반기문 총장의
생활습관

1

무소의 뿔처럼
자신의 길을 가라

⋮

꿈

명확한 목적이 있는 사람은
가장 험난한 길에서조차 앞으로 나아가고,
목적이 없는 사람은
가장 순탄한 길에서조차 앞으로 나아가지 못한다.
– 영국의 비평가이자 역사가 토머스 칼라일

　반기문 총장처럼 성공의 정상에 오른 사람들에게서 발견할 수 있는 공통점은 용기를 가지고 꿈과 목표를 향해 달려갔다는 점이다. 남들은 불가능하다며 주저할 때 과감하게 도전할 수 있는 용기, 남들은 미래가 보장되지 않는다며 발을 뺄 때 '때는 바로 지금'이라며 앞으로 나아가는 결단력, 남들은 우유부단하게 결정을 내리지 못하고 망설일 때 목표를 정해 앞으로 돌진하는 추진력을 발휘했다.

　용기를 가지고 자신의 인생을 개척하기 위해서는 뚜렷한 꿈과 목표가 있어야 한다. 목표나 꿈이 없으면 우리는 용기를 가질 수 없다. 높은 히말라야 산을 정복하기 위해서는 용기가 필요하듯이 인생을 정복하기 위해서도 뚜렷하고 구체적인 목표가 있어야 한다. 목표와 꿈이 있으면 용기가 생긴다. 도전하고 싶은 욕구가 샘솟는다. 아무런 목표가 없다면 용기도 필요 없는 법이다.

　인생을 살다보면 누구에게나 시련이 찾아오고 때로는 절망할 때도 있다. 반 총장도 살아오면서 수많은 시련과 역경에 부닥쳤지만, 굴복하지 않고 꿈과 목표를 향해 달려갔다. 자칫 잘못했다가는 목숨을 잃을 수도 있는 위험한 상황도 있었다.

　어떤 사람은 시련에 굴복해 실패자의 삶을 사는가 하면 어떤 사람은 인내와 끈기로 이를 극복해 승리자의 삶을 산다. 결국 우리들의 마음먹기에 달려있는 것이다. 현실이 아무리 어렵더라도, 세상의 짐이 너무나

무겁더라도, 남이 나를 알아주지 않는다고 하더라도 목표만 있다면 우리는 충분히 현재의 어려움을 극복해 나갈 수 있다.

이탈리아 르네상스 시대의 예술가 미켈란젤로는 이렇게 말하지 않았는가.

"대부분의 사람들에게 가장 위험한 일은 목표를 너무 높게 잡고 거기에 이르지 못하는 것이 아니라, 목표를 너무 낮게 잡고 거기에 머무는 것이다."

미켈란젤로의 가르침대로 우리는 큰 꿈과 목표를 향해 나아가야 한다. 어린아이가 아장아장 한 걸음을 내딛는 것처럼, 작은 목표를 하나씩 하나씩 달성해 나가면 결국에는 큰 꿈을 이룰 수 있다. 어찌 첫 숟가락에 배가 부르겠는가.

인생 사전에 꿈을 써넣어라

반 총장은 충주고등학교에 다닐 때 꿈을 품었다. 반기문의 생활기록부를 보면 취미·특기란에는 '독서'라고 적혀 있고, 장래희망란에는 '외교관'이라고 또렷하게 기재되어 있다. 이 글을 읽는 여러분은 꿈과 목표를 설정해놓았는가. 대학교에 들어가서도 별다른 목표도 세우지 않고, 자신의 적성과는 무관하게 오직 회사에 취직하는 것만을 목표로 생활하는 학생들이 꽤 많다. 그들의 인생 사전에 꿈과 목표, 희망이라는 단어가 사라진 지 오래다. 참으로 안타까운 일이다. 반 총장은 우리에게 꿈과 목표는 빨리 설정해야 하고, 그 꿈을 위해 청춘을 불태워야 한다고 가르치고 있다. 반 총장은 고등학교 때 세운 목표와 꿈을 향해 질주했다. 서울대 외교학과에 들어가고, 외무고시를 치르고, 외교관이 되고, 외교부 장관이 되고, 그리고 결국에는 UN 사무총장까지 되었다. 젊은 시절 세웠던 확고한 꿈과 목표가 있었기 때문에 시련이나 고난을 당해도 흔들리지 않았고, 불교 경전《법화경》에서 말하는 무소의 뿔처럼 자신만의 길을 걸어갈 수 있었던 것이다.

반 총장이 외교관이라는 직업에 매력을 느끼게 된 것은 충주고 3학년 1962년 때 한 달간 미국을 방문한 것이 결정적인 계기가 됐다. 반기문은 미국 적십자사와 적십자연맹이 공동 주최한 '청소년 적십자 국제견학 계획 및 연구대회VISTA'에 참가하게 된 것이다.

때로는 한 번의 경험이 세상을 바라보는 우리의 시각을 바꾸어 버리고, 심지어는 우리의 인생을 결정하게 된다. 여행을 통해 새로운 사람을 만나고, 경험을 통해 세상을 보는 새로운 시각을 갖게 되는 것은 참으로 놀라운 힘을 발휘하게 된다.

한국의 대한적십자사는 VISTA 프로그램에 참여할 한국 학생들을 선발했다. 전국에서 공부 좀 한다는 수재들이 앞 다퉈 신청을 했지만, 반기문을 포함해 고작 4명이 뽑혔을 뿐이었다.

"기문이가 뭔 일을 낼 것이라고 생각했지라우."

"열심히 하더니만 결국 해내고 마는구먼."

"정말 개천에서 용이 나왔구먼."

충주 일대는 그야말로 난리가 났다. 거리에는 반기문이 VISTA 프로그램에 합격했고, 미국을 방문한다는 현수막이 걸렸다. 1960년대 초반 당시 미국을 방문한다는 것은 낙타가 바늘구멍을 통과하는 것만큼 어려운 일이었다. 선택받은 사람들만이 미국을 방문하던 시절이었다. VISTA 프로그램은 존 F. 케네디 미국 대통령이 아이디어를 내 기획된 것이었다.

세계 각국의 우수한 학생들을 선발해 미국의 선진문물과 문화를 경험하게 함으로써 학생들에게 글로벌 사회를 이끌어갈 수 있는 리더십을 길러준다는 것이 목표였다. 행사에는 총 43개 나라에서 117명이 참가했다. 반기문이 VISTA 프로그램을 경험하면서 외교관이 되어야겠다고 마음을 굳힌 것은 미국 백악관에서 존 F. 케네디 대통령을 직접 만난 것이 결정적인 계기가 됐다. 케네디 대통령은 한 손에 준비된 연설문을 들고 있었지만, 거의 보지 않고 전 세계에서 온 학생들에게 이렇게 말했다.

"미래에 대한 희망은 여러분 모두에게 달려 있습니다. 많은 사람들이 지구 곳곳에서 고통을 받고 있습니다. 이 숙제를 해결하는 데에는 국경이 있을 수 없으며, 단지 우리가 과연 도움의 손길을 뻗칠 준비가 되어 있느냐 하는 것이 문제입니다. 여러분이 자국의 국민을 돕든, 다른 나라 사람들을 돕든, 여러분은 여전히 큰 뜻에 기여하게 되는 것입니다. 여러분의 가족도, 조국도 모두 여러분을 자랑스러워할 것입니다."

케네디 대통령의 연설은 학생들에게 꿈과 희망을 주는 메시지로 채워졌다. 목소리는 또렷했고, 사람의 마음을 감동시키는 호소력이 있었다. 반기문은 먼발치에서 케네디 대통령을 지켜봤을 뿐이지만, 케네디 대통령에게서 뿜어져 나오는 위엄과 후광은 평생 동안 오랜 잔상으로 남게되었다.

이미 고인故人이 됐지만, 케네디 대통령이 미국 역사상 최연소 대통령으로 미국인들의 존경과 사랑을 한 몸에 받고 있는 것처럼, 반 총장은 한국 역사상 최초의 UN 사무총장으로 전 세계인의 존경을 받고 있다.

시작은 초라하고 미미했지만

반 총장과 케네디 대통령 가문의 공통점은 시작은 초라했고, 미미했다는 점이다. 케네디 대통령의 증조할아버지는 가난이 싫어 1849년 아일랜드를 떠나 가족들과 함께 미국으로 이민을 왔다. 케네디 가문은 '1등을 하라. 2등은 패배일 뿐이다'라는 가훈을 가지고 있는데, 이후 후손들은 가훈에 따라 목표와 꿈을 설정하고 그 꿈을 향해 온갖 노력을 기울였다. 이국땅에서 갖은 고생을 한 끝에 케네디의 할아버지는 주(州)의원이 되었고, 케네디의 아버지는 영국 대사를 지냈고, 케네디는 최연소 미국 대통령이 되었다. 지긋지긋한 가난이 싫어 빈손으로 미국에 왔지만, 케네디 가문은 꿈을 향해 도전하는 열정을 밑천 삼아 미국 정치의 한 획을 긋는 명문 가문으로 이름을 날리게 되었다.

케네디 가문 사람들 중에는 세계 최고의 대학인 하버드대학교를 나온 사람이 많다. 케네디의 아버지와 케네디 대통령을 포함한 형제 4명이 모두 하버드대학을 졸업해 5부자가 하버드대학의 동문이다. 이후 케네디 가문의 자손들은 하버드대학 진학이 인생의 필수코스가 되었는데, 이는 자손들이 땀을 흘려 1등주의 가훈을 실천하고 있기 때문이다. 하버드대학에는 케네디 가문의 이름을 딴 케네디 스쿨이라는 행정대학원이 있다. 아일랜드에서 이민 와서 모든 역경과 어려움을 견뎌 내고 최연소 미국 대통령을 배출한 케네디 가문을 기념하기 위한 것이다.

아이러니하게도 반기문은 케네디 가문과 인연이 깊다. 외교관 시절 미국에서 유학할 때에도 하버드대학교의 케네디 스쿨에서 공부하면서 외교관으로서의 자질과 능력을 더욱 키울 수 있었다. 반기문은 케네디스쿨 전 과정에서 최고점수인 'A+'를 받았으며 졸업식에서 하버드대학교 설립자상을 수상하기도 했다. 케네디 가문과 반 총장은 아무리 우리가 처한 현실이 힘들고 어렵더라도 꿈과 목표를 향해 달려간다면 반드시 성공이라는 열매를 딸 수 있다는 사실을 보여주고 있다.

케네디 대통령은 1961년 대통령에 당선돼 1963년 암살당하기까지 겨우 2년 동안 대통령 자리에 머물렀지만, 그는 미국 민주주의의 상징이 되어 미국 국민들의 사랑과 존경을 한 몸에 받고 있다.

나는 미국 텍사스 주 댈러스에 있는 케네디 기념관을 방문한 적이 있다. 케네디 대통령이 리무진을 타고 선거운동을 하다 암살범의 총탄을 맞고 사망한 자리가 도로에 하얀 'X' 자로 표시되어 있다. 케네디 기념관은 암살범인 오스왈도가 케네디 대통령을 저격하기 위해 숨은 장소를 개조해 만들었다. 전 세계에서 몰려든 관광객들이 케네디 대통령을 애도하기 위해 방문하는데 특히 청소년들이 역사의 현장을 체험하기 위해 많이 온다고 한다.

반기문은 케네디 대통령을 만나고, 30일 동안 미국 전역을 돌아보면서 한국이라는 나라가 얼마나 가난하고 힘이 없는 나라인지 뼈저리게 느끼게 되었다. VISTA 프로그램에 참여한 학생과 미국 시민들은 '한국에도 대학이 있느냐', '남자와 여자가 데이트는 하느냐', '영어사전이 있느냐' 등과 같이 어이가 없을 정도의 질문을 하는 것이었다. 어떤 사람들은 아프리카 오지의 원주민 취급을 하는 경우도 있었다. 반기문은 세상에 잘못 알려진 한국의 위상을 높이기 위해서라도 국가를 위해 무엇인가를 해야겠다고 마음먹었는데, 케네디 대통령과의 만남은 외교관이 되어야겠다는 결심을 굳히는 결정적인 계기가 되었던 것이다.

반 총장은 UN 사무총장에 당선된 직후 존 F. 케네디 전 미국 대통령의 동생인 에드워드 케네디 미 상원의원으로부터 특별한 선물을 받은 적이 있다. 케네디 의원은 1962년 고등학생이었던 반기문이 백악관을 방문해 케네디 대통령의 연설을 듣는 장면이 담긴 사진과 당시 케네디 대통령의 연설문 내용을 함께 액자로 만들어 반 총장에게 보냈던 것이다. 반 총장과 형인 케네디 대통령의 인연을 익히 알고 있었기 때문이다.

케네디 의원은 친필로 적은 축하메시지를 전달했다. 메시지는 '반기문 사무총장께, JFK^{Just From Korea, 방금 한국에서 온 소년}가 J.F.K를 만나다! 당신의 당선에 대해 따뜻한 축하를 보낸다. 엄청나게 중요한 새 임무를 잘 수행하기를 기원하며'라는 내용을 담았다. 케네디 의원은 반 총장이 당선된 이후 많은 언론이 형인 케네디 대통령과의 인연을 보도하자 당시 자료들을 뒤져 직접 자신의 축하메시지를 만들었고, 이를 받아든 반 총장은 과거를 회상하며 매우 기뻐했다.

내일은 오늘보다 더 나을 거야

우리의 인생이 아름답고 살 만한 가치가 있는 것은 꿈이 있고, 희망이 있고, 목표가 있기 때문이다. '내일은 오늘보다 더 나을 거야'라는 기대가 없다면 힘든 하루하루를 어떻게 버티어내겠는가. 저잣거리에서 콩나물을 파는 할머니도, 뙤약볕 아래에서 땀 흘리는 공사판 아저씨도, 편의

점에서 아르바이트를 하는 소녀도, 신문을 배달하는 소년도, 다람쥐 쳇바퀴 돌 듯 직장생활을 하는 샐러리맨도 모두 꿈과 희망을 간직하고 살기 때문에 어려움과 난관을 극복해 나갈 수 있다. 우리는 꿈을 잃고, 희망을 상실하고, 목표도 없이 하루하루를 되는 대로 살아가는 사람들을 자주 목격하게 된다. 인생의 좌표와 목표가 없기 때문에 삶 속에서 열정과 에너지를 찾을 수 없고, 부정이나 탄식, 자기 비하만 발견할 수 있을 뿐이다. 중국 상나라 탕왕이 청동 세숫대야에 '구일신 일일신 우일신苟日新 日日新 又日新, 진실로 새로워지려면 하루하루를 새롭게 하라'이란 글귀를 새겨놓았던 것도 아침마다 새로운 목표를 향해 나아가기 위해서였다.

꿈과 비전은 보이지 않는 것을 보는 예술이라고 한다Vision is an art of things are not visible. 지금 당장은 보이지 않는 꿈과 비전일지라도 철저하게 계획하고 준비한다면, 결국에는 볼 수 있고 그 과실을 손에 움켜쥘 수 있다는 의미를 담고 있다.

반기문은 자신이 세웠던 인생 계획표대로 1963년 서울대 외교학과에 입학했다. 학교 성적에 맞춰 대학교와 학과를 선택한 친구들과 달리 자신의 꿈과 목표를 위해 한국 최고 대학교를 골랐고, 외교학과를 선택했다. 반기문의 부모님은 아들이 공부에 재주가 있으니까 내심 의과대학에 진학해서 의사가 되기를 바라는 눈치였다. 부모님의 말씀이라면 언제나 따르고 순종하는 반기문이었지만, 이미 외교관이 되기로 마음을 굳혔기 때문에 오히려 부모님을 설득했다. 반기문의 꿈과 목표를 확인한 부모님은 아들의 뜻을 존중해주었고, 이후 아들이 외교관의 길을 걸어가는 데 물심양면으로 지원해 주었다.

이글을 읽는 학생과 젊은이들 중에는 자신의 꿈과 목표를 향해 젊음을 불태우는 것이 아니라, 부모님의 뜻과 의지에 따라 진로와 직업을 결정하는 사람도 있을 것이다. 자신의 적성에 맞지도 않는데 좋은 학과라고 해서 재수나 삼수를 하기도 하고, 별다른 관심도 없지만 커트라인에 맞춰 학과를 결정해버린다. 대학생들이 학교를 다니는 중간에 학과를 바꾸어버리거나 아예 공부를 다시 해서 대학 입학시험을 치르는 경우도 있다. 자신의 꿈과 목표를 세우지 않고, 이리저리 휘둘리며 생활했기 때문에 초래되는 결과이다.

19살, 태풍이 불어도 흔들리지 않는 꿈

반기문은 태풍이 불어도 흔들리지 않을 꿈, 태양처럼 불타오르는 꿈, 즉 외교관이 되어야겠다는 목표를 19살 때 세웠다. 그리고 자신의 인생 설계도에 따라 서울대 외교학과에 입학했고, 이후 철저하게 준비해 외무고시에 합격했다. 반기문이 대학생활을 하면서 직업 때문에 고민하거나, 장래 문제로 걱정하지 않고 오로지 공부에 매달릴 수 있었던 것도 고등학교 때 이미 확고한 목표가 세워져 있었기 때문이다. 대학을 다니는 4년 동안 무엇을 해야 할지, 어떻게 시작해야 할지, 어떠한 노력을 기울여야 할지 등을 몰라 아까운 시간을 낭비한 학생들과는 큰 차이가 있다. 반기문은 또 외교부 내에서 탁월한 실력과 성실성을 인정받아 2004년 외교부 차관이 되었고, 4년 뒤에는 외교통상부 장관에 올랐다. 인생의 계단을 올라가는 과정에 크고 작은 시련과 눈물, 아픔, 그리고 절망도 있었지만 그의 꿈을 앗아가지는 못했다. 그리고 2006년에는 제8대 UN 사무총장에 선출되었고, 지금은 연임에 성공해 다시 UN을 이끌고 있다.

망망대해를 항해하는 배는 나침반이 있어 표류하지 않는다. 고대 상인들은 어두운 밤 사막을 횡단할 때 북극성을 길잡이로 삼았다. 우리들의 삶과 인생도 마찬가지다. 꿈과 목표가 있어야지 시련과 고난이 닥치더라도 흔들리지 않고 헤쳐 나갈 수 있다. 여러분은 어떠한 꿈과 목표를 가지고 인생계획표를 세우고 있는가.

'해바라기' 그림으로 널리 알려진 빈센트 반 고흐는 무명시절에 꿈에 대해 이렇게 적고 있다.

"다른 사람들 눈에는 내가 어떻게 비칠까. 보잘것없는 사람, 괴벽스러운 사람, 비위에 맞지 않는 사람, 사회적 지위도 없고 앞으로도 사회적 지위를 갖지 못할 사람. 한마디로 최하 중의 최하급 사람. 그래, 좋다. 설령 그 말이 옳다고 하더라도 언젠가는 내 작품을 통해 나의 마음속에 무엇이 들어있는지 보여주겠다. 그것이 바로 나의 꿈이요, 야망이다."

누구나 꿈을 꿀 수는 있지만, 누구나 성공하는 것은 아니다. 실천하고 행동하면 꿈은 현실이 되지만, 실천하지 않으면 공상이나 망상이 되고 만다.

중국의 대나무는 독특한 성장 모습을 보인다고 한다. 대나무 싹을 땅에 심으면 4~5년, 때로는 이보다 더 오랜 시간이 흘러도 아무런 변화도 생기지 않는다. 농부가 물을 주고, 거름을 주고, 다음 날 또 물을 주고 거름을 주고, 또 다음 날 물을 주고 거름을 주어도 아주 오랜 시간 동안 작은 변화도 일어나지 않는다. 농부가 지쳐 포기해버리면 대나무 싹은 땅 속에 서 죽어버리고 만다. 하지만 5년간 멈추지 않고 물과 거름을 꾸준히 지속되면 지금까지 전혀 나타나지 않았던 변화들이 보이기 시작한다.

땅 밖으로 대나무 순이 나오기만 하면 6주 만에 20~30m나 자란다. 하루에 90cm가량 자라기도 한다. 수년 동안 땅속에서 아무런 변화도 보이지 않았던 대나무 싹이 땅 밖으로 나오기만 하면 폭발적으로 성장하는 것이다. 사람들은 땅 밖으로 나온 대나무를 보고 '대나무는 짧은 시간에 빨리도 자라는구나'라고 감탄할지 모르지만, 실제 대나무가 성장하기 위해서는 땅속에서 수년 동안 성장을 위한 준비를 하고 있어야 한다. 인고忍苦의 시간을 보낸 후에야 비로소 가파르게 성장할 수 있는 것이다.

대나무처럼 인고의 세월을 거치며 성공을 일구어낸 인물들의 이야기 속에는 진한 감동이 있다. 묵묵하게 인내하고 갖은 고생을 견디어내면서 결국은 성공이라는 과실을 손에 넣는 사람들의 삶에는 다른 사람들의 마음을 움직이는 에너지가 있다.

이러한 과정들이 거의 불가능한 것으로 보이는 이유는 인생의 마디마디에 계획과 목표를 만들어놓지 않았기 때문이다. 내일의 계획, 올해의 계획도 제대로 세우지 않았는데 어떻게 3년, 5년, 10년 뒤의 자화상을 그릴 수 있겠는가. 꿈과 목표, 계획 없는 인생은 우리에게 결코 성공과 부의 열매를 가져다주지 않는다. 대나무가 마디를 만들어 올바른 방향으로 뻗어가듯 우리도 인생의 변곡점마다 마디를 만들어 구체적이고 뚜렷한 방향설정을 해야 한다.

황무지를 일구고자 한다면 가장 먼저 해야 할 일이 있다. 먼저 들판에 말뚝을 박아 경계를 표시해야 한다. 삶이라는 땅은 일 년 안에 모두 일굴 수 없다. 인생의 넓은 황무지 중에서 올해에는 어느 부분을 먼저 일굴 것인지를 결정하고 계획해야 한다. 때때로 여러분 자신의 인생 황무지를 개간하고 일구기가 힘들다고 느껴질 때에는 반 총장이 어떻게 그의 황무지를 일구었는지 들여다보면 어떨까.

2

매일 아침 탭댄스를 추며
집을 나서라

열정

지금 이 순간을 열심히 살아가라.
불가능을 가능하게 하기 위해서는 광기로 보일 정도의 강력한 생각과
실현할 수 있다는 믿음을 가지고 끊임없이 노력하라.
그것이 인생에서나 경영에서나 목표를 달성할 수 있는 유일한 방법이다.
— 일본 교세라 그룹을 일군 **이나모리 가즈오 회장**

미국 서북부에 있는 시애틀의 부둣가에는 '파이크 플레이스 마켓^{Pike} Place Market'이라는 수산시장이 있다. 나는 세계적인 커피 체인인 스타벅스 1호점을 방문했을 때 파이크 플레이스 마켓을 둘러본 적이 있다. 스타벅스 1호점은 파이크 플레이스 마켓에서 가까운 거리에 있다. 이곳은 허름하고 비린내 나는 작은 어시장에 불과하지만 미국에서 단위면적당 가장 높은 수익을 내는 시장으로 명성을 날리고 있다. 시애틀을 찾는 관광객들이 반드시 둘러보는 관광코스가 되었고, 세계의 경영자들이 성공비결과 노하우를 배우기 위해 방문하는 명소가 되었다.

보잘것없는 작은 수산시장이 어떻게 세계적인 명성을 얻게 되었을까. 성공비결은 과연 무엇일까. 파이크 플레이스 마켓에서 일하는 직원들은 콧노래를 부르고, 춤을 추고, 우렁찬 목소리로 고래고래 고함을 지르면서 일을 한다. 생선을 다듬는 그들의 손길은 경쾌하고 손님을 대하는 직원들의 얼굴에는 미소가 떠나지 않는다. 생선이 다듬어지기를 기다리는 손님들에게는 위트를 섞어가며 농담을 건넨다. 손님들도 흥겹고 직원들도 즐겁다. 그들은 열정적으로 일을 한다. 꾀도 부리지 않고, 건성으로 손님을 대하지도 않는다. 열정적인 사람을 바라보기만 해도 우리의 마음 한 구석에서는 무엇인가 뜨거운 것이 솟아오른다. '나도 저렇게 한번 도전하고, 뜨겁게 살아봤으면 좋겠다'라는 의욕과 욕구가 솟구친다. 사람들은 생선을 구입하기 위해서가 아니라 자신들에게서 사라져 가는 뜨거운 열정을 구경하기 위해서 이곳을 찾는 것은 아닐까. 파이크 플레이스 마켓의 수익성이 세계 최고를 자랑하는 이유가 바로 여기에 있다.

열정의 갑옷으로 무장하라

그들은 '열정'이라는 갑옷으로 무장하고 있다. 초창기에는 아무도 관심을 기울이지 않는 수산시장에 불과했지만 '할 수 있다'는 신념과 믿음으로 앞만 보고 내달린 결과 오늘날의 성과를 이루어냈다. '할 수 있을까?' '실패하면 어떻게 하나?' '안 될 수도 있을 텐데……' 등과 같은 부정적인 사고와 생각은 열정이라는 갑옷을 뚫을 수 없다. 비린내 나는 작업복을 입고 있어도 그들은 열정을 가지고 있었기 때문에 행복했고, 비록 폼 나는 직업은 아니지만 일을 사랑했기 때문에 항상 미소를 머금을 수 있었다. 시애틀의 작은 어시장에 불과한 파이크 플레이스 마켓이 세계 최고 수준의 수익률을 자랑하며 경영학의 모범사례로 꼽히고 있는 것은 이 같은 열정이 응축되어 있기 때문이 아닐까?

반 총장은 파이크 플레이스 마켓의 상인들처럼 열정과 집념으로 무장한 사람이다. UN본부 직원들은 물론 세계 각국의 외교관들이 반 총장을 평가할 때 빠트리지 않는 덕목이 바로 '겸손'과 '열정'이다. 고령高齡의 나이에도 불구하고 책상에 앉아서 지시를 내리는 것이 아니라, 직접 세계 곳곳을 찾아다니며 국제분쟁, 지구온난화, 질병, 기아 등과 같은 산적한 문제를 해결한다. 젊은 비서진들조차 혀를 내두를 정도로 반 총장은 열정으로 똘똘 뭉친 인물이다. 반 총장은 한국에서 외교관 생활을 할 때에도 결코 자리나 지위, 직책에 연연해하지 않았다. 비록 남들의 관심을 받지 못하는 직책에 있더라도 자신의 처지를 한탄하지 않고, 자신에게 주어진 업무와 일을 열정적으로 처리했다.

보통 사람들은 반기문이 외교부라는 직장에서 승승장구하면서 빨리 승진한 것으로 알고 있지만 사실은 그렇지 않다. 반기문에게도 시련과 인고의 세월이 있었다. 통상 차관급 공무원은 2년 정도면 차관이 되거나 다른 기관의 기관장이 되는 것이 일반적이지만, 반기문은 8년 동안 차관급 자리에 머물러야 했다. 또한 1996년 2월 김영삼 대통령 시절 차관급 직위인 의전수석비서관에 오른 이후, 2004년 1월 노무현 대통령 시절 외교부 장관이 될 때까지 8년 동안 차관급 자리를 이리저리 옮겨 다녀야 했다. 청와대에서 외교안보수석 비서관으로 근무할 때에는 그의 밑에서 일을 하던 사람이 통일부 장관으로 먼저 승진하는 일도 있었다. 하지는 그는 승진이 늦다고 불평하거나, 후배가 먼저 장관이 되었다고 불만을 갖거나, 사람들이 그의 능력과 자질을 인정해주지 않는다고 한탄하지 않았다. 그에게 주어진 일과 업무를 성실하게 처리하고, 매일 매일 열정적인 삶을 살았다.

낮은 곳에서 더욱 빛을 발하는 사람

반기문은 1987년 7월 주미 워싱턴 총영사로 발령을 받고 3년 동안 총영사직을 수행했다. 외교관이 해외에 파견돼 근무하는 형태는 대사관에서 일을 하는 것과 영사관에서 일을 하는 것으로 크게 나뉜다. 대사관 직원은 해외 외교관, 정치인을 만나 국제사회에서 벌어지는 굵직굵직한 현안을 논의하고, 중요한 정보를 본국에 보고한다. 그들의 협상 파트너는 해외 외교관이다.

반면 영사관 직원의 주요 임무는 현지 한국 교포들의 안전을 책임지고 애로사항을 해결하는 일이다. 밀려드는 여권업무를 처리하는 것도 영사관이 해야 할 일이다. 영사관의 대화 상대는 현지 교민인 경우가 대부분이다.

외교관으로서 대사관에서 근무하느냐, 영사관에서 일을 하느냐에 큰 차이는 없지만 외교관례상 영사관보다는 대사관 업무를 더욱 중요하게 여기는 것은 사실이다. 하지만 반기문은 불평하거나 불만을 토로하지 않고, 주미 워싱턴 총영사로서 교포들의 체육행사에 참여하고, 교포들의 애로사항을 경청하는 등 교포들과 좀 더 가까워지기 위해 노력했다. 그에게는 모든 일이 소중하고 귀중한 경험이었기 때문이다. 이 같은 모습을 지켜본 외교부 직원들은 "반기문은 남들이 원하지 않는 곳에 가서 더욱 빛을 발하는 사람"이라고 평가하기도 했다.

우리는 다른 사람들이 나를 인정해주지 않는다고 느끼거나, 자신이 원하는 직책을 얻지 못하면 불만을 토로하며 시간이 지나가기만 바란다. 하지만 반 총장은 그렇게 하지 않았다. 오히려 자신을 성장시키고 더욱 많은 경험을 할 수 있는 기회로 여겼다. 직장생활도 마찬가지다. 직장에도 승진하기 위해서는 반드시 거쳐야 하는 요직要職이 있고, 고생만 하고 인정은 못 받는 한직閑職이 있다. 사람들은 요직에 가기를 희망하는 반면 한직에 배치되기를 꺼린다. 어떤 사람은 한직으로 떨어지면 회사가 자신을 버렸다는 배신감과 실망감에 괴로워한다. 자신에게 주어진 일을 태만히 하고, 회사에 대해 욕을 하고, 심지어 회사를 떠나기도 한다. 반면 어떤 사람은 한직에 배치되더라도 실망하지 않고 이전 부서에서 했던 것보다 더 열정적으로 일을 한다. 한직에 있는 다른 동료들이 일손을 놓고 있거나 회사에 불만을 쏟아낼 때, 그는 더 성실하게 일을 처리하기 때문에 다른 사람들의 눈에 띈다. 다음 인사에서 요직으로 자리를 옮기는 것은 자명한 일이다.

1998년 반 총장이 대통령비서실에서 외교안보수석비서관으로 일할 때의 일이다. 반기문의 성실성과 열정을 익히 알고 있었던 외무부 장관을 비롯해 외교부 고위직 간부들이 반기문을 주미 대사로 추천했지만, 반기문은 다른 사람에 밀려 주미 대사로 임명되지 못했다. 또 러시아, 프랑스 대사 후보에도 이름을 올렸지만, 이마저도 성사되지 않았다.

반기문은 결국 오스트리아 대사로 부임하게 됐다. 외교부 직원들조차 고개를 갸우뚱할 정도로 의외의 인사였던 것이다. 미국, 러시아, 프랑스 등 강대국 대사가 아닌 오스트리아 대사에 머물렀지만 반기문은 실망하지 않았다. 오히려 보란 듯이 더 열정적으로 일을 하고, 세계 각국의 대사들을 만났다. 오스트리아 빈에서 열린 포괄적 핵실험 금지조약CTBT 회의 의장을 맡아 160여 개국 대사들과 친분을 쌓으면서 그의 이름을 알렸다. 반기문에게는 직책이나 직함이 중요한 것이 아니라 일을 할 수 있다는 사실, 그 자체가 즐거움이고 행복이었던 것이다. 오스트리아에서 처음 대사직을 수행하면서 쌓은 그의 업적은 이후 반기문이 국제사회에 이름을 알리고 수많은 해외 인맥을 형성하는 데 밑거름이 되었다.

이처럼 음지와 양지를 가리지 않고 자신에게 주어진 임무를 열정적으로 수행한 반기문은 이후 외교부 차관, UN 총회의장 비서실 실장, 대통령

외교보좌관, 그리고 모든 외교관이 꿈꾸는 외교통상부 장관[7대]에 오르게
된다.

부정의 바이러스를 퇴치하라

사람과 침팬지는 DNA가 98.5% 똑같다. 나머지 1.5%가 사람과 침팬
지를 구분한다. 침팬지는 하던 일이 뜻대로 되지 않으면 쉽게 포기하지
만, 인간은 쓰러지고 넘어지더라도 다시 일어나 도전하는 열정을 갖고
있다. 침팬지에게는 없지만 인간에게는 있는 1.5% 속에 '열정'이라는 요
소가 녹아 있다. 성공한 사람들은 열정 유전자를 개발하고 현실생활 속
에서 몸소 실천해 나가지만, 신세한탄만 하는 사람들은 열정 유전자를
말라죽게 내버려둔다.

동양 지혜의 보고인 《논어[論語]》도 이렇게 지적하고 있지 않은가.

"아는 사람은 좋아하는 사람만 못하고, 좋아하는 사람은 즐기는 사람
만 못하다[知之者 不如好之者, 好之者 不如樂之者]."

일을 아는[知] 것에서, 좋아하는[好] 것에서, 한 단계 더 나아가 일 자체를
즐기는[樂] 것이 최고의 즐거움이다. 직장에서 승승장구하거나 승진이 빠
른 사람들을 자세히 살펴보면 '일을 즐긴다'는 공통점이 있다. 일을 즐긴
다는 것은 곧 열정적으로 삶을 산다는 것을 의미한다. 열정이 없는데 어
찌 자신에게 주어진 일과 업무를 즐기겠는가. 자신의 일과 업무를 열정
적으로 처리하다 보면 전문지식이 쌓이고, 자신감도 생기고, 주위 사람들
로부터 인정도 받게 되기 때문에 자연스럽게 일을 즐기게 되는 것이다.

매일 아침 눈을 뜨면 회사나 학교에 가고 싶은 마음에 가슴이 설레는

가. 주말에는 월요일이 너무 멀게 느껴져 참을 수 없을 정도인가. '노^{NO}'
라고 대답했다면 당신은 일을 아는 정도에 그치는 것 일뿐 결코 일을 즐
긴다고 할 수 없다. 이는 여러분 자신이 삶을 열정적으로 살고 있지 않기
때문일 수도 있고, 회사가 여러분의 열정을 이끌어 낼 수 있는 기업문화
를 만들어내지 못하기 때문일 수도 있다. 대부분의 사람들은 이 같은 사
실을 뻔히 알고 있으면서도 무기력하게 기존 관행을 그대로 이어가고 있
다. 이와 달리 일을 즐기고, 열정적으로 살아가는 사람들에게서는 패배
의식, 무기력증, 자괴감, 현실도피 등과 같은 부정적인 바이러스를 찾을
수 없다. 열정은 부정 바이러스를 퇴치할 수 있는 백신 프로그램을 내부
에 깔아 놓았기 때문이다. 열정이라는 이름의 성城은 부정 바이러스가 범
접할 수 없는 견고한 성벽을 쌓아놓고 있고, 패배의식이라는 바이러스가
파고들 수 없는 넓고 깊은 해자垓字를 파놓고 있다.

　반 총장은 UN 사무총장직을 수행하면서 목숨을 잃을 뻔한 상황에 수
차례 처했지만, 그럴 때마다 포기하지 않고 더 열정적으로 국제사회를
위해 일을 했다. 2007년 3월 이라크 바그다드를 극비리에 방문해 기자회
견을 열었을 때에는 기자회견장 바로 옆에 로켓포가 떨어져 신변의 위협
을 느끼기도 했다. 이라크 순방계획은 철저히 비밀에 부쳐졌고, 심지어
기자들에게 중동순방 일정을 발표하면서 이라크는 순방국가 대상에서
아예 제외하기도 했다.

　해외 특파원들이 "이라크를 방문한 계획이 있느냐?"는 질문을 여러 차
례 했지만 "이번 방문에는 없다"며 철저하게 연막을 쳤다. 그만큼 이라크
방문은 민감한 사안이었다.

로켓포도 꺾지 못한 반 총장의 열정

반 총장이 기자회견을 하는 시간에 정확하게 맞춰 회견장 바로 옆에 로켓포가 떨어졌는데, 이는 이라크 무장 세력이 철저하게 계획한 것이었다.

연설을 하던 반 총장이 로켓포 폭음에 깜짝 놀라 연단 밑으로 상체를 숙일 정도로 아찔한 순간이었다. 하지만 반 총장은 나머지 일정을 연기하거나 취소하지 않고 계획대로 진행하라고 비서진에 지시했다. 국제사회를 이끌고 있는 지도자로서 이 같은 위협과 위험에 굴복한다면 앞으로 더 큰 난관에 봉착했을 때 리더십을 발휘할 수 없다고 판단했기 때문이다.

중동지역은 '지구의 화약고'라고 불릴 만큼 갈등과 대립이 많은 곳이고, 그만큼 이해관계도 복잡하다. 앙숙관계인 이스라엘과 중동국가는 수차례 전쟁을 치렀고, 민간인을 대상으로 한 폭탄테러도 수시로 벌어지고 있다. 민족도, 종교도, 역사도 다른 데다 영토분쟁도 끊이지 않고 있다. 또 중동 국가 중에서도 이라크, 레바논, 이란 등은 내란과 분쟁을 겪고 있어 총성이 그칠 날이 없다. 반 총장이 중동지역 문제해결을 위해 동분서주하고 있지만, 조금이라도 자신들의 이익이 손상된다고 판단되면 무장 세력은 반 총장이나 UN 직원들에게 총부리를 겨누는 것이다.

결국 테러집단인 알카에다와 관련된 조직으로 알려진 '이라크 이슬람국가'라는 무장단체는 반 총장에 대한 로켓포 공격이 자신들이 자행한 일이라고 실토했다. 무장단체는 "신의 가호로 알말리키 이라크 총리와 반기문 총장의 공동 기자회견이 열릴 때 박격포로 겨냥할 수 있었고, 이번 공격은 이교도와 배신자들의 가슴에 공포를 안겨줬다"며 듣기에도 섬뜩한 성명을 냈다. 무장단체는 UN을 '이슬람 및 이슬람교도와 싸우는 이

교도 기구'라고 비난할 정도로 UN에 적대감을 품고 있었다. 로켓포 공격을 받은 반 총장은 평정심을 잃지 않고 이렇게 말했다.

"매우 강력한 폭발음이 들렸다. 기자회견장에 바람과 먼지가 날렸다. 매우 위험한 상황이라고 판단했다. 로켓포 공격은 이라크가 여전히 위험한 지역이라는 것을 보여준다. 하지만 UN 사무총장으로 이라크에 갈 상황이 생기면 언제든지 다시 방문하겠다."

자신을 겨냥한 테러로 생명의 위협까지 받았지만 반 총장은 흔들리거나 주저하거나 포기하지 않았다. 오히려 더욱 당당하고 굳건하게 자신이 해야 할 일을 밀고 나갔다. 일에 대한 열정과 집념이 없으면 불가능한 일이었다.

2010년 7월, 반 총장이 아프가니스탄을 방문했을 때에도 일촉즉발의 위험한 상황이 연출됐다. 반 총장 일행이 탄 UN 전용기는 아프가니스탄으로 향하는 도중 연료공급을 받기 위해 그루지야의 수도 트빌리시에 일시 착륙했다. 주유를 하는 동안 조종사들이 유심히 살펴보니까 비행기 조종석 앞 유리에 균열이 발견되었다. 균열된 비행기로는 운항이 불가능했다. 할 수 없이 그루지야 정부로부터 대체 항공기를 제공받아 그루지야를 떠났다. 당초 계획된 시간보다 40분이나 늦게 출발하게 된 것이었다. 비행기가 아프가니스탄 상공에 진입해 카불 국제공항에 착륙하려 하자 관제탑에서 "30분 전 활주로가 아프가니스탄 반군의 공격을 받아 상황이 아직 정리되지 않았다. 착륙할 수 없다"는 연락이 왔다. 결국 반 총장을 태운 비행기는 공중을 여러 차례 빙빙 돌다가 인근 바그람 공군기지로 항로를 바꿔 비상착륙할 수 있었다. 당시 상황에 대해 반 총장을 수행한 측근은 이렇게 설명했다.

"만일 UN 전용기가 고장 나지 않았더라면 반 총장은 정확히 아프가니스탄 반군의 공격 목표가 됐을 것이다. 그야말로 간발의 차이로 반군들의 공격을 피할 수 있었다."

금요일보다는 월요일을 기다리는 사람

반 총장은 신변의 위협을 받으면서까지 분쟁지역을 순방한다. 개별 나라마다 이해관계가 서로 다르기 때문에 UN의 결정이나 행동에 불만을 가진 세력이나 조직은 사무총장에게 신변의 위협을 가한다. 하지만 일흔을 앞둔 반 총장은 나이를 잊고 자신의 임무와 일에 열정을 불태운다. 보통 사람들은 사회생활이나 직장생활에서 은퇴해 손자들의 재롱을 보거나, 여유롭게 여행이라도 즐길 나이지만 반 총장은 "아직도 할 일이 많다"며 노익장을 과시하고 있다.

반 총장이 2011년 6월, 193개 UN 회원국의 압도적인 지지를 받으며 사무총장 연임에 성공할 수 있었던 것은 세계 각국이 반 총장의 이 같은 열정과 집념을 높이 평가했기 때문이다. 국제사회는 냉정하고 가혹하다. 자신들이 뽑은 지도자가 일을 게을리하거나 열정을 보여주지 않으면 다음 선거에서는 절대 연임을 허락하지 않는다. 국제기구 중에서 가장 막중한 역할을 수행하고, 최대 조직을 가지고 있는 UN은 더더욱 그러하다.

특히 미국 정부는 반 총장이 UN 사무총장으로서 보여준 열정과 헌신에 대한 보답으로 반 총장이 UN헌장 원본에 손을 얹고 연임 선서를 할 수 있도록 했다. UN 역대 사무총장 가운데 UN헌장 원본에 손을 얹고 취임서약을 한 것은 반 총장이 처음이었다. 미국을 비롯한 국제사회가 반 총장에게 보내는 신뢰와 지지가 얼마나 두터운지 알 수 있는 대목이다. 미국 국무부와 UN 의전담당관은 UN 총회 개최에 앞서 미국 국립보존 기록관National Archives에 보관돼 있던 UN헌장 원본을 비행기 편을 이용해 뉴욕 UN본부로 직접 수송했다. UN헌장은 지난 1945년 6월 샌프란시스코에서 50개국 대표에 의해 서명된 뒤 워싱턴 국립보존기록관에 보관돼 왔는데, 미국 정부가 반 총장의 연임을 축하하기 위해 UN헌장 원본을 임시로 빌려준 것이었다. 미국이 기존 관행을 깨고 반 총장에게 UN헌장 원본을 빌려준 것은 그만큼 반 총장이 수행한 업적을 높이 평가하고, 반 총장이 보여준 열정과 리더십을 인정했다는 얘기가 된다.

열정은 사람의 마음을 움직이고, 감동을 주는 마력을 가지고 있다. 출중한 능력을 가지고 있는 사람보다는, 자신이 맡은 일에 땀을 흘리며 열정을 쏟는 사람에게 우리는 더 큰 박수를 보낸다. 물론 반 총장처럼 뛰어난 능력과 열정을 함께 갖추고 있다면 금상첨화이겠지만, 지금 당장 능력이 모자란다고 실망하거나 포기해서는 안 된다. 가슴속에 열정을 품고 있다면 언제든지 탁월한 능력을 발휘할 수 있는 기회를 잡게 된다. 오늘날의 반 총장도 열정이 쌓이고 쌓여서 만들어진 위인인 것이다.

매주 금요일이 기다려지는 여러분이 되기보다는, 월요일이 더욱 기다려지는 여러분이 되기를 바란다. 일요일 저녁이 되면 빨리 공부를 하고 싶어서, 빨리 회사 업무를 처리하고 싶어서, 빨리 자기계발을 하고 싶어서, 빨리 프로젝트를 추진하고 싶어서, 월요일 아침이 기다려지는 열정을 마음속에 품기를 바란다. 세계 최고의 부자인 워렌 버핏 회장도 이렇게 말하지 않았는가.

"나는 내가 하는 일을 정말로 사랑합니다. 지금도 매일 아침 탭댄스를 추며 출근합니다."

3

절대 도도새처럼
살지 마라

:

변화

수많은 세대를 거치면서 가족에게 대물림으로 내려온 버릇이
당신 세대에서 고쳐질 수 있다.
당신은 과거와 미래를 연결시켜 주는 변환자이다.
당신으로 인해 수많은 후손들이 좋은 영향을 받을 수 있다.
– 노벨평화상 수상자 **안와르 사다트**

우리는 80평생을 살면서 사회적으로 성공하고, 경제적으로 풍족하고, 죽는 날까지 행복하게 살기를 희망한다. 남의 멸시를 받고, 가난하고, 불행하게 살기를 원하는 사람은 세상 어디에도 없다. 하지만 세상은 축복받은 삶을 살아가는 사람과 불행을 안고 살아가는 사람들로 나뉜다. 왜 그럴까. 어떤 사람은 가진 것 하나 없이 빈손으로 태어났지만 남들이 부러워하는 삶을 살고, 어떤 사람들은 막대한 유산을 물려받고 태어났지만 죽는 순간에는 빈털터리가 되거나 사람들의 조롱거리가 되고 만다. 삶을 살아가는 태도와 자세에 근본적인 차이가 있기 때문이 아닐까. 이 같은 차이가 나는 것은 자신을 변화시켜 나가는가, 아니면 현실에 안주하고 마는가 여부에 달려 있는 것이다.

성공했다고 평가받는 사람들에게는 변화와 혁신이라는 유전인자가 혈관 속에 흐르고 있다. 탄수화물, 단백질 등과 같은 영양소를 섭취하지 않으면 쓰러지고 마는 것처럼, 자신을 스스로 변화시키고 혁신하지 않으면 우리의 삶은 나락으로 추락하고 만다. 승리자의 삶을 사느냐, 아니면 패배자의 길을 걷느냐, 챔피언의 월계관을 쓰느냐, 아니면 패배자의 멍에를 쓰느냐 여부는 변화와 혁신 여부에 달려 있다.

박물관의 화석이 될 것인가
"강한 자가 살아남는 것이 아니라 변화에 적응하는 자가 살아남는다."

생물은 오랜 시간을 거쳐 환경에 맞게 진화되었다는 '진화론'을 제창한 찰스 다윈^{1809~1882년}의 유명한 말이다. 백악기 공룡은 지구상에서 가장 강한 동물이었지만 변화에 적응하지 못해 지구상에서 영영 사라지고 말았다. 하지만 작은 개미는 너무나 약한 존재이지만 변화에 적응했기 때문에 오늘날까지 종족을 번식시키고 있다. 한때 땅위의 제왕이었던 공룡은 이제 박물관에 화석으로 남아있을 뿐이다. 도도새도 마찬가지다. 도도새는 인도양의 모리셔스^{Mauritius}섬에 살았던 새인데, 지금은 멸종했다. 모리셔스 섬에는 새들이 먹을 것이 풍부했다. 반면 생명을 위협하는 포유동물이 없었기 때문에 다급하게 도망 다닐 필요가 없었다. 날갯짓도 하지 않게 되었다. 먹을 것이 여기저기 지천으로 널려 있었기에 먹이를 구하기 위해 발톱과 부리를 갈지 않아도 되었고, 날개를 펼칠 필요도 없었다. 안락하고 포근한 환경 속에서 도도새는 날아오르는 능력을 상실하고 말았다. 유럽 국가들이 새로운 대륙과 땅을 찾아 나서는 대항해시대인 1505년 포르투갈 사람들이 모리셔스 섬을 찾으면서 도도새의 비극은 시작된다.

몸무게가 23kg에 달한 도도새는 더 이상 날지도 못했고, 포르투갈 사람들이 옆에 가도 날갯짓을 할 수 없었다. 오랜 바다 항해로 굶주림과 허기에 지친 포르투갈 사람들에게 도도새는 좋은 사냥감이었다. 유럽 사람과 함께 모리셔스 섬에 들어온 생쥐와 돼지, 원숭이들은 바닥에 둥지를 튼 도도새의 알을 닥치는 대로 먹어치웠다. 옛날에는 도도새에게 모리셔스 섬은 지상천국이었지만, 인간이 발을 들여놓은 지 180여년이 지난 1681년에 도도새는 지구상에서 영원히 사라지고 말았다. 도도새의 '도도'는 포르투갈 말로 '바보'라는 뜻이라고 한다.

반기문 총장은 배움의 여정에 있는 여러분들에게 '절대 도도새처럼 인생을 살지 말라'고 당부한다. 도도새는 현실에 안주하고 자기 자신을 변화하지 않았기 때문에 결국 멸종되고 말았다. 우리 주변에는 도도새처럼 인생을 사는 사람들이 많다. 정보통신IT과 인터넷의 발달로 세상은 그야말로 빛의 속도로 변하고 있는데, '세월아 네월아'하면서 현실에 안주한 채 변화하지 않는다. 시대가 변화고 있다는 것을 느끼지 못하는 것이라면 우둔한 것이고, 변화를 감지하고서도 변화하지 않는다면 무능한 사람이다. 새로운 지식을 공부하고, 자기계발을 하면서 꾸준하게 자기 자신을 변화시켜 나가야 하는데 이 같은 노력을 게을리하는 사람들이 많다. 반 총장의 삶은 매 순간이 자기 자신을 변화시키고 혁신하려는 노력들로 가득 차 있다.

UN에 칼을 들이대다

반 총장은 UN 사무총장으로서의 임무를 시작한 2007년 1월 2일 UN본부 제1회의실에 UN 직원들을 불러 모았다. 새로운 수장을 처음 만난 직원들은 긴장하는 분위기가 역력했다. 당시 UN을 바라보는 국제사회의 시각은 부정적이었기 때문에 반 총장이 어떠한 이야기를 할지 신경을 곤두세우는 모습이었다.

이라크에 식량을 지원하는 과정에서 일부 직원들이 부정거래와 비리에 연루되어 UN의 도덕성과 윤리의식이 땅에 떨어진 상태였고, 조직이 비대해지면서 직원들이 무사안일에 빠져 제대로 일을 하지 않는다는 비판을 받고 있었다. 어떤 직원은 자기 친구에게 UN에 필요한 물품구매 1억 달러를 주문하고서는 친구로부터 현금과 호화 아파트를 뇌물로 받다가 적발되기도 했다. 반 총장의 전임인 코피 아난 총장도 비효율적인 UN 조직을 개혁하려고 많은 노력을 기울였지만, UN 내부의 강경한 저항에 부딪혀 결국 실패했다.

특히 미국은 UN이 개혁과 혁신에 나서지 않을 경우 UN에 내는 분담금을 내지 않겠다고 으름장을 놓을 정도였다. 미국은 UN 회원국이 내는 분담금의 20%를 부담하고 있었다. 이처럼 UN은 국제사회로부터 강한 질타를 받고 있었고, 반 총장은 UN에 수술 칼메스을 들이대야 했다. 반 총장의 연설이나 강의를 자세히 살펴보면 먼저 유머와 조크를 사용해 분위기를 부드럽게 한 뒤에 본론에서 핵심을 찌르는 말을 한다. 반 총장이 입을 열었다.

"방금 사회자가 '반Ban'으로 표기된 나의 이름을 '밴Ban, 모든 것을 금지한다는 의미'으로 발음했는데, 나는 여러분의 행동과 생각을 금지하지는 않겠습니다. 나는 여러분과의 건설적이고 협력적인 대화와 소통을 금지할 생각이 전혀 없으니 그냥 '반'으로 불러주시기 바랍니다."

회의실은 순간 웃음바다가 되었다. 반 총장이 무슨 중대한 발표를 할 것이라고 생각했던 직원들은 반 총장의 유머 한 마디에 바짝 긴장했던 마음을 놓을 수 있었다. 회의장 분위기가 무르익자 반 총장이 헛기침을 한번 하더니 본론에 들어갔다.

"지난 수년간 불미스럽고 부끄러운 일들로 UN의 위상이 크게 떨어졌습니다. UN도 변화하고 혁신하지 않으면 국제사회의 신뢰를 회복할 수 없습니다. 이제는 신뢰 회복을 위해 건설적인 조치들을 취해 나가야 합니다."

반 총장의 표현은 직설적이었고, 반드시 UN에 변화의 바람을 몰고 오겠다는 굳은 의지로 가득 차 있었다. 반 총장은 UN 직원들이 무슨 생각을 하고, 어떻게 행동하느냐에 따라 국제사회의 미래 모습이 달라진다고 판단했다. UN 직원이 현실에 안주하고 게으름을 피우면 국제사회에 오히려 해악이 되고 만다. 반대로 UN 직원이 변화와 혁신에 나서며 스스로 일을 찾아 할 때 국제사회는 더욱 발전하게 된다.

내가 여러분을 뛰게 만들겠다

반 총장은 변화의 첫 번째 조치로 모든 직원들에게 아침 8시까지 출근하라는 지시했다. 예상했던 대로 여기저기서 직원들이 반발하는 목소리가 들려왔다. 50년 이상 되는 UN 역사에서 이 같은 일은 없었는데 왜 굳이 출근시간을 앞당기는 것이냐는 불만과 항변이었다. 직원들은 UN이라는 조직을 잘 모르는 반 총장이 아이디어 차원에서 이 같은 제안을 했을 것으로 생각했고, 조만간 다시 원상 복귀될 것이라고 기대했다. 하지만 반 총장은 굽히지 않았고, 직원들의 기대는 물거품이 되고 말았다.

UN에서는 통상 회의가 10시에 시작되기 때문에 직원들은 9시가 넘어 출근해도 충분히 회의준비를 할 수 있었다. 또 6시가 되면 현관문을 나설 정도로 칼 퇴근이다. 한때 한국에서 공기업을 일컬어 '신神의 직장'이라고 불렀는데 UN이 점점 더 신의 직장으로 변하고 있었던 것이다. 옛날 한국 공기업은 연봉은 많고, 일은 적게 하고, 실적이 나빠도 별다른 제재도 받지 않았고, 직원들 사이에 경쟁도 없는 그야말로 몸과 마음이 편한 직장이었다. 하지만 지금은 변화와 혁신, 그리고 경쟁시스템이 도입돼 스스로 노력하지 않으면 도태되는 상황에 이르렀다.

반 총장은 신의 직장이 되어버린 UN을 개혁하는 첫 번째 단추는 '8시 출근제'라고 생각했던 것이다. UN에서 가장 먼저 출근하고, 가장 늦게 퇴근하는 생활습관이 몸에 배인 반 총장으로서는 결코 어려운 일이 아니지만, 직원들은 힘들어했다. 직원들은 출근시간이 1시간 이상 앞당겨지는 것에 대해 조목조목 불편한 사항을 나열했지만 반 총장은 꿈쩍도 하지 않았다. 변화와 혁신에는 반발과 저항이 뒤따른다는 것을 익히 알고 있었기 때문이다. 반 총장은 자칫 잘못하다가는 UN이라는 거대한 조직이 도도새가 되어버릴 위험이 있다고 생각해 변화와 혁신의 고삐를 바짝 조였다. 반 총장의 마음속에는 '내가 여러분을 뛰게 만들겠다.I will make you run.'라는 확고한 신념과 원칙이 있었던 것이다.

미꾸라지 무리에 메기를 넣어라

반 총장이 변화와 혁신을 강조했던 이유는 노키아가 한때는 세계 최대의 휴대폰회사였지만, 현재 변화에 실패해 몰락한 사례를 잘 알고 있기 때문이다. 시대의 흐름과 조류를 읽지 못하고 변화하지 않으면 세계 최고의 조직도 일순간에 나락으로 떨어진다는 것을 노키아는 잘 보여주고 있다. 노키아는 핀란드 국내총생산GDP과 수출의 3분의 1을 차지할 정도로 노키아를 빼고는 핀란드 경제를 얘기할 수 없다. 그야말로 핀란드 경제의 아이콘인 셈이다. 하지만 스마트폰 시대가 열리는 것을 감지하지 못하고 휴대폰 사업에만 안주하다가 쇠퇴의 길로 들어서게 되었다. 40%를 웃돌았던 글로벌시장 점유율은 20%대 수준까지 떨어졌고, 스마트폰 시장경쟁에서 밀려 주가는 곤두박질치고 있다. 지난 20년 동안 휴대폰 업계의 황제로 군림했지만 변화와 혁신을 거부하다 결국 도도새 신세로 전락하고 말았다.

노키아가 현실에 안주하고 있을 때 변화와 혁신으로 1등의 자리에 등극한 것이 삼성전자다. 삼성전자 스마트폰은 노키아 제품을 밀어내며 글로벌시장을 평정하고 있다. 환경변화에 능동적으로 대처하지 못하면 도태되거나 쇠퇴하고 마는 것은 기업이나 개인이나 마찬가지다. 기업이나 회사가 시장 트렌드를 읽지 못하고 관료주의에 빠지면 소비자들이 외면하고, 기업 경영은 엉망이 되고 만다. 마찬가지로 새로운 정보와 지식은 매일 쏟아지는데 개인이 자기계발을 소홀히 하거나, 현실에 안주해버린다면 개인의 경쟁력은 떨어지고 만다.

반 총장이 UN이라는 조직과 직원들을 변화시키려고 했던 것은 이 같은 이유에서다. 반 총장이 8시 출근제와 함께 UN을 개혁하기 위해 도입했던 것은 바로 '경쟁' 시스템이다. 이건희 삼성그룹 회장의 '메기론'과 매우 닮았다.

이건희 회장이 강조하는 메기론은 현실의 편안함에 만족해서는 안 되며, 언제든지 위기가 찾아올 수 있다는 절박한 심정으로 긴장해야 한다는 의미를 담고 있다. 이 회장은 이렇게 말했다.

"미꾸라지를 키우는 논 두 곳 중 한쪽에는 포식자인 메기를 넣고, 다른 한쪽은 미꾸라지만 놔두면 어느 쪽 미꾸라지가 잘 자랄까. 메기를 넣은 논의 미꾸라지들이 더 통통하게 살찐다. 이들은 메기에게 잡아먹히지 않기 위해 더 많이 먹고 더 많이 운동하기 때문이다."

현상을 유지하려고만 하거나, 남들의 도움에 의지하려고 해서는 발전이 있을 수 없다. 항상 긴장하면서 자신을 계발하고 새로운 것에 도전해야지 성공과 발전을 기대할 수 있다. 인간은 사실 연약한 존재이다. 실패를 두려워하고, 낯선 것을 싫어하고, 일상의 궤도에서 벗어나는 것을 꺼린다. 하지만 성공이라는 꽃망울은 이 같은 두려움 속에서 행동할 때에만 피어난다. 남들은 무대 뒤로 물러날 때 당당하게 무대 위에 올라가 관객들의 시선을 사로잡아야지 인생이라는 연극은 흥행하게 된다.

결국 사직서를 받아낸 반 총장

반 총장이 어느 날 UN본부 고위관리 55명을 대상으로 사직서 제출을 요구했다. 별다른 일도 하지 않으면서 고액의 연봉을 타가는 사람들을 퇴직시키고, 그 자리에 참신하고 유능한 인재들을 승진시키기 위해서였다. 이 소식을 전해들은 55명의 고위관리들은 물론이고 모든 UN 직원들이 깜짝 놀랐다. UN 역사상 이 같은 인적 쇄신은 없었기 때문이다. 반 총장은 미꾸라지 사이에 메기를 넣음으로써 UN에 긴장감과 경쟁의식을 불어넣으려고 했던 것이다. 일부 회원국은 UN이 부패와 무사안일, 태만에 빠져 있다며 근본적인 개혁이 필요하다고 주장할 정도였다.

반 총장의 이 같은 방침에 고위관료들이 일제히 반발하고 저항했다. 집단적으로 항의하고 반발하면 반 총장이 당초의 계획을 포기할 것이라고 기대하는 끝까지 버티는 사람도 있었다. 하지만 반 총장은 절대 굽히지 않았다. 개혁과 혁신에는 반발이 따르는 법이고, 관료들의 저항에 자신의 뜻을 접는다면 또 다른 개혁은 시도조차 할 수 없다는 것을 잘 알고 있었기 때문이다. 첫 번째 개혁을 하지 못하면 두 번째, 세 번째 개혁도 하지 못하게 될 것이라는 것을 너무나 잘 알고 있었다. 시간이 지날수록 반 총장의 의지는 약해지기는커녕 오히려 더욱 강해지고 집요했다. 결국 고위관료들은 하나 둘씩 사직서를 제출했고, 결국에는 대부분의 관료들이 사직서를 반 총장에게 내놓았다. 반 총장은 공석이 된 자리에는 성실하고, 일 잘하고, 능력 있고, 책임감이 있는 사람들을 선별해 앉혔다. 인재를 고르는 과정에서 외부로부터 청탁이나 부탁도 많았지만, 반 총장은 일언지하에 모두 거절하고 능력에 따라 인재를 뽑았다. 개혁의 깃발을 치켜든 장본인이 개혁에 역행하는 행동을 하게 되면, 그 개혁은 반드시 실패할 것이라는 것을 잘 알고 있었기 때문이다.

《군주론》을 저술한 마키아벨리도 지도자의 자질에 대해 이렇게 적고 있지 않은가.

"신중한 지배자도 시대가 신속하고 과감한 행동을 요구하는 경우, 거기에 적응하지 못하면 결국은 파멸하고 만다. 시대와 환경의 변화에 따라, 지배자가 자신의 기질도 변화시킨다면 그는 불운에 처하지 않을 것이다."

또 변화하고 또 진화하라

반 총장은 마키아벨리의 가르침대로 UN을 변화하고 개혁시켰다. 머뭇거리거나 주저하지 않았고, 신속하고 과감하게 행동했다. 피할 수 있는 것이 아니라면 반드시 뚫고 헤쳐나아가야 한다는 것이 반 총장의 생각이었다. 반 총장은 변화는 곧 실천이고 행동이라며 다음과 같이 말했다.

"우리는 말을 할 때에는 겸손해야 하지만 실천할 때에는 그렇지 않습니다. UN의 성공을 결정하는 진정한 기준은 우리가 얼마나 약속을 많이 하느냐에 달려 있는 것이 아니라, 우리를 필요로 하는 사람들을 향해 얼마나 빨리 달려갈 수 있느냐에 달려 있는 것입니다. UN이 지향하는 목적과 원칙을 소리 높여 예찬하거나 덕목을 선전할 필요는 없습니다. 중요한 것은 이러한 목적과 원칙을 위해 매일 실천하고 행동하는 것입니다. 계획을 세워서 한 계단, 한 계단step by step 전진하는 것이 중요합니다."

주위 환경의 변화를 감지하지 못하거나 자기 자신을 변화해 나가지 않으면 끓어 오르는 냄비 속의 개구리처럼 서서히 죽고 만다. 위대한 삶을 산 거인들은 하나같이 현실에 안주하지 않고, 변화에 미리 대비한 사람들이다.

반 총장은 학생시절 공부하는 데에는 타의 추종을 불허했지만, 유머감각은 다소 떨어졌다. 반듯한 선비 이미지를 가지고 있었기 때문에 간혹 유머를 섞어 얘기하더라도 다른 학생들에게 잘 먹히지 않았다. 그래서 반 총장은 외교관 생활을 하면서 외국 외교관들과 대화를 하고, 능숙하게 회의를 주도하기 위해서는 유머감각이 필수적이라고 판단해 유머감각을 익히는 데 많은 시간을 할애했다. 자기 자신을 변화시켰던 것이다. 신문에 재미있는 유머 이야기가 나오면 메모해두었다가 회의시간에 활용하기도 하고, 기자회견 중에는 의식적으로 유머 2~3개를 이야기하곤 했다. 반 총장과의 대화와 오찬이 즐거운 것은 이 때문이다. 열정과 고집이 있다면 성격도 바꿀 수 있는 것이다.

2012년 5월 반 총장이 주UN 외교단 축구행사에 참가했다가 부상을 당했다. 축구를 하다가 균형을 잃고 넘어지는 바람에 손의 뼈 일부에 금이 가고 무릎과 얼굴에 찰과상을 입었다. 하지만 반 총장은 병원에 들러 왼손에 깁스와 어깨걸이를 하고 아무 일도 없었다는 듯이 정상적으로 업무를 수행했다. 모든 공식행사와 출장도 예정대로 진행했다.

그리고 며칠이 지난 뒤 반 총장은 뉴욕총영사관에서 열린 행사에서 유머실력을 유감없이 발휘했다.

"UN 사무총장을 맡은 5년 반 동안 불철주야로 열심히 뛰었습니다. 아내는 제발 좀 '브레이크^{break, 휴식}를 취하라고 성화죠. (깁스한 왼손을 들어 올려 보이며) 아내가 말한 브레이크가 이 브레이크^{골절}가 아닌데 말이죠. 손은 브레이크 됐지만 공식적인 일정은 하나도 브레이크 하지 않고 있습니다."

반 총장의 유머에 손님들은 손뼉을 치며 웃었다. 불행한 일을 긍정적인 뉘앙스로 변화시키는 반 총장의 위트와 유머에 아낌없는 박수를 보냈다. 반 총장의 자기변화를 보여주는 장면이다.

사람들은 변화에 대해 3가지 반응을 보인다. 세상은 변하고 있는데 현실에 안주하는 사람들이 있다. 시간이 지나고 나면 한참 뒤처진 자신들을 발견하고 땅을 치며 후회를 한다. 다음으로 변화를 따라가는 사람들이다. 다른 사람이 변하니까 마지못해 자신도 변신을 시도한다. 남들만큼만 하면 그런대로 인생을 살 수 있다고 생각하는 사람들인데, 이런 부류의 사람들은 새로운 역사를 쓸 수 없다. 마지막으로 변화를 주도하는 사람들이다. 시대의 흐름을 먼저 읽고 남들보다 먼저 자신을 변화시키고 새로운 목표에 도전한다. 남들이 이전에 가지 않았던 길을 걷는 사람들이 이에 해당된다. 성공은 바로 이 같은 사람들이 만들고 창조해 내는 것이다. 과거의 껍질을 벗어던지고 미래의 갑옷을 입고 당당하게 세상과 맞서는 사람들이다.

우리 집은 가난하다고 불평하지 마라. 신체장애가 있다고 눈물 흘리지 마라. 시험성적이 안 좋다고 실망하지 마라. 외모에 자신이 없다고 낙담하지 마라.

여러분은 무한한 에너지를 가지고 있다. 인생을 살아가는 가장 강력한 무기인 젊음을 가지고 있지 않은가. 세상에 젊음만큼 값지고 아름다운 보물은 없다. 변화하고 또 변화하라. 반 총장이 여러분에게 주는 메시지이다.

4

자신을 낮추면
높아지게 된다

…

겸손

나는 내가 아는 것이 없다는 것을 알고 있어.
진정한 지혜란 바로 자신이 무지(無知)하다는 것을 인정하는 거야.
무엇이든 물어보는 사람은
모든 것을 아는 척하는 사람보다 지혜로운 사람이다.
– 소크라테스가 제자 플라톤에게

반 총장은 한없이 자신을 낮추고, 몸을 숙이는 사람이다. 우리는 주위에서 부자가 되거나, 권력을 잡거나, 사회적 지위가 올라가거나, 명예를 얻으면 교만해지고 거만해지는 사람을 쉽게 보게 된다. 내세울 것이 없을 때에는 바짝 몸을 낮추다가, 자신의 지위가 올라가면 태도를 180도 바꾼다.

공부를 잘하고 선생님으로부터 인정받는 학생들 중에는 성적이 좋지 않은 학생들을 깔보는 경향이 있고, 서울 강남의 부자 동네에 사는 학생들 중에는 시골출신 학생들을 얕잡아보기도 한다. 한평생 우리 인생은 100년도 안 되지만 그 짧은 기간 동안에 자기 자신을 내세우고 뽐내느라고 정신이 없다.

하지만 반 총장은 세계의 외교관으로 일컬어지는 UN 사무총장에 올랐지만 겸손한 마음을 잃지 않고 있다. 자신을 내세우거나 뽐내는 경우를 찾아볼 수 없다. 학창시절 항상 배시시 웃으며 자신을 낮추었던 습관을 지금도 지켜나가고 있다.

지난 2006년, 반 총장이 UN 사무총장 출마를 공식적으로 선언하기 이전의 일이다. 당시 반 총장은 외교부 장관직을 수행하고 있었다. 반 장관이 기자들을 불러 이렇게 부탁했다.

"제가 UN 사무총장으로 출마할 것이라는 사실을 당분간 기사로 쓰지 않았으면 좋겠습니다. 다른 나라의 여러 후보들이 이미 출마를 선언한 상태인데, 제가 섣불리 출마를 발표하는 것은 역효과를 낼 것으로 보입니다. 저 자신을 낮추면서 천천히, 하지만 철저하게 준비하도록 하겠습니다. 지켜봐 주십시오."

독수리의 발톱을 숨겨라

반 장관의 말투는 부드러웠다. 외무부 장관으로서 기자들에게 명령하는 어투가 아니라, 협조를 당부하는 간곡함이 묻어 있었다. 반 장관은 왜 UN 사무총장 출마를 알리지 말아달라고 당부했던 것일까. 다른 나라의 경쟁자들은 너도나도 서둘러 출마사실을 발표하며 선거전에 뛰어들었는데, 왜 반 장관은 출마선언을 늦춘 것일까. 바로 겸손의 힘을 알고 있었기 때문이다.

다른 후보자들이 "내가 최적임자다." "내가 가장 유능하다." "내가 가장 잘 준비되어 있다." 등과 같이 자기 자신을 과시하느라고 정신이 없을 때, 반 장관은 자신을 낮추며 철저하게 선거전에 대비했다. 마치 독수리가 발톱을 감추고 먹잇감을 사냥하는 것처럼 자신의 발톱을 숨겼던 것이다.

대신 반 장관은 가난하고 소외된 아프리카 국가들을 일일이 찾아다니며 인사하고 대화를 나누었다. 아프리카 국가들이 반 장관에게 다가오기 전에 반 장관이 먼저 나서서 이들 국가를 찾아다녔다. 세계 경제와 정치를 좌지우지하는 5개의 UN 상임이사국^{미국, 영국, 프랑스, 러시아, 중국}의 환심을 사려고 기웃거리기보다는 힘없고, 가난하고, 국제사회에서 소외된 아프리카 국가들을 방문해 그들의 응원과 지지를 호소했다. 아프리카 국가들의 눈높이에 자신을 맞추기 위해 허리를 굽혔다. 어떤 아프리카 정상은 "저 사람이 왜 우리에게까지 와서 자신의 계획과 비전을 설명하나?" 하며 고개를 갸우뚱거릴 정도였다. 다른 후보자들이 서로 헐뜯고, 비방하고, 자화자찬의 말을 쏟아낼 때 반 장관은 한 걸음 뒤로 물러서서 자기 자신을 가린 채 내실을 꼼꼼하게 다졌던 것이다.

당시 나는 뉴욕특파원으로 활동하며 뉴욕 맨해튼에 있는 UN본부를 출입하고 있었는데, 다른 나라 특파원들이 "한국의 반 장관이 과연 출마하기는 하는 것이냐?"며 물어올 정도였다. 그만큼 반 장관은 폭넓은 정보력과 날카로운 분석능력을 가지고 있는 해외 특파원들도 따돌릴 정도로 자신을 한껏 낮추었던 것이다.

반 총장의 겸손한 마음을 들여다보고 있노라면 예수의 말씀이 함께 떠오른다. 예수는 이렇게 설파하지 않았는가.

"마음이 교만한 사람은 낮아지고, 자기 자신을 낮추는 사람은 높아지는 법이다. 너희는 나를 주님이라고 부르지만, 나는 너희들의 발을 닦아주겠다. 누구든지 훌륭한 사람이 되고 싶거든 먼저 다른 사람을 섬기는 사람이 되어라. 마음이 가난하고 겸손하며 온정을 베푸는 사람이야말로 행복을 얻게 될 것이다."

마음이 교만했던 다른 후보자들과 달리 반 장관은 자신을 내세우지 않고 먼저 다른 사람을 섬겼다. 예수의 가르침대로 마음이 가난했고, 온정을 베풀었기 때문에 결국에는 UN 사무총장에 오르는 행복을 얻게 되었다.

반 총장이 배꼽인사를 한 이유

오늘날의 사회는 자기 자랑과 교만, 아집, 허세가 판을 친다. 목소리가 커야 이기는 것으로 착각하고 있고, 남을 업신여기며 기쁨을 만끽하고, 겸손하게 사는 것은 손해 보는 삶이라고 치부해버린다.

배움의 과정에 있는 젊은이들 중에서도 고함을 지르며 자신의 주장을 관철하려 하고, 자신이 가진 것을 과시하려 하고, 남들 위에 군림하려고 하는 비뚤어진 마음가짐을 가지고 있는 이들이 있다.

반면 어떤 젊은이는 애써 자신의 주장을 강요하기보다는 경청을 중요시하고, 자신이 가진 것을 드러내지 않으려고 하고, 남들과 화합하고 소통하려고 한다. 언뜻 보기에 첫 번째 유형의 젊은이들이 인기도 많고, 성공적인 삶을 살아갈 것처럼 보이지만 사실은 정반대다. 시간이 흘러 먼 훗날 학창시절 친구들을 만나보면, 인생의 행복을 만끽하는 사람은 겸손하고 겸허하게 자신을 낮추며 삶을 살았던 친구라는 사실을 알게 된다.

강한 것은 남을 부수는 것처럼 보이지만, 결국 제가 먼저 깨지고 마는 법이다. 마지막에 승리하는 것은 겸손과 부드러움이다. 청소년들은 강한 것을 물리치는 힘은 부드럽게 자신을 낮추는 데서 나온다는 사실을 평생에 걸쳐 잊어서는 안 된다. 이는 반 총장이 여러분에게 전하는 소중한 가르침이기도 하다.

반 총장은 특유의 겸손한 태도 때문에 오해 아닌 오해도 많이 샀다. 하지만 시간이 흘러 되돌아보면 겸손한 마음은 그의 인생에 플러스 요인으로 작용했다. 2006년 11월 1일, 반 총장이 러시아를 방문했다. 블라디미르 푸틴 러시아 대통령과 기자들이 반 총장을 기다리고 있었다. 반 총장은 푸틴 대통령과 첫 인사를 나눌 때 허리를 굽혀 인사를 건넸다. 다른 사람들이 보기에 좀 과하게 허리를 굽혔던 모양이다. 언뜻 보기에 유치원 학생들이 선생님에게 하는 배꼽인사를 연상시킬 정도였다. UN 사무총장은 개별 국가의 대통령, 총리와 동등한 대접을 받는데, 푸틴 대통령 앞에서 너무 허리를 굽히는 것 아니냐는 지적이었다. 일부 러시아 기자들은 "반 총장이 너무 약하다." "저렇게 해서 어떻게 UN을 이끌어나가겠는가." "보기에 안 좋다." 등과 같은 말을 쏟아냈다. UN 상임이사국인 러시아에 너무 약한 모습을 보이는 것 아니냐는 비난도 있었다.

하지만 이는 반 총장의 성품을 제대로 알지 못하고 하는 소리다. 반 총장은 아프리카 오지의 대통령을 만날 때에도 깍듯이 고개와 허리를 숙인다. 강한 나라, 약한 나라의 구분이 없고, 높은 사람과 낮은 사람의 차이도 없다. 어릴 때부터 그의 몸에 배었던 습관이 무의식중에 행동으로 표현되는 것이다. 반 총장 자신의 내면 모습이다.

UN 사무총장이라는 권위와 위엄을 내세워 교만하게 행동하지 않고, 언제나 자신을 낮추며 겸손의 미덕을 보여준다. 반 총장을 잘 알지 못했던 세계 각국의 UN 출입기자들도 처음에는 반 총장의 이 같은 행동에 의아하다는 반응을 보였지만, 그의 인품을 알고 난 뒤에는 반 총장의 진면목을 인정하게 되었다. UN본부에서 나와 가깝게 지냈던 중국 특파원은 이렇게 말했다.

"반 총장을 처음 봤을 때는 그리 호감이 가지 않았어요. 너무 약하다는 인상을 받았습니다. 하지만 시간이 지날수록 그가 뿜어내는 매력과 향기에 빠져들고 말았지요. 그는 중국에서 말하는 외유내강^{밖으로는 부드럽고 안}

으로는 강함형 지도자입니다. 무엇보다 그의 겸손한 생활태도는 보통 사람들에게 감동을 주는 마력을 갖고 있는 것 같습니다."

직선이 아니라 곡선으로 처세하라

중국 사람들은 손가락으로 셀 수 있는 숫자 중 9를 좋아한다고 한다. 10이 아니라 하나 모자란 9를 더 좋아하는 데에는 이유가 있다. 9는 정상에 이르기 전의 가장 높은 숫자이고, 정상을 향해 오를 수 있는 가능성이 열려 있기 때문이다. 어딘가 하나 모자란 듯, 자신을 낮추며 그렇게 살아가는 것이 결국에는 정상을 차지하는 지름길이라는 뜻이 숨어 있다.

젊은 시절, 반 총장이 즐겨 읽었던 중국의 성인聖人 노자도 후세 사람들에게 이렇게 가르치지 않았는가.

"휘어 있는 나무는 쓸모가 없다. 그러나 그 때문에 벌목을 피하고 오히려 수목으로서의 생명을 다할 수 있다. 직선적인 처세가 아니라 곡선적인 처세, 앞장 서는 것보다 뒤따라가는 것이 잘사는 것이다."

하늘을 향해 곧게 뻗은 나무는 사람으로 치면, 자신의 주장만이 진실이라고 우기며 굽히지 않는 사람이다. 그들은 인간미가 떨어지는, 직선적인 처세를 하는 사람들이다. 반대로 세상의 풍상을 겪으며 휘어 있는 나무는 사람으로 치면, 겸손하고 겸허한 사람이다. 자신이 온갖 어려움과 고난을 겪었기 때문에 다른 사람을 이해하고, 배려하고, 가슴으로 끌어안으려는 따뜻한 마음을 가지고 있다. 자신보다 가난하고, 사회적 지위가 낮고, 배운 것이 없는 사람들에게도 고개를 숙이고, 무릎을 굽힌다. 그들은 인간미가 흐르는 곡선적인 처세를 하는 사람들이다. 반 총장은 지금도 노자의 가르침을 생활 속에서 실천하고 있다.

　나는 뉴욕특파원 시절 UN본부 1층 로비에서도 반 총장이 얼마나 겸허한 사람인지 확인할 수 있었다. UN본부는 맨해튼 42가街와 45가 사이에 있다. 맨해튼은 서울의 여의도와 같이 섬島이다. 서쪽으로는 허드슨 강이 유유히 흐르고, 동쪽으로는 이스트 강east river이 흘러간다. UN본부는 뉴욕을 방문하는 관광객들에게는 반드시 둘러보아야 할 관광명소이기도 하다. UN본부에서 남쪽으로 향하면 횃불을 높이 치켜든 자유의 여신상과 9·11테러로 무너진 월드 트레이드 센터 자리그라운드 제로, 세계 금융의 중심지인 월스트리트wall street, 그리고 중국인들이 모여 사는 차이나타운이 있다.

　또 세계 최대 규모를 자랑하는 뉴욕증권거래소NYSE와 밤경치가 너무나 아름다운 브루클린 다리Brooklyn Bridge, 그리고 개성 있는 쇼핑거리로 유명한 소호SoHo지역이 있다.

　또 UN본부에서 그리 멀지 않은 거리에 맨해튼 심장부를 상징하는 엠파이어 스테이트 빌딩, 세계 최고 수준을 자랑하는 현대미술관MoMA, 그리고 연말연시를 환하게 밝히는 초대형 크리스마스 트리로 유명한 록펠러 센터가 있다.

　또 세계의 교차로로 불리는 타임스퀘어가 있고, 대형 콘서트가 열리는 메디슨 스퀘어 가든, 그리고 도심 속의 공원인 센트럴파크중앙공원도 둘러볼 수 있다.

　한국에서 우수한 학생들이 유학을 많이 가는 뉴욕대학교와 컬럼비아 대학교도 맨해튼에 위치해 있을 정도로 맨해튼은 그야말로 세계적인 관광지이기도 하다.

UN본부 로비에서의 겸손

학교 공부에 정신이 없는 한국 청소년들이 지금 당장 미국 여행을 하기는 힘들겠지만, 가족여행을 하거나, 방학을 이용해 친구들과 여행을 할 기회가 있다면 꼭 뉴욕 맨해튼에 가보기를 권한다. 얼마나 다양한 사람들이 살고 있는지, 참다운 자유가 무엇인지, 왜 글로벌 마인드를 가지고 있어야 하는지, 왜 영어를 공부해야 하는지 등을 자신도 모르는 사이에 깨닫게 된다. 지금까지의 좁은 시야와 편협한 시각에서 벗어나 세상을 보는 눈을 넓힐 수 있고, 자신의 미래를 계획하고 설계하는 계기로 삼을 수 있다. 한 번의 여행을 통해 받은 문화적 충격이 여러분의 인생 방향을 결정할 수 있는 것이다.

반 총장이 UN 사무총장 자리에 오르고, 또 연임에 성공하면서 UN본부를 방문하는 아시아 관광객이 부쩍 늘었다. UN본부 1층 로비에서는 한국 사람은 물론 중국, 일본, 동남아시아 사람들을 쉽게 볼 수 있는데, 이들도 동양인이 UN을 이끌고 있다는 사실에 남다른 자부심을 느낀다.

관광객들이 금속 탐지기 검문을 통과하고 로비로 들어오면 역대 UN 사무총장들의 얼굴을 그린 그림이 벽면에 일렬로 걸려 있는 것을 보게 된다. 하지만 반 총장이 취임하고 꽤 오랜 기간이 흘렀지만, 반 총장의 얼굴 그림은 걸려 있지 않았다. 1대부터 7대까지의 사무총장 얼굴은 금테 사진틀로 장식돼 보란 듯이 전시돼 있었지만, 8대 사무총장인 반 총장의 그림은 없었다.

왜 그랬을까? 이에 대해 UN본부에서 관광 가이드 업무를 맡고 있는 흑인 여성이 이렇게 설명해 주었다.

"수년간 지켜본 저의 경험으로 판단해보면, 반 총장은 자신을 내세우는 분이 아닙니다. UN본부 규정이 있다고는 하지만, 반 총장은 자신의 얼굴 그림이 빨리 걸리는 것을 바라지 않았습니다. 자신에게 주어진 업무와 역할을 충실히 수행하고, 사람들이 이를 평가해 준다면, 그것이 바로 자신의 얼굴이 되는 것이라고 믿는 것 같았습니다. 벽면에 얼굴 그림이 걸리느냐, 걸리지 않느냐는 그의 관심사항이 아니었습니다."

우리 주위에는 자신의 사회적 지위와 물질적 부富를 다른 사람들에게 알리고, 과시하려는 사람들이 많다. 고시공부에 합격했다든지, 명문대학교를 졸업했다든지, 임원으로 승진했다든지, 외제차를 구입했다든지, 고급 아파트에 산다든지 등등 이것저것 자랑하기에 바쁘다.

하지만 반 총장은 휘어진 나무처럼 자신을 굽히라고 한다. 벽면에 걸려 있는 얼굴 그림이 자신의 진짜 모습이 아니라, 사람들 사이에서 오르내리는 자신에 대한 평가와 평판이 진정한 자신의 얼굴이라고 여긴다. 반 총장의 겸손에 대한 철학은 공자의 제자인 증자와 무척 닮았다. 증자는 이렇게 말했다.

"탁월한 재능을 가지고 있으면서도 재능이 빈약한 사람들에게 묻고, 풍부한 지식을 가지고 있으면서도 없는 사람처럼 겸허했다. 실력이 넘쳐흘러도 없는 것처럼 처신하고, 남들이 까닭 없이 대들더라도 시비를 가리겠다고 맞서 싸우지 않았다. 나의 옛 선배들은 모두 그렇게 처신했다."

자신을 비판하는 상대를 친구로 만들다

반 총장은 자신의 잘못을 지적하는 해외 언론에 대해서도 화를 내거나, 격앙된 반응을 보이거나, 정면대응을 하기보다는 자신의 입장을 조용하게 전달하면서 겸손한 마음을 잊지 않았다. '부드러운 것이 결국 강한 것을 이긴다'는 진리를 몸소 실천하고 있는 것이다.

반 총장이 UN본부의 조타수를 잡았을 당시 일부 해외 언론들은 UN을 겨냥해 '부패했다.' '조직이 비대하다.' '일을 하지 않는다.' 등과 같이 온갖 비판과 비난기사를 쏟아내고 있었다. 거대한 공룡이 되어버린 UN 본부를 질타하는 목소리가 높았다. 어떤 신문은 반 총장이 아무리 열과 성을 다해도 UN을 개혁하는 것은 불가능할 것이라는 기사까지 내놓고 있었다.

이런 경우라면 보통 사람들은 정정 보도를 요구하거나, 언론중재위원회에 제소하거나, 법률적인 조치를 취하는 등 신문사와 정면대결을 벌이는 방안을 생각한다. 하지만 반 총장은 그렇게 하지 않았다. 반 총장은 자신과 자신의 조직을 악의적으로 묘사한 신문사 기자들을 불러 현재의 상황을 설명하고, 자신의 개혁의지, 비전과 청사진을 자세하게 들려주었다. 기자들이 오해하고 있거나 잘못 알고 있는 것은 있는 그대로 설명해주었다. UN 사무총장이라는 권위를 앞세워 상대방을 제압하려고 하기보다는 오히려 자신을 낮추어 상대방을 설득하고 이해시키려는 노력을 기울였던 것이다.

결국 해외 신문사 기자들은 반 총장의 진심과 의지를 확인하고 나서는 악의적인 기사를 쏟아내기보다는 중립적인 시각에서, 그리고 심지어는 반 총장의 열성팬이 되어 UN에 우호적인 기사를 쓰기도 했다. 반 총장이 보여주는 겸손과 배려하는 마음 씀씀이에 해외 신문사 기자들이 작은 감동을 받은 것이었다. 반 총장은 결국 자신을 비판하는 상대방을 '겸손'이라는 무기를 사용해 친구로 만들어버렸다.

보통 사람들은 자신을 비판한 사람들에 대해서는 아예 담을 쌓고 등을 돌려버린다. 서로 욕설을 하고, 험담을 하면서 상대방과 한바탕 전쟁을 치른다. 자신을 낮추고 상대방의 이야기를 듣거나 상대방을 이해하려고 하는 노력을 기울이지 않는다. 자신의 주장과 생각만이 옳다는 오만에 빠지게 된다. 반 총장이 보여주는 겸손이 위대한 이유가 여기에 있는 것이다.

반 총장이 편지에 답장을 하는 이유

나는 뉴욕특파원으로 활동할 당시 한국 학생들이 반 총장에게 보낸 수많은 편지를 본 적이 있다. 특히 초등학생들이 '어떻게 하면 꿈을 이룰 수 있을까요?', '반 총장님처럼 국제기구에서 일하고 싶은데 어떻게 해야 하나요?', '저도 열정적으로 살고 싶어요.' 등 성공적인 삶을 살기 위해서는 어떻게 생각하고 준비해야 하는지 물어보는 내용이 많았다.

"비서관님, 이렇게 많은 편지를 어떻게 처리하나요? 모두 답장을 할 수 있는 것도 아니고."

내가 물었다.

"편지들을 모아 반 총장에게 보고를 합니다. 반 총장은 바쁜 일정을 쪼개 편지들을 읽어보시고 답장을 하는 경우가 많습니다. 직접 답장을 하기가 곤란할 때에는 보좌관이나 비서관들이 답장을 쓰지만 반 총장이 반드시 서명을 합니다. 꿈과 희망을 전하는 내용이 대부분입니다. 실의에 빠진 학생과 젊은이들에게 용기와 도전정신을 불어넣는 것이죠."

비서관의 설명이다. 반 총장은 그야말로 살인적인 일정을 소화하는 바쁜 생활 속에서도 짬을 내어 편지를 쓰고 답장을 한다. 편지를 쓴 상대방에게 실망을 주지 않기 위한 최소한의 배려인 것이다.

영국 여성작가 제인 오스틴Jane Austin은 소설 《오만과 편견Pride and Prejudice》에서 "편견은 내가 다른 사람을 사랑하지 못하게 하고, 오만은 다른 사람이 나를 사랑할 수 없게 만든다"고 썼다.

자기 자신을 다른 사람 앞에 내세우기를 좋아하는 사람은 편견과 오만으로 가득 차 있지만, 반 총장처럼 자기 자신을 낮추는 사람은 겸손과 겸양의 마음을 가지고 세상을 살아간다. 그리고 무엇보다 중요한 것은 세상 사람들은 편견과 오만으로 얼룩진 사람이 아니라 겸손한 사람들에게 사랑과 존경의 마음을 표한다는 점이다. 어떠한 길을 선택할 것인지는 여러분들이 결정해야 한다.

5

나도 했으니
여러분도 할 수 있다

: 성실

여러분, 절대 포기하지 마세요.
자신을 부끄럽게 생각하지도 마세요.
모든 도전이 성공하는 것은 아니지만,
그 과정과 여정에는 분명히 교훈이 있습니다.
– 불행을 성공으로 바꾼 오페라 가수 폴 포츠

인생을 살아가는 가장 지혜로운 방법은 무엇일까. 어떤 사람은 빈둥빈둥 놀면서도 벼락출세를 꿈꾸고, 어떤 사람은 꼼수를 부려가면서 기회를 엿보고, 어떤 사람은 어느 순간 로또처럼 대박이 터지기를 바란다. 하지만 인생이라는 긴 경주에서 결승점에 먼저 도착하고, 승리하는 챔피언은 언제나 성실하게 노력하는 사람들의 몫이다. 자신의 재주만 믿고 낮잠을 자는 토끼는 경주에서 패배하지만, 느리더라도 꾸준히 노력하는 거북이에게는 승리의 월계관이 돌아가는 법이다. 떨어지는 낙숫물이 바위를 뚫고, 우공이라는 사람이 흙을 옮겨 산을 만드는 우공이산의 이야기가 있는 것처럼, 성실하게 노력하는 사람을 이겨낼 수 있는 것은 세상 어디에도 없다. 설령 꼼수를 부려 성공을 하더라도 그 성공은 땀과 열정으로 달성한 것이 아니기 때문에 모래성처럼 언제든지 무너질 수 있다. 하지만 끈기와 열정과 성실로 견고하게 쌓아올린 성공이라는 성벽은 어떠한 시련과 역경이 찾아오더라도 쉽게 무너지지 않는다. 성공과 행복이라는 인생의 열매는 결국 성실한 사람에게로 돌아가는 법이다.

화려하지는 않지만 성실하게

반 총장은 1970년 제3회 외무고시에 합격하면서 외교관의 길을 걷게 된다. 당시 외무고시에 합격한 사람은 총 19명이었다. 사법고시와 행정고시, 외무고시를 3고시라고 하는데, 외무고시 선발인원이 가장 적다. 1년에 고작 19명을 선발하는 점을 감안하면 경쟁률이 얼마나 치열할지 상상이 간다. 반 총장은 2등인 차석을 했다. 아깝게 1등을 놓쳤지만, 합격한 사람들이 이수해야 하는 초임 외교관 연수과정에서는 19명 중 다시 1등을 차지했다. 외무고시 합격자 중에는 '이제 외교관이 되었는데 또 공부를 해야 하나' 하며 긴장의 끈을 놓아버린 사람들도 있었지만, 반기문은 초지일관 성실하게 자신이 해야 할 일과 공부를 했던 것이다.

외무고시에 합격하면 공무원 직급 체계상 5급 사무관이 된다. 공무원 직급은 9급부터 1급까지 있는데, 9급에서 6급까지의 과정을 거치지 않고 바로 5급이 되는 것이다. 외교관 연수에서 1등을 한 사무관은 통상 주미대사관이나 선진국 대사관으로 발령이 나는 것이 일반적이다. 선진국 외교관과 인맥을 쌓을 수 있고, 다양한 정보를 접할 수 있고, 생활환경도 편리하고, 근무여건도 좋기 때문에 외교관들이 가장 선호하는 근무지이다.

하지만 반기문은 미국을 선택하지 않고, 인도 근무를 희망했다. 집이 가난했던 데다가 반기문은 형제들 중 장남이었다. 부모님과 동생들을 책임져야 한다는 생각이 강했다. 물가가 비싼 미국에서는 저축하기가 힘들지만, 상대적으로 물가가 저렴한 인도에서는 아끼고 절약하면 경제적으로 집안에 도움을 줄 수 있을 것이라고 생각했던 것이다. 비록 첫 근무지가 가장 화려한 곳은 아니지만, 성실하게 노력하고 땀을 흘리면 반드시 기회는 다시 찾아올 것이라는 희망만은 버리지 않았다.

운명적인 멘토를 만나다

반기문은 인도 총영사관에서 부영사로 근무를 시작했다. 당시 인도 총영사는 반기문의 인생에서 평생 멘토가 되는 노신영 총영사였다. 노 총영사는 1973년 한국과 인도가 국교를 맺으면서 주뉴델리 총영사에서 주인도 대사가 되었고, 이후 주제네바 대사를 거쳐 1980년부터 1982년까지 외무부 장관을 지냈다. 1985년에는 국무총리에 임명된 입지전적인 인물이다.

반기문과 노신영 총영사의 운명적인 첫 만남은 인도 총영사관에서 이렇게 맺어진 것이다. 반기문은 누구보다 일찍 출근해 인도 정치와 경제에 대한 리포트를 작성하고, 인도에 진출한 한국기업 주재원들을 만나 그들의 고충을 듣고, 인도 교민들의 애로사항을 해결해 나갔다. 반기문의 성실성과 탁월한 업무처리 능력, 그리고 유창한 영어실력은 곧바로 인도 총영사관에서 인정을 받게 되었고, 노신영 총영사도 반기문을 눈여겨보게 되었다. 앞으로 한국 외교 역사에서 큰 역할을 하게 될 인물이라는 것을 직감적으로 알게 되었다고 한다. 노신영 전 국무총리는 외무부 장관이 되었을 때 곧바로 반기문을 국제연합 과장으로 승진시켰다. 또 국무총리가 되었을 때에는 부이사관[3급]인 반기문을 의전비서관으로 끌어올렸으며, 또다시 이사관[2급]으로 승진시켰다. 그야말로 고속승진이었다. 3회 외무고시 동기들은 물론이고 1회와 2회 선배들을 모두 제치고 승승장구했던 것이다.

보통 사람들은 회사나 직장에서 능력을 인정받아 고속승진을 하게 되면 처음에 가졌던 초심을 잃고 교만해지거나 거만해지는 경우가 많다. 하지만 그는 동기들과 선후배들에게 '일찍 승진해서 미안합니다'라는 내용의 편지를 써 전달했다. 아랫사람이 이 같은 내용의 편지를 보낸다면 선배들은 '나를 놀리나?'라고 오해할 수도 있지만, 반기문의 편지를 받은 선배들은 모든 상황을 이해해 주었다. 반기문의 성실성과 겸손한 마음을 익히 알고 있었기 때문이었다. 자신의 승진을 이해해 달라고 양해를 구하는 편지를 보내는 일도 대단한 일이었지만, 이를 이해하고 인정해준 선배들의 행동도 박수받을 만한 일이었다.

반기문은 끊임없는 노력과 성실성을 밑천으로 외교부라는 거대한 조직에서 한 계단씩 한 계단씩 정상을 향해 전진했던 것이다. 집이 부자였던 것도 아니고, 뒤에서 후원해주는 든든한 인맥이 있었던 것도 아니고, 외무부에 친인척이 있었던 것도 아니었지만, 반기문은 타고난 성실성을 무기로 자신의 인생을 개척해 나갔고, 결국 정상에 올라서게 되었다.

앞으로 더 공부하겠습니다

2007년 반 총장이 UN을 출입하는 해외특파원들과 첫 상견례 기자회견을 열었다. UN 사무총장이 되고 나서 기자들과 공식석상에서 만나는 순간이었다. 세계 각지에서 파견된 해외특파원들은 다양한 질문을 던졌다. 앞으로 UN을 어떻게 개혁할 것인지, 중동문제를 어떻게 풀어나갈 것인지, 선진국과 후진국 간 빈부격차를 어떻게 해소해야 하는지, 아프리카 내전사태를 어떻게 해결해야 하는지 등등 많은 질문이 쏟아졌다. 특파원들은 영어로 질문을 했고, 반 총장은 유창한 영어로 답변을 했다. 기자회견이 순조롭게 진행되고 있는 가운데 느닷없이 어느 기자가 프랑스어로 질문을 했고, 반 총장이 프랑스어로 답변을 해주었으면 좋겠다고 요청했다. 반 총장은 물론 다른 특파원들도 돌발적인 사태에 적잖이 당황했다.

하지만 이날 마이크 상태가 좋지 않아 질문내용이 제대로 들리지 않았고, 반 총장도 프랑스어로 답변하는 것이 적절치 않다고 판단했다. 단어나 문구 하나를 잘못 사용하면 오해의 소지를 불러일으킬 수 있고, 진의를 왜곡해 기사가 나갈 수도 있었기 때문이다. 반 총장은 영어로 이렇게 답변했다.

"앞으로 질문은 영어로 해주었으면 합니다. 그리고 앞으로 불어를 더 열심히 공부해서 다음에는 불어로 답변할 수 있도록 노력하겠습니다. 질문한 기자분의 양해를 구합니다."

반 총장의 답변은 공손하고 겸손했다. 상대방의 기분을 상하게 하지 않으면서도 난처한 상황을 슬기롭게 헤쳐나간 순간이었다. 사실 반 총장은 영어뿐만 아니라 불어와 독일어도 꽤 잘한다. 일상적인 대화를 나누는 데에는 큰 불편함이 없지만, 외교문제가 걸려 있는 공식석상에서는 예상치 못한 오해를 피하기 위해 가급적 사용하기를 꺼린다. 반 총장은 총장 취임을 앞두고서는 전문 강사로부터 1주일에 4시간씩 집중적으로 불어 과외 교습을 받았고, 프랑스 신문과 잡지를 보면서 불어를 열심히 공부했다. 프랑스를 방문했을 때에는 시라크 대통령과 회동 내내 불어로만 대화를 나누었는데, 시라크 대통령은 반 총장의 불어 실력을 높이 평가했다.

UN의 공식 언어는 영어, 프랑스어, 중국어, 스페인어, 러시아어, 아랍어 등 6개다. 과거에는 프랑스가 국제 외교의 중심이었기 때문에 불어가 1공용어였지만 지금은 영어가 그 자리를 차지했고, 불어는 2위로 밀려났다. 하지만 오늘날도 국제외교에서 가장 중요한 언어는 영어와 불어다.

지난 1979년 UN대표부 1등 서기관 신분으로 처음 UN본부와 인연을 맺은 반 총장이 점심시간과 출퇴근 자투리 시간을 이용해 불어를 익힌 일은 외교가에 유명한 일화로 남아 있다. 전문 외교관의 길로 들어선 만큼 다른 나라 외교관에 뒤지지 않기 위해서는 영어와 불어를 반드시 마스터해야한다는 고집과 성실성이 오늘날의 그를 만든 것이다. 어차피 피할 수 있는 일이 아니라면, 오히려 적극적으로 그 상황과 환경을 즐기는 것이 반 총장의 스타일이다.

혈관 속에 흐르는 성실 DNA

반 총장은 한국의 뉴욕특파원들을 종종 저녁식사에 초대하는 일이 있었는데, 그럴 때마다 "아직도 영어발음이 마음에 들지 않아요. 계속 영어발음을 교정하고 있습니다"라고 말하곤 했다. 사실 반 총장의 영어실력은 수준급이다. 태어날 때부터 영어를 구사하는 원어민네이티브 스피커과 비교하면 발음은 뒤처지지만, 단어와 문장구사 능력은 원어민을 능가할 정도다. 특히 영어를 모국어로 사용하지 않는 아시아 사람으로서는 최고급 영어실력을 가지고 있다는 것이 UN본부 안팎의 평가다.

하지만 반 총장은 지금도 영어를 공부한다. 배움의 끈을 절대 놓지 않는다. UN본부 직원을 통해 수시로 발음교정 훈련을 받는가 하면 좋은 영어문구나 영어조크가 있으면 메모하거나 암기해두었다가 연설할 때 활용한다. 그의 몸에는 성실성이라는 DNA가 혈관 속에 흐르고 있는 듯하다.

뉴욕 맨해튼에는 각국 외교관과 정치인들의 친목단체인 외교협회CFR

가 있다. 나는 반 총장이 이곳에서 영어와 불어를 섞어가면서 청중들을 대상으로 강연하고 연설하는 것을 자주 보았다. 강연이 끝날 때마다 청중들은 반 총장에게 우레 같은 박수를 보냈고, 반 총장과 악수를 나누기 위해 회의장을 떠나지 않고 수 십분 동안 기다리는 것을 지켜봤다. 반 총장의 연설과 강연도 훌륭했지만, 연설 속에 녹아 있는 반 총장의 열정과 성실성에 감동했기 때문이다.

우리는 학교생활을 마치면 직장이라는 새로운 세계로 나아간다. 직장에서 승승장구하거나 승진이 빠른 사람들을 자세히 살펴보면 '일을 즐긴다'는 공통점을 발견하게 된다. 일을 즐긴다는 것은 곧 성실하게, 열정적으로 삶을 산다는 것을 의미한다. 열정이 없는데 어찌 자신에게 주어진 일과 업무를 즐기겠는가. 자신의 일과 업무를 성실하게 처리하다 보면 전문지식이 쌓이고, 자신감도 생기고, 주위 사람들로부터 인정도 받게 되기 때문에 자연스럽게 일을 즐기게 되는 것은 아닐까.

한 달에 지구 한 바퀴를 돌다

성실하다는 것은 시간 관리를 철저히 한다는 것과 같은 말이다. 반기문 총장은 시간관리의 달인이다. 반 총장은 깨알 같은 글씨로 쓰인 개인 수첩을 항상 양복 안주머니에 넣고 다닌다. 반 총장의 하루 일정은 물론 몇 개월 치 개인 스케줄이 고스란히 담겨있다. 대통령이나 총리 등 국가원수급 인사를 만날 때에는 20분 정도의 시간을 할애하고, 그 외에는 5~10분가량 시간을 짜내 사람들을 만난다. 마치 정해진 시간표대로 운행하는 지하철처럼 반 총장은 매일 분단위로 시간을 관리한다. 반 총장

75

이 업무로 이동한 출장거리를 계산해보면 한 달에 지구 한 바퀴를 도는 것과 비슷하다.

외무고시를 준비했던 서울대 학창시절과 외교관 생활을 거치면서 몸에 배인 습관이 지금까지도 고스란히 남아 있는 것이다. 반 총장은 뉴욕 주재 한국 특파원을 만날 때마다 "저는 별다른 운동을 하지 않습니다. 항상 평균 체중을 유지할 수 있는 것은 언제나 바쁘게 걸어 다니고, 일을 하고, 바쁘게 생활하기 때문입니다"라고 말하곤 했다.

반 총장은 평생을 걸쳐 철칙같이 지켰고, 지금도 고수하고 있는 시간 관리 규칙을 다음과 같이 설명한다.

"저는 직원들이 저에게 올리는 결재 서류를 하루 이상 넘기지 않습니다. 사무실에서 다 끝내지 못하면 집에 가져가서라도 그날 끝낼 것은 그날 마칩니다. 일하는 데는 어느 정도 단련이 돼 있다고 생각했는데 UN에 와보니 비교가 안 될 정도로 더 바쁩니다. UN 사무총장으로 있으면서 하루 평균 4시간 30분가량을 자고, 일이 많으면 3시간 30분 자는 경우도 있습니다. 출장 중 끼니를 거르거나 장시간 비행을 하면 피곤할 때도 있지만 업무에 모든 정신을 집중하다 보면 피곤함도 있게 됩니다. 세계 각국의 특파원들과 인터뷰나 기자회견을 할 때에는 모든 나라의 이해관계가 걸려 있는 질문들이 쏟아지는데, 어떤 때는 답변이 어려운 질문들도 있습니다. 늘 역사를 공부하고 전 세계에서 일어나는 일들의 배경과 백그라운드를 공부해야 합니다."

반 총장의 시간관리 노하우를 옆에서 지켜보고 있으면 지독하다는 생각이 들 때가 많다. 반 총장은 젊은이들 못지않은 열정과 의욕으로 하루하루를 생활하고 있다. 1분, 2분도 허투루 보내는 일이 없다. 왜냐하면 5분의 시간만 주어져도 외국 외교관을 만나 국제적인 현안이나 이슈들을 논의할 수 있기 때문이다.

레드타임, 로스트타임, 블루타임

시간에는 세 가지 종류가 있다. 레드 타임red time, 로스트 타임lost time, 블루 타임blue time이 그것이다. 레드 타임은 업무를 처리하는 시간이다. 학생이라면 학교에서 수업을 받는 시간이 될 것이고, 가정주부라면 가사를 처리하는 시간이 이에 해당된다. 자신의 위치나 신분에서 반드시 업무를 처리해야 하는 시간인 것이다.

이 외에 생명을 유지하기 위해서는 꼭 필요한 시간이 있다. 수면시간, 식사시간 등이 이에 속한다. 하루 24시간 중 레드 타임과 생명유지에 꼭 필요한 시간을 빼고 나면 자신이 나름대로 계획할 수 있고 통제할 수 있는 시간이 생긴다. 출퇴근시간, TV 보는 시간, 인터넷을 하는 시간, 친구들을 만나는 시간 등이 여기에 속한다. 이러한 여가시간을 어떻게 활용하는가에 따라 그 시간은 로스트 타임과 블루타임으로 나뉜다.

천금 같은 여가시간을 빈둥빈둥 놀면서 낭비하면 로스트 타임이 되고 만다. 반면 여가시간을 아껴 자기계발을 한다든지, 책을 읽는다든지, 학원에 다닌다든지 하면서 생산적으로 사용하면 블루 타임이 된다. 인생의 승패는 레드 타임 동안 얼마나 헌신적으로 열심히 일하는가, 또는 여가시간을 어떻게 블루타임으로 활용하는가에 달려 있다.

여가시간을 로스트 타임이 아니라 블루타임으로 전환시킬 수 있어야 한다. 업무와 관련된 레드타임뿐 아니라 자기계발과 관련된 블루타임이 왜 중요한지 이해할 수 있을 것이다. 레드타임 동안 열심히 일하면 회사에서 성실한 사람이라는 평가를 받을 수 있고, 승진도 빠르고, 성과급도 많이 받을 수 있다. 블루타임을 허투루 보내지 않고 잘 쪼개어서 사용하면 자신의 숨은 능력을 개발하면서 자기 자신의 브랜드 가치를 높일 수 있다. 결국 인생이라는 장기 레이스에서 마지막 승자가 되는 사람은 레드타임과 블루타임을 잘 분배해서 효과적으로 사용한 사람들이다. 반 총장의 성실함과 시간관리 의지를 들여다보라. 레드타임과 블루타임 법칙이 그대로 들어맞는다는 것을 확인할 수 있을 것이다.

긍정의 메신저가 되라

나는 반 총장에게 한국의 청소년과 젊은이들에게 힘과 용기를 줄 수 있는 글귀를 써달라고 부탁한 적이 있다. 반 총장은 전혀 머뭇거리지 않고 하얀 종이에 이렇게 적었다.

대한민국 파이팅!
항상 꿈과 희망을 가지시기 바랍니다.

− UN본부에서 사무총장 반기문 드림

반 총장은 검정색 볼펜으로 단박에 써내려갔다. 평생을 걸쳐 그의 정신세계를 지배했던 단어는 바로 꿈과 희망이었다. 반 총장은 꿈과 희망을 상실하고 방황할 때에 우리는 정신적으로 사망상태에 들어가는 것이라고 강조하는 것은 아닐까. 성실하지 않으면 우리의 꿈과 희망은 사막의 신기루처럼 한순간에 사라져버리고 만다.

　반 총장의 글씨체를 자세히 살펴보면 결코 달필은 아니다. 마치 초등학생이 글을 쓰는 것처럼 신중하게 또박또박 글을 쓴다. 빼어난 글씨체는 아니지만, 휘갈겨서 글을 쓰지 않기 때문에 읽기 쉽다. 글에서도 그의 인품을 읽을 수 있다.

　반 총장이 외교관이었을 때 외무부장관이 농담 삼아 반기문의 필체가 좋지 않다고 말한 적이 있었다. 그러자 반기문은 글씨 쓰는 연습에 매달려 결국은 필체를 고치기도 했다. 누군가가 자신의 단점을 지적하는 것을 기분 나빠하거나 부끄러워하지 않고, 오히려 자신의 단점을 장점으로 바꾸어 나가는 계기로 삼았다.

　반 총장이 주위 사람들에게 부정의 바이러스가 아니라 '하면 된다.' '노력하면 이룰 수 있다.' '꿈꾸는 자만이 성공에 도달할 수 있다.' 등과 같이 긍정의 바이러스를 전파할 수 있는 힘이 있는 것은 바로 반 총장 자신이 성실과 열정으로 똘똘 뭉쳐있기 때문이다.

　인생이라는 무대에서 승리는 강자와 빠른 자에게 돌아가는 것이 아니다. 언제나 최후의 승리는 성실하고, 열정적으로 살아가는 사람들의 몫이다. 반 총장이 우리들에게 전하는 중요한 인생 교훈이다.

2

반기문 총장의
마음자세

6

원칙은 세우는 것이 아니라
실천하는 것이다
:
원칙

도덕을 존중하고 올바르게 살아가는 사람이
외톨이가 되는 일은 없다.
반드시 나를 이해해주는 좋은 벗이 있는 법이다.
– 공자

인생을 살아가면서 우리가 절대 놓치지 말아야 하는 것 중의 하나가 바로 원칙이다. '한번쯤은 괜찮겠지' 하고 한두 번씩 원칙을 어기다 보면 성공과 행복은 점차 우리들에게서 멀어져간다. 최후의 승리는 원칙을 지키며 자신과의 싸움에서 이기는 사람에게 돌아가는 법이다.

여러분은 실수를 저질렀을 때 어떻게 반성하고 행동하는가. 많은 사람들은 대수롭지 않은 것으로 여기고 그냥 넘어가버린다. 시간이 지나면 사람들이 내가 저지른 잘못을 기억하지 못할 것이라고 생각하면서 애써 외면해버린다. 하지만 다른 사람들이 실수를 하거나 큰 잘못을 저질렀을 때에는 손가락질을 하거나 곱지 않은 시선으로 바라본다. 심지어 다른 사람 등 뒤에서 험담을 하거나 욕을 해대는 사람들도 있다.

철저하게 돈 관리하라

반 총장은 돈 관리에 철저하다. 외교관 공무원으로 활동할 때에나, UN 사무총장으로 업무를 수행할 때에나 국가나 조직의 돈을 허투루 사용하지 않는다. 공公과 사私를 정확히 구분해 돈을 관리하고 사용한다.

반 총장이 1990년대 청와대 외교안보수석비서관으로 근무할 때의 일이다. 옛날에는 수석비서관들에게는 비공식적인 활동비가 따로 지급되었다. 부하 직원들과 회식도 해야 하고, 다른 정부부처 사람들과 만나 교류를 하기 위해서는 어느 정도의 활동비가 필요했던 것이다. 하지만 많은 고위 관료들이 자신의 가족이나 친구들과 식사를 하거나 개인용도로 선물을 사는 경우가 많았다. 물론 영수증 처리도 하지 않았다.

하지만 반기문은 비서진에게 돈을 관리하도록 했으며 꼭 돈이 필요할 때에는 사용내역과 영수증을 일일이 챙겨 비서진에게 건넸다. 누가 강요한 것도 아니고, 세밀한 규정도 없었지만 반기문은 스스로 돈의 사용내역과 영수증을 제출했다. 혹여 원칙을 깨트리고 나라 돈을 개인용도로 잘못 사용하게 되는 과오를 사전에 차단하려고 했던 것이다.

반기문은 37년간 외교관 생활을 하면서 돈이나 뇌물, 인사 청탁과 관련된 불미스러운 일에 연루된 적이 한 번도 없는데, 이는 원칙을 중시하는 그의 생활습관을 잘 보여준다. 대통령 친인척이나 일부 고위 관료들이 뇌물이나 청탁사건에 연루돼 여론의 뭇매를 맞거나 감옥신세를 지는 것과는 사뭇 대조적이다. 반기문이 외부손님으로부터 인사차 받은 작은 선물을 되돌려주는 방법도 눈길을 끈다. 반기문은 작은 선물을 받아두었다가 외부손님이 떠나려고 할 때에 "별것 아닙니다"라고 말하며 선물을 건넨다. 손님은 집으로 돌아와 정성스럽게 포장된 선물을 뜯어보고서는 자신이 반기문에게 건넸던 선물이었던 것을 보고서는 깜짝 놀란다. 그리고 손님이 무안하지 않도록 선물을 돌려주는 반기문의 배려와 마음 씀씀이에 다시 한 번 감동을 받게 된다.

반기문이 오스트리아 대사 시절, 공관에 개인용 전화를 별도로 하나 더 설치했던 일은 너무나 유명한 일화로 남아 있다. 다른 국가 대사들과 통화를 하거나 한국 외교부에 연락을 할 때에는 업무용 전화를 사용했다. 하지만 친구에게 연락을 취하거나 한국에 있는 가족과 친척들에게 전화를 할 때에는 반드시 개인용 전화를 이용했다. 그리고 국제전화 비용은 반기문 개인이 지불했다. 재외공관은 한국 국민들이 피땀 흘려 낸 세금으로 운영되는 것인데, 개인용도로 사용한 국제전화 비용까지 세금으로 충당해서는 안 된다는 뚜렷한 원칙이 있었기 때문이다.

저가 항공사를 이용하는 이유

반 총장은 뉴욕특파원들과 오찬을 하거나 저녁식사를 할 때 맨해튼에 있는 주UN 한국대표부 관저에서 하는 경우가 대부분이다. 물가가 비싸기로 소문난 맨해튼의 고급식당이나 호텔을 이용하게 되면 식사비용이 엄청나다. 물론 UN 사무총장이 사용할 수 있는 활동비가 있기는 하지만, 아낄 수 있는데도 불구하고 쓸데없이 돈을 낭비해서는 안 된다고 생각하기 때문이다.

2011년 11월, 반 총장이 세계개발원조회의에 참석하기 위해 부산을 방문했을 때도 그랬다. 반 총장은 대한항공이나 아시아나항공 비즈니스 클래스나 퍼스트 클래스를 이용하지 않고, 저가항공사인 에어부산을 이용했다. 에어부산은 비즈니스 클래스를 운영하지 않는다. 반 총장을 보좌하는 UN 직원들은 반 총장의 이 같은 검소함과 소탈함에 진한 감동을 받았다. 국가원수급 예우와 대우를 받는 UN 사무총장이 비즈니스 클래스 이상을 이용하는 것이 관례였기 때문이다. 가난한 어린 시절을 보낸 반 총장은 '아낄 수 있는 것은 아껴야 한다'는 철저한 절약 원칙을 몸소 실천하고 있는 것이다.

원리와 원칙을 세우기는 쉽지만, 실천하기란 여간 힘든 일이 아니다.

정도正道에서 벗어나도록 부추기는 장애물이 너무나도 많고, 시간이 지나면서 당초에 가졌던 우리들의 의지와 결의도 점차 약해지고 만다. 이같은 과정이 반복되면 원칙은 하나둘씩 깨지게 된다.

사마천이 쓴 《사기》에 이런 글이 있다. 위나라 문후文候 때 서문표徐門豹가 어느 지방장관에 임명됐다. 그는 청렴결백하고, 일을 원칙에 따라 처리하는 사람이었다. 문후를 보필하는 측근들은 그를 질투하고 시기했다. 장관직을 마치고 1년 뒤에 그가 업무보고서를 제출했는데, 측근들은 서문표의 행실이 좋지 않다는 보고를 올려 면직처분을 받게 했다. 서문표는 문후에게 간청했다.

"다시 한 번 보내주시면 잘 다스릴 자신이 있습니다. 이번에도 성적이 좋지 않다면 파면시켜도 좋습니다."

서문표는 다시 지방장관에 복직됐다. 그는 백성들에게 세금을 무겁게 매기고, 측근들에게 뇌물을 받쳤다. 1년 뒤 다시 업무보고서를 내자 측근들은 그에게 후한 점수를 주었고, 문후도 칭찬을 아끼지 않았다. 이에 서문표는 문후에게 '원칙'에 대해 이렇게 말한다.

"지난번에는 오직 백성과 임금을 위해 백성을 다스렸는데 면직처분을 받았습니다. 이번에는 측근들의 비위를 맞추기 위해 애를 썼는데 오히려 칭찬을 받았습니다. 저는 더 이상 지방장관의 자리에 머물고 싶지 않습니다."

문후는 자신의 잘못을 깨닫고 서문표의 사표를 반려했다. 이후 문후는 원칙과 소신을 지키는 서문표를 중용했다.

사실 원칙을 지킨다는 것은 말처럼 쉬운 일이 아니다. 수많은 달콤한 유혹이 우리를 기다리고 있다. 나의 성공을 위해 세상 사람들을 속이기도 하고, 순간의 불리함에서 모면하기 위해 거짓말을 하기도 하고, 나를 돋보이게 하기 위해 꼼수를 부리기도 한다. 하지만 결국은 진실이 승리하는 법. 원칙을 지키는 삶은 뭇 사람들로부터 인정을 받지만, 꼼수와 술수로 얼룩진 삶은 결국 사람들로부터 외면당하고 만다.

비밀에 부친 조촐한 자녀들 결혼식

맹자의 날카로운 지적처럼 반 총장은 세상 사람들과 자기 자신에게 비굴한 행동을 하지 않았고, 원칙과 기본을 지키는 삶을 살았고 지금도 그렇게 살고 있다. 자녀교육이나 가정생활도 예외가 아니다.

반 총장과 부인 유순택 여사는 슬하에 1남 2녀를 두고 있다. 자녀들의 결혼식은 하나같이 007 첩보영화를 방불하듯이 외부에 전혀 알리지 않고 가족과 친지들만 모여 조촐하게 치렀다. 외교부 장관 시절 맏딸 선용 씨가 결혼식을 올렸는데, 외교부 직원들도 이 같은 사실을 눈치 채지 못할 정도로 비밀에 부쳤다. 외교부 장관의 맏딸이 결혼식을 올린다는 사실이 전해지면 외교부 직원들은 물론이고 다른 부처 사람들, 학교 선후배, 기업체 관계자들이 축의금을 들고 예식장을 찾아오게 마련인데 반 총장은 이를 사전에 차단시켰던 것이다. 결혼식장 앞에 수십 개의 축하 화환이 늘어서 있고, 하객들로 발 디딜 틈이 없고, 수천 만 원의 축의금을 받는 것을 자신의 지위를 상징하는 것처럼 잘못 생각하는 사람들이 넘쳐나는 현실에서 반 총장의 이 같은 원칙은 더욱 빛을 발한다.

2006년 8월 막내딸 현희 씨가 혼례를 올릴 때에도 마찬가지였다. UN

아동기금인 유니세프^{UNICEF} 케냐사무소에서 일하는 현희 씨는 케냐에서 결혼식을 올렸다. 신랑은 유니세프에서 만난 소말리아 담당 시드하스 차터지 부국장이었다. 반 장관은 직원들에게 휴가를 이용해 해외를 좀 다녀오겠다는 말만 남긴 채 홀연히 케냐로 향했다. 직원들은 장관의 딸이 아프리카 케냐에서 결혼식을 치른다는 사실을 상상도 하지 못했다. 평소 업무량이 많은 반 장관이 머리를 식힐 겸 가족들이랑 해외여행을 하는 것이라고 생각했다. 반 장관은 막내딸 결혼도 외부에 일절 알리지 않고 친척과 가족들만 모인 가운데 조용하게 치렀던 것이다.

아들 결혼식도 예외가 아니었다. 외아들 우현 씨는 2009년 5월 뉴욕 맨해튼의 한 성당에서 결혼식을 올렸다. 우현 씨는 아버지와 같은 대학교인 서울대 공대를 졸업하고 미국 명문대인 UCLA 경영대학원 과정을 마친 뒤 뉴욕 금융회사의 중동지점에서 근무하고 있었다. 신부는 대한변협 부회장인 유원석 변호사의 맏딸 제영 씨였다. 신부 제영 씨는 김용 세계은행 총재가 다닌 브라운대 의대에서 공부를 한 재원이었다. 결혼식은 UN본부 맞은편에 있는 작은 성당에서 치러졌는데, 반 총장은 외부에 알리지 않고 결혼 사실을 비밀에 부쳤다. 양가 가족과 친지 등만 참석했고 물론 축의금도 받지 않았다.

평범한 사람들이라면 많은 친척과 친구, 직장 동료를 초대해 결혼식을 성대하게 올리는 것이 당연한 일이지만, 반 총장은 높은 지위에 있었기 때문에 오히려 자신에게 더욱 엄격한 원칙을 적용했던 것이다. 자녀들도 어린 시절부터 상대방에게 관대하고, 자기 자신에게는 더욱 엄격했던 아버지의 모습을 보며 자랐기 때문에 아무런 불만을 가지지 않았다. 오히려 아버지의 결정을 이해하고 수긍하게 되었다. 아버지의 원칙이 옳은 것이고, 아버지의 판단이 정확하다고 생각했기 때문이다.

한 눈을 감고 세상을 보면 장점이 보인다

원칙을 지키는 인물 주위에는 신실한 사람들이 모여들지만, 원칙을 깨트리는 인물에게서는 사람들이 등을 돌린다. 원칙을 생명줄처럼 지키는 사람들에게는 신뢰가 가고, 같이 일을 하고 싶은 마음이 생긴다. 여러분 주위를 찬찬히 둘러보라. 이 같은 진리가 들어맞는다는 것을 알 수 있을 것이다. 반 총장이 역경과 고난을 당했을 때 주위 사람들이 도와주려고 애쓰고, 반 총장 주변으로 사람들이 몰려들고, 동료 직원과 선후배들로부터 존경과 사랑을 받는 것은 이처럼 철저하게 원칙을 지키며 자기 자신을 단련했기 때문이다. 반 총장은 원칙이야말로 성공과 행복에 이르는 가장 빠른 지름길이라고 생각하고 있는 것은 아닐까.

2007년 1월 반 총장이 아프리카 국가들을 순방하고 있었다. 마지막 방문국가는 케냐였다. 반 총장은 순방에 동행한 UN직원, 기자들과 나이로비의 한 식당에서 저녁식사를 했다.

"이곳은 저의 둘째 딸이 2006년 결혼식을 올린 식당입니다. 출장을 오면서 유니세프 케냐사무소에서 일하고 있는 둘째 딸을 만날 수 있을 것으로 생각했습니다. 하지만 딸이 우간다로 출장을 가는 바람에 만날 수 없게 됐네요. 저는 딸이 자랑스럽습니다. 공식적인 일이 우선이고, 사적인 일은 그 다음인 것이 UN의 방식이지요."

유니세프는 UN의 산하조직이다. 딸을 만나기 위해 반 총장이 딸의 출장 일정을 바꾸거나 출장 가는 사람을 교체할 수도 있었지만, 반 총장은 그렇게 하지 않았다. 공적인 일과 사적인 일은 엄연히 구분해야 한다는 것이 반 총장의 생활신조였고, 딸이라고 해서 예외를 둘 수는 없었다.

"저는 둘째 딸의 결혼식 때 이런 덕담을 해주었지요. '두 눈을 부릅뜨고 배우자를 보면 단점들이 보이지만, 한 눈을 감고 보면 장점이 보인단다'라고요. 기자 여러분들도 한 눈으로 저를 봐주셨으면 합니다."

대화 중간 중간에 섞은 반 총장의 위트에 기자들과 직원들은 한바탕 크게 웃었다. 원칙을 이야기하는 딱딱한 자리에서도 반 총장은 유머를 잃지 않았다.

우리는 권력과 사회적 지위, 재산을 이용해 자녀들을 대학교에 부정 입학시키거나 관공서, 직장 등에 특채로 채용시켰다가 비리가 밝혀지면서 세상 사람들의 조롱거리로 전락하는 사람들을 자주 본다. 원칙을 지키지 않고 정도를 이탈하는 사람은 순간적으로는 이득을 볼 수 있겠지만, 결국에 가서는 그때까지 쌓아올린 명성과 신용을 한꺼번에 모두 잃고 만다. 원칙을 지키려는 반 총장의 마음자세가 더욱 빛을 발하는 것은 바로 이 때문이다.

불후의 명작 '십계十戒'를 만든 세실 비 데밀 감독은 "우리가 율법을 파괴한다는 것은 불가능한 일이다. 우리는 단지 율법을 어김으로써 우리 자신을 파괴할 뿐이다"라며 원칙의 중요성에 대해 말했다. 원칙은 진리이고 진실이기 때문에 파괴되는 일이 없다. 파괴되는 것은 원칙을 지키지 않아 스스로 자멸하는 우리네 인간들이다. 얼마나 엄중하고 무게감 있는 가르침인가. 혹시 여러분은 원칙을 깨트리면서 자신을 파괴하고 있

는 것은 아닌가. 오늘 한번 살아온 삶의 궤적을 찬찬히 둘러보고, 어떻게

살 것인가에 대한 질문에 다시 한 번 원칙을 세워보는 것은 어떨까.

7

거대한 퍼레이드의
맨 앞에 서라

⋮

리더십

모범을 보이는 것은
다른 사람들에게 영향을 미치는 가장 좋은 방법이 아니라
유일한 방법이다.
− 슈바이처

보통 사람들은 무대에 나서는 것을 두려워한다. 남들 앞에 서면 식은 땀이 나고, 맥박이 빨라지고, 다리가 후들거린다. 그냥 관중이 되기를 바랄 뿐, 관중들을 설득해 특정한 방향으로 이끌고 가는 리더가 되는 것을 두려워한다. 대부분의 사람들은 기본적으로 무대공포증을 안고 살아가고 있기 때문이다.

옛날에는 리더의 명령이나 지도 아래에서 묵묵히 자신의 일만 하는 사람들이 인정을 받았지만 지금은 상황이 크게 변했다. 오늘날의 사회는 리더를 원한다. 머뭇거리거나 주저하지 않고 단호하게 결정하는 사람, 즉 패기霸氣 있는 사람을 원한다. 자신의 의견과 주장을 명확하게 밝히면서 다른 사람들을 설득할 수 있는 사람, 사분오열된 조직문화를 하나로 통일할 수 있는 사람, 피해의식과 자괴감에 빠져있는 조직에 희망과 용기를 안겨다줄 수 있는 사람, '안 된다'는 조직문화에 '하면 된다'는 패기와 열정을 불어넣을 수 있는 사람을 사회는 원하고 있다.

베이스캠프라는 안전지대에서 나와라

《성공하는 사람들의 7가지 습관》의 저자 스티븐 코비도 이렇게 강조하고 있지 않은가. "모험정신, 탐구정신, 그리고 창조정신을 발휘하기 위해서는 막대한 내면적 안정이 필요하다. 의심할 여지없이 우리는 베이스캠프라는 안전지대에서 나와야 하고, 전혀 낯선 미지의 황야에 직면해야 한다. 우리는 개척자이며, 새로운 길을 찾는 탐험가이다. 즉, 우리는 다른 사람들이 뒤따라올 수 있도록 새로운 가능성, 새로운 영토, 새로운 대륙을 개척하는 것이다."

반 총장을 옆에서 지켜보면서 배운 것은 그에게는 패기와 리더십이 있다는 점이다. 리더십을 갖추었다고 해서 모두 성공하는 것은 아니지만, 성공의 필요조건에는 리더십이라는 항목이 반드시 포함된다.

리더십이라고 해서 권위와 카리스마를 떠올리면 안 된다. 부드럽고 온화한 리더십도 있다. 권력이나 재물로 다른 사람을 제압하는 '권위적인 리더십'도 있을 수 있고, 다른 사람들에게 감동을 주면서 자발적으로 스스로 따르게 하는 '부드러운 리더십'도 있다. 어떠한 리더십이 바람직하고 효과적인지에 대한 해답이나 정답은 없다. 개개인의 성격과 성향에 따라 다르기 때문이다. 부드러운 성격의 소유자가 리더십을 발휘한다고 해서 일부러 권위와 카리스마를 내세울 필요는 없다. 양복에 고무신을 신는 것처럼 어울리지 않기 때문이다. 자신의 성격과 성향을 지키면서 사람들을 이끄는 리더십을 발휘해야 한다. 부드러움 속에 카리스마를 내포하는 리더십을 발휘하는 인물이 바로 반 총장이다.

반 총장의 리더십은 권위적인 것이 아니라 부드러운 것이다. 남들에게 억지로 강요하거나 강제하는 스타일이 아니라 사람들이 스스로 따르게 하는 카리스마를 가지고 있다. 이른바 '부드러운 카리스마'로 사람들을 이끄는 힘이 있다. 반 총장의 리더십은 4가지로 요약할 수 있다.

'화합和合의 리더십'

'도덕道德의 리더십'

'희생犧牲의 리더십'

'소통疏通의 리더십'

사람들에게 화합과 도덕, 희생, 그리고 소통하는 모습을 직접 보여줌으로써 감동을 준다. 억지로 강요하지 않고 다른 사람들이 자발적으로 따라오게 만든다. 화합하지 않으면 성공은 기대하기 힘들다. 손바닥도 마주쳐야 소리가 나는 법이다. 모든 연주자들이 화합해야 훌륭한 오케스트라를 연주할 수 있는 것처럼, 개인이든 조직이든 국가든 모두 화합해야 발전할 수 있고 앞으로 나아갈 수 있다. 불화와 반목을 야기하는 사람이 조직의 리더가 되면 그 조직은 망하고 만다.

미국에게 쓴소리를 하다

리더십을 이야기할 때 소통을 빼놓을 수 없다. 이 시대의 문제점은 대화를 하지 않고, 상대방을 이해하려고 하지 않고, 나의 생각만 옳다고 우기는 데서 비롯된다. 부모와 자식이 소통하지 않고, 형제들 간에 소통하지 않고, 직장 동료들끼리 소통하지 않고, 사장과 종업원이 소통하지 않고, 학교 친구들끼리 소통하지 않고, 국민들 간에 소통하지 않으면 발전은 없고 퇴보만 있을 뿐이다. 반 총장은 좀처럼 감정에 휘둘려 화를 내거나 역정을 내지 않는다. 반말을 하지 않는 것은 상대방을 배려하고 존경하기 때문이다. 아랫사람이라고 해서 말을 함부로 하지 않는다. 말 속에는 그 사람의 인격과 품격이 그대로 묻어나온다는 것을 잘 알고 있다.

지난 2009년 미국 메릴랜드대학의 국제정책태도프로그램PIPA이 운영하는 월드퍼블릭오피니언이 20개국 국민 1만 9,224명을 대상으로 리더십 여론조사를 실시했다. 세계 각국의 대통령, 국회의원, 저명인사 등을 대상으로 리더십 조사를 한 것이다.

반 총장은 40%의 신뢰도를 얻어 61%를 기록한 버락 오바마 미국 대통령에 이어 2위를 차지했다. 이어 앙겔라 메르켈 독일 총리, 고든 브라운 영국 총리, 니콜라 사르코지 프랑스 대통령, 후진타오 중국 국가주석, 블라디미르 푸틴 러시아 총리 등의 순이었다. 한국에서는 반 총장에 대한 신뢰도가 90%로 압도적이었다. 또 아시아와 아프리카에서 높은 신뢰도를 얻은 반면 미국과 이집트, 팔레스타인, 터키 등 중동국가에서는 신뢰도가 다소 떨어졌다.

여기서 눈길을 끄는 것은 반 총장이 미국 국민보다는 아시아와 아프리카 국민들로부터 폭넓은 지지를 받고 있다는 점이다. 비록 세계 최강 대국인 미국 정부의 지지와 성원으로 사무총장에 선출되고 연임에도 성공했지만, 결코 미국 정부의 입장과 목소리를 대변하지는 않는다는 것을 보여준다. 미국이 국제사회 공동의 이익을 침해하거나 저해하는 행동을 할 때에는 따끔하게 비판하고 쓴소리를 한다. 반 총장이 아시아, 아프리카 등 개발도상국이나 후진국으로부터 높은 지지를 얻는 것은 이 같은 이유에서다.

UN은 회원국들이 내는 분담금으로 운영된다. 반 총장은 미국이 10억 달러의 분담금을 내지 않고 미루자 직접 미국 의회를 방문해 하원 외교위 소속 의원들 앞에서 분담금 납부를 촉구했다. 미국을 '게으른 deadbeat 기부자'라며 강하게 비판했다. 'deadbeat'은 빌린 돈을 제때 갚지 않는 사람을 지칭하는 미국 속어다. 미국은 전체 UN 분담금의 22%인 50억 달러를 부담하고 있지만, 당시 10억 달러를 연체하고 있었다. 미국 정부가 발끈했다. 로버트 기브스 백악관 대변인은 "잘못된 단어 선택이었다"며 불편한 심기를 보였고, UN주재 미국 대표부 대변인도 "미국 의원들에게 분담금을 요청하며 쓸 만한 단어가 아니다"며 불쾌감을 보였다.

하지만 반 총장은 "미국은 가장 큰 UN 기부자이지만, 동시에 연체된 분담금이 10억 달러가 넘는 최대 채무국이란 점을 지적한 것"이라며 맞받아쳤다. 평소 부드러운 지도력과 조용한 리더십으로 UN을 이끌어가는 반 총장이지만, 아무리 강한 상대라고 하더라도 할 말은 하고 마는 반 총장 특유의 카리스마를 엿볼 수 있는 대목이다. 강한 상대에게는 더욱 강하고, 약한 사람에게는 더욱 약해지는 것이 바로 반 총장 리더십의 핵심이다. 일반 사람들이 강한 사람 앞에서는 한없이 약해지고, 약한 사람 앞에게는 우쭐해하거나 강해지는 것과는 대조적이다.

두려움을 모르는 용기

사회주의 국가인 쿠바에는 '관타나모'라는 이름의 수용소가 있다. 미국 군인들이 테러용의자들을 감시하고 관리하는 곳이다. 테러와의 전쟁을 치르고 있는 미국으로서는 상징적인 의미를 갖고 있는 수용소다. 하지만 미 군인들이 수용자들을 학대하고, 인권을 유린하고, 이슬람 종교를 무시하는 행동을 보이면서 국제사회로부터 따가운 눈총을 받고 있다. 하지만 미국의 눈치만 살폈을 뿐 선뜻 미국을 겨냥해 직접적으로 비판하는 국가나 인물은 많지 않았다. 하지만 반 총장은 달랐다.

"나는 관타나모 수용소가 폐쇄되어야 한다고 생각한다."

반 총장은 기자회견을 통해 미국을 압박했다. 아무리 테러와의 전쟁이 미국의 국익을 위해 중요하다고 하더라도 인권유린 행위는 근절되어야 한다고 촉구했다. 다른 국가들이 침묵으로 일관할 때 반 총장은 말이 아니라 행동으로 실천했다.

두려움을 모르는, 뛰어난 리더십을 가진 지도자를 둔 조직은 승승장구하는 반면 리더십이 없는 지도자를 둔 조직은 쇠퇴하고 만다. 개인도 마찬가지다. 리더십을 가지고 있는 사람은 조직 속에서 주목을 받는 반면 리더십이 없는 사람은 아무런 빛을 발하지 못하고 여럿 사람 중의 한 명으로 치부되고 만다.

여러분 주위에서 항상 뭇사람들의 관심을 끌고, 스포트라이트를 받는 사람을 눈여겨보라. 공통점이 있을 것이다. 바로 리더십을 가지고 있다는 점이다. 남의 뒤에서 수군거리는 것이 아니라 당당하게 앞에 나와서 조직을 리드하는 사람에게서는 자신감을 발견할 수 있다. 방향을 잃고 우왕좌왕하는 사람들을 한 방향으로 이끌고 나아가는 사람에게는 신뢰감을 느낄 수 있다. 타인에게 용기와 자신감을 불어넣을 수 있는 사람에게서는 희망을 찾을 수 있다. 이러한 자질은 모두 리더십의 기본 요건이다. 리더십이라는 것은 패기와 열정이 없으면 결코 나올 수 없다. 두려움 없이 추진할 수 있는 패기가 덧보태져야 진정한 리더십이 나온다.

'토크쇼의 여왕'이라는 닉네임을 가지고 있는 오프라 윈프리도 이렇게 말하지 않았는가.

"두려움을 가지고 있지 않은 사람은 없다. 하지만 진짜 두려움은 우리가 그 두려움에 너무 큰 비중을 두었을 때 생겨난다. 우리가 두려움을 의식하지 않는다면 그 두려움은 유령처럼 사라질 것이다. 분명한 것은 두려움이 우리의 삶을 지배하도록 허락해서는 안 된다는 것이다. 그리고 두려움을 치료해줄 수 있는 유일한 것이 있다면 그것은 자신에 대한 신뢰와 용기다."

두려움을 모르는 용기, 이는 반 총장과 오프라 윈프리에게서 발견할 수 있는 공통점이다.

승산이 없는 게임은 없다

나는 2012년 9월 민주통합당 이해찬 대표와 만나 저녁식사를 한 적이 있는데, 이 대표는 반 총장의 또 다른 리더십에 대해 이야기해주었다. 당시 이해찬 대표는 노무현 참여정부에서 국무총리를 역임하고 있었다.

반 총장이 UN 사무총장 출마를 선언하고 주요 국가를 대상으로 지지를 호소하고 다닐 때의 일이다. 이해찬 총리는 러시아와 영국을 맡았고, 반 총장은 미국과 프랑스, 중국 등을 담당해 지지를 부탁했다. 이 총리는 반 총장이 UN 사무총장 출마를 선언하기는 했지만, 당시만 해도 승산이 그리 높지 않다고 보고 있었다. 비록 이번에는 아시아 국가에서 UN 사무총장이 나와야 한다는 공감대가 국제사회에 팽배해 있었지만, 선거운동 초반에는 반 총장에 대한 인지도는 그리 높지 않았다고 한다.

이 총리는 러시아 대통령이었던 드미트리 메드베데프를 만났다. 러시아는 반 총장을 지지해주는 대가로 한국이 러시아에 빌려주었던 차관을 삭감하는 방안을 요구하는 등 한국이 받아들일 수 없는 요구를 했다고 한다.

"러시아의 요구를 받아들일 수 없었어요. 반 총장 지지를 얻어내기 위해 한국의 국익을 훼손할 수는 없었지요. 메드베데프 대통령에게 한국과 반 총장의 입장을 명확하게 전달했지요. 반 총장의 인품과 성실성을 익히 알고 있었던 러시아는 결국 다른 조건을 걸지 않고 반 총장을 지지하게 되었지요." 이 총리의 설명이다.

이번에는 이 총리가 영국 수상이었던 토니 블레어를 만나 반 총장 지지를 얻어낼 차례였다. 블레어 총리는 반 총장이 UN 사무총장으로 선출되는 것에 대해 소극적인 입장이었다. 이해찬 총리는 블레어 수상을 만나 이렇게 지지를 당부했다.

"한국 국군과 군인들이 아프카니스탄에 파병돼 목숨을 걸고 아프카니스탄 재건활동에 온 힘을 쏟고 있습니다. 영국도 아프카니스탄에 파병을 하지 않았습니까? 선진국 중에서는 국민들의 여론에 밀려 아프카니스탄 파병을 아예 하지 않는 곳도 있는데, 한국은 미국, 영국 등과 함께 세계 평화를 위해 노력하고 있습니다. 국제사회에서 한국의 역할과 위상을 인정해야 하는 것 아닙니까? 반 총장이 국제사회를 위해 더 큰 일을 할 수 있도록 도와주십시오."

블레어 총리는 고개를 갸우뚱거렸다. 한국이 아프카니스탄 파병활동을 하고 있다는 사실을 전혀 모르고 있는 눈치였다. 국민들의 반대를 무릅쓰고 아프카니스탄 파병을 한다는 것은 웬만한 의지가 없이는 불가능한 일이라는 것을 블레어 총리는 잘 알고 있었다.

"나에게 시간을 주시오. 영국으로 돌아간 뒤 사실 여부를 확인하고 연락을 주겠소."

"좋은 소식 기다리고 있겠습니다."

초조한 나날들이 흘러갔다. 이 총리는 영국이 어떠한 결정을 내릴지 종잡을 수 없었다. 그리고 마침내 영국 측에서 연락이 왔다.

운명은 타고나는 것이 아니라 만들어가는 것이다

"우리는 반 총장을 지지하겠습니다."

영국으로 돌아간 블레어 총리는 외무부 관료들에게 한국의 아프카니스탄 파병 여부는 물론 참여의지, 그리고 한국이 국제사회에서 어떠한 활동을 하고 있는지 자료조사를 지시했던 것이다. 더불어 UN 사무총장 후보였던 반 총장의 인품과 능력, 국제사회에서의 평판 등에 대해서도 꼼꼼하게 조사할 것을 지시했다. 이해찬 총리의 설명을 검증하는 작업이었다.

영국은 의리와 자기희생을 중요하게 여기는 국가다. 영국이 다른 나라와 전쟁을 벌이거나 전투를 하게 되면 왕자들이 솔선수범해 전투에 참여하는 것은 바로 이 때문이다. 그럴듯한 말만 되풀이하는 것을 싫어하고 행동으로 옮기는 것을 높게 평가한다. 결국 블레어 총리는 한국이야말로 '신사의 나라'라고 여기게 되었고, 반 총장이 UN 사무총장으로 손색이 없다는 결론을 내리게 되었던 것이다.

이해찬 대표는 국제사회가 반 총장에게 내리는 평가를 이렇게 설명해 주었다.

"반기문 총장 당선을 위해 세계 여러 나라를 돌아다니면서 참으로 많은 것을 느꼈어요. 처음에는 자신이 없었지만 세계 정상과 외교관을 만나면서 승산이 있는 게임이라는 확신을 얻게 되었지요. 제가 만난 각국 외교관들은 반 총장에 대해 하나같이 '성실하다' '그의 말은 믿을 수 있다' '열정적이다' '사람을 섬기는 리더십을 가지고 있다' 등과 같은 반응을 보였어요. 한 사람의 운명은 결코 그냥 타고나는 것이 아니라 오랜 기간 갈고 다듬어야 한다는 단순한 진리를 반 총장은 우리들에게 보여주고 있어요."

반 총장이 보여주는 섬김의 리더십, 솔선수범하는 리더십은 어느 한 순간 만들어진 것이 아니라 어린 시절부터 몸에 배인 것이다.

반기문은 가난한 시골마을에서 자랐고, 장남으로서 다섯이나 되는 동생들을 챙겨야 했다. 돼지에게 먹일 음식물 쓰레기를 구하기 위해 동네 곳곳을 동생들과 함께 돌아다녀야 했고, 부모님이 일하러 간 시간에는 동생들과 함께 자질구레한 집안일을 정리해야 했다. 마당을 청소하고, 부엌에서 설거지를 하고, 아궁이에 불을 지피고, 빨래를 하고, 동생들 숙제를 봐주는 일도 반기문의 몫이었다. 축구선수로 치면 반기문은 '리베로'였고, 농구선수로 치면 '올라운드 플레이어'였다.

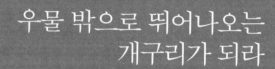

8

우물 밖으로 뛰어나오는
개구리가 되라
:
글로벌 마인드

시간이 지나면 부패되는 음식이 있고,
시간이 지나면 발효되는 음식이 있다.
인간도 마찬가지다.
시간이 지나면 부패되는 인간이 있고,
시간이 지나면 발효되는 인간이 있다.
나는 부패된 인간인가, 발효된 인간인가.
— 작가 이외수

뉴욕 맨해튼은 말 그대로 '인종 박물관'이다. 세계 각국의 이민자들이 '아메리칸 드림'을 안고 미국으로 날아온다. 100년 이상의 역사를 자랑하지만 볼품은 없는 뉴욕 지하철을 타 보면 한국어는 물론 스페인어, 러시아어, 일본어, 중국어, 아랍어 등 마치 세계의 모든 언어들이 품평회라도 여는 것 같은 착각이 들 정도로 알아듣지 못할 말들이 귓가를 때린다.

뉴욕 플러싱Flushing의 한 외국어학원은 영어를 배우려는 사람들로 매일 인산인해다. 평일에는 트럭운전사, 레스토랑 웨이터, 음식점 주방장 등 직업의 귀천을 막론하고 사람들이 몰려들었고, 주말에는 중국에서 이민 온 초등학교 아이들로 정신이 없다.

중국인 부모들의 자녀 교육열은 한국 강남 어머니들의 치맛바람 못지않다. 부모 자신들도 물론이거니와 아이들에게 영어가 마치 '생명줄'인 것처럼 공부를 시킨다.

머리는 구름에 두고, 다리는 땅을 딛고

반 총장은 좁은 한국에서 성공사다리를 올라가려고 아등바등 하지 말고, 글로벌 시각으로 세상을 바라보고 글로벌 마인드로 무장해야 한다고 조언한다. 또 글로벌 인재가 되어야겠다고 마음을 다잡았다면 촌음을 아껴 자기계발에 나서고 평생 동안 공부를 해야 한다고 강조한다.

반 총장은 2011년 8월 한국을 방문해 모교인 충주고등학교를 찾았을 때 이렇게 말했다.

"오늘은 내가 앞장서겠지만, 내일부터는 여러분이 앞장서야 합니다. 배움의 과정에 있는 여러분은 세계를 가슴에 품는 인재가 되어야 합니다. 머리는 구름에 두고 다리는 땅을 딛고 천천히 한 계단씩 올라가세요. 목표와 이상을 높이 갖되 현실을 직시하면서 노력하라는 의미입니다. 세상에 불가능한 일은 없습니다. 스스로 방관자적인 입장을 취하지 말고 여러분 자신이 국제사회에 대한 안목과 시각을 넓혀가야 합니다. 글로벌 인재가 되기 위해 외교관이 되라는 이야기가 아닙니다. 대의와 비전을 갖고 국제교류 프로그램도 잘 활용해야 합니다."

반 총장은 가난한 시골마을에서 태어나고 자랐지만 글로벌 인재가 되기 위해 필요한 인생 계획을 세웠고, 지금은 세계 최고의 글로벌 인물이 되어 있다. 영어를 배우기 위해 외국인 근로자를 찾아가 녹음기에 발음을 녹음하면서까지 공부를 했던 일은 너무나도 유명한 일화로 남아있다.

반 총장은 충주 교현초등학교 6학년 때 재학생 대표로 뽑혀 UN 사무총장에게 보내는 탄원서를 낭독했다. 1950년대 국제사회는 '공산주의'를 대표하는 소련과 '자본주의'를 상징하는 미국이 이념적으로 갈등하면서 체제경쟁을 하고 있었다. 소련의 탄압을 받고 있었던 헝가리 국민들은 압제에서 벗어나기 위해 민중봉기를 하고 있었다. 반기문은 헝가리 국민들을 조금이라도 돕고 싶은 마음에 당시 UN 사무총장에게 헝가리 국민들의 자유와 평화를 위해 애써 달라고 탄원서를 읽었던 것이다.

글로벌 시각을 갖고 세상을 바라보라

평소에 국제사회에 대해 관심이 없거나, 세계가 어떻게 돌아가고 있는지 알지 못하거나, 주입식 학교공부에만 매달린다면 이 같은 시각이나 관점을 가질 수 없다. 반 총장은 초등학교 때부터 글로벌 세계가 어떻게 돌아가고 있는지 관심을 기울였던 것이다. 특히 오늘날처럼 전 세계가 하루를 멀다하고 급변하는 상황에서 글로벌 시각을 갖는 노력을 게을리한다면 생존 경쟁에서 도태하고 만다.

반 총장은 외부강연을 하거나 학생들과 만날 기회가 있으면 '세계를 가슴에 품는 인재'가 되라고 강조한다. 한국 사회에서 열심히 공부해 좋은 대학에 들어가고 대기업에 취직하는 것도 성공의 한 방법이지만, 좀 더 시야를 넓혀 세계를 무대로 목표를 세우고 도전해야 한다는 것이다. 우물 안에 머무는 개구리가 아니라 우물 밖으로 뛰어나와 마음껏 능력과 실력을 발휘하는 인재가 되어야 한다고 말한다. 반 총장은 아프리카 밀림지대, 극한의 남극, 총성이 쏟아지는 전쟁터 등 세계 오지를 방문하면서 수많은 한국 학생과 청년들을 만났다. 반 총장은 글로벌 인재에 대해 이렇게 말한다.

"한국에서 편하게 생활할 수 있을 텐데 왜 세계의 오지에 젊은이들이 와 있을까 생각할 때가 있습니다. 고생하는 모습을 보면 안쓰러울 때도 있지요. 하지만 이들을 이끄는 힘은 바로 긍정입니다. 글로벌 시각을 갖고 세상을 바라본다면 할 일이 참으로 많다는 것을 알게 되고, 도전하려는 용기도 생기게 됩니다. 시간이 흘러 훗날 되돌아보면 젊었을 때 이 같은 경험이 인생을 살아가는 큰 자산이 된다는 것을 알게 될 것입니다."

반 총장처럼 글로벌 시대를 살아가기 위해서는 외국어 하나쯤은 마스터하는 것이 좋다. 직장생활을 하다보면 영어나 중국어, 일본어 등을 능수능란하게 구사하는 직원들이 좋은 대접을 받는 것을 쉽게 목격할 수 있다. 중요한 해외 바이어가 오면 이들과 협상을 하고, 해외법인을 설립할 때에는 설립 작업을 주도하고, 해외투자자들에게 회사 기업설명회[IR]를 하는 것도 이들의 몫이다. 연봉이 올라가고 경쟁업체의 스카우트 대상이 된다. 외국어는 직장인들이 반드시 갖추어야 할 조건 중의 하나이며, 대학생들이 좋은 스펙을 얻기 위해 반드시 정복해야 할 대상이라고 볼 수 있다. 반 총장은 전문 외교관이기에 당연히 외국어를 배워야 한다는 의무감에서가 아니라 글로벌 경쟁력의 원천은 다양한 외국어 구사능력에 달려 있다는 것을 일찌감치 깨달았다.

위험을 감수하는 모험적인 삶을 살아라

반 총장은 지난 2009년 미국 워싱턴 D.C. 시내에 있는 존스 홉킨스 국제관계대학원[SAIS] 졸업식에 참석해 학생들에게 글로벌 인재의 중요성에 다음과 같이 말했다.

"현실에 안주하지 말고 위험을 감수하는 모험적인 삶을 추구하세요. 어린 소년 병사들이 내전에 동원되고 있는 콩고민주공화국의 숲에서, 지구온난화와 기후변화와 싸우고 위해 나무를 심는 운동에서, 아이티에서 인도적 구호활동을 벌이고 있는 요원의 일원으로, 내전과 기아로 고통받는 다르푸르에서 식량을 나누어주는 활동가 가운데 여러분 자신을 발견할지도 모릅니다. 세상 사람들을 위해, 공공의 목적을 위해 봉사하는 삶보다 더 고귀하고 위대한 것은 없습니다. 모두 똑같아 보이는 빌딩 사무실의 일자리를 얻기 위해 주택담보 대출금이나 자동차 할부금을 갚는데 쫓기는 삶에 매몰되지 말고 세상을 더 나은 곳으로 변화시킬 수 있는 의미가 충만한 삶을 추구하세요. 현재의 여러분 자신보다 더 위대한 그 무엇이 되어야 합니다. 자신의 에너지와 열정을 어떻게 투자할지 생각하고 세상을 더 나은 곳으로 변화시키는 일에 일조하기 바랍니다."

많은 사람들이 뚜렷한 방향이나 목적의식 없이 하루하루를 다람쥐 쳇바퀴 돌 듯 살아간다. 새로운 목표를 향해 도전하기보다는 편안한 현실에 안주해 버리고 만다. 시간을 철저하게 관리하면서 자기계발을 하기보다는 낭비하는 경우가 많다. 일상에 쫓겨 자신이 하고 싶은 일을 해보지도 못하고 인생을 마감하는 경우도 있다. 평생 빚에 쪼들리는 삶을 살다 세상을 하직하는 사람들을 종종 목격하게 된다. 반 총장은 젊은이들에게 '산송장' 같은 삶을 살지 말라고 조언한다. 오늘 자기 자신에 만족하지 말고, 더 나은 자신이 되기 위해 자기계발을 하고, 도전을 하고, 특히 글로벌 인재가 되어야 한다고 역설하고 있는 것이다.

UN본부 1층 로비에서 엘리베이터로 지하로 내려가면 직원들과 내방객을 위한 식당이 있다. 각국을 대표해 전 세계에서 모여든 외교관, 공무원, 정부 관계자들이 이곳에서 점심을 먹으면서 토론을 하는 경우를 종종 보게 된다. 식당 카운트에서 물건 값을 계산하는 직원 중에 한국인 아주머니도 있다. 전 세계의 언어가 마치 품평회를 열듯 들려오는 식당에서 한국어로 이야기를 나누고 대화를 할 수 있다는 것이 흥미롭기까지 하다.

UN에서 만난 아주머니가 전하는 글로벌 인재

아주머니는 오래 전에 한국에서 이민을 왔고, UN 직원으로 근무하고 있다고 했다.

"UN에서 근무하다 보면 세상이 얼마나 세계화되고, 글로벌화 되었는지 실감할 수 있어요. 실력과 능력을 갖춘 세계 각국의 젊은이들이 경쟁하는 곳이기도 하지요. 반 총장님도 가끔 이곳 식당에서 식사를 하시는 경우가 있는데, 한국인으로서 그렇게 자랑스러울 수가 없어요. 반 총장님이야말로 한국이 낳은 가장 성공한 글로벌 인재라고 할 수 있지요."

목소리에 힘이 들어간 아주머니는 설명을 이어갔다.

"UN에는 한국 직원들도 많아요. 한국말로 저에게 인사를 건넬 때는 얼마나 반가운지 몰라요. 이들은 영어, 한국어는 기본이고 다른 외국어도 능수능란하게 구사하지요. UN에서 일주일만 생활해 보세요. '아, 글로벌 인재가 이런 것이구나!' 하는 것을 금방 느낄 수 있을 거예요. 한국의 젊은이들이 힘든 나날을 보내고 있다고 들었어요. 주눅이 들거나 의기소침해지지 않았으면 좋겠어요. 세상은 넓어요. 반 총장님처럼 열정을 품고 도전했으면 합니다."

아주머니는 반 총장과 UN에 진출한 한국인 덕분에 UN에서 한국의 위상이 높아졌고, 다른 직원들이 자신을 보는 눈과 태도도 달라졌다고 자랑스러워했다. 1992년만 하더라도 UN에 근무하는 한국인 직원은 한 명도 없었지만 20년이 지난 지금은 110명을 넘어서고 있다. 외국어 실력과 국제적인 감각을 두루 갖춘 젊은이들이 UN 문을 과감하게 노크했기 때문에 가능한 일이었다. 특히 반기문 총장이 UN 사무총장에 선출된 이후 한국인들의 국제기구 진출이 눈에 띄게 늘고 있는데, 반 총장을 롤모델로 여기고 과감하게 도전하는 젊은이들이 급증하고 있다는 것을 뜻한다.

반 총장이 공식 취임한 첫해인 2007년 247명에 그쳤던 국제기구 진출 인력은 2008년 305명, 2009년 326명, 2010년 353명 등으로 늘어났고, 2011년에는 400명에 육박하는 수준이 됐다.

반 총장은 뉴욕특파원들과의 만남에서 삼성전자, 현대자동차 등과 같이 세계를 무대로 경쟁하고 기술을 개발하는 한국 기업들처럼, 한국 학생과 젊은이들도 세계를 가슴에 품고 꿈과 목표를 세워야 한다고 강조하곤 했다. '지구본에 너의 꿈을 새겨라'라는 메시지를 전하고 있는 것이다.

뉴욕의 삼성전자와 반 총장

반 총장이 근무하는 뉴욕 맨해튼 UN본부에서 조금 떨어진 5번가에 애플 스토어 매장이 있다. 2011년 고인故人이 된 스티브 잡스가 아이디어를 낸 한 입 베어 먹은 듯한 사과 로고가 눈에 띈다. 전 세계에서 몰려든 관광객과 뉴요커들이 애플 매장을 배경으로 사진을 찍고, 애플 매장에서 첨단 전자제품을 쇼핑한다.

맨해튼에서 애플 매장과 쌍벽을 이루는 전시장이 바로 삼성전자 매장이다. 뉴요커들의 휴식처인 센트럴파크中央公園 바로 옆에 위치해 있다. 이전에는 일본의 소니SONY 맨해튼 매장이 뉴욕을 찾는 관광객들의 눈길을 끌었는데, 지금은 삼성 매장이 소니 매장을 압도하며 글로벌 첨단제품의 집합장소 역할을 하고 있다. 삼성이 전 세계를 대상으로 내놓은 전자제품, 즉 노트북, 스마트폰, 카메라, TV 등이 전시되어 있고, 관광객들은 직접 손으로 제품을 만져가며 테스트할 수 있다. 삼성이 이곳에서 신제품을 출시하거나 저소득층을 위해 자선행사를 개최할 때면 한국 특파원들은 물론 전 세계의 기자들이 행사를 소개하기 위해 그야말로 장사진을 이룬다.

반 총장이 근무하는 UN본부 건물과 함께 삼성전자 매장은 뉴욕을 대표하는 관광지가 된 지 오래다. 뉴욕을 방문하는 한국인들은 UN본부와 삼성전자 매장을 둘러보면서 글로벌 사회에서 한국이 얼마나 두각을 나타내고 있는지 피부로 느끼며 자부심을 갖게 된다.

삼성전자처럼 글로벌 기업들이 전 세계를 대상으로 경쟁을 하듯이 우리도 글로벌 인재가 되기 위해 자기 자신을 연마하고 실력을 갈고 닦아야 한다. 도전을 피하고, 현실에 안주하고, 미래를 위해 자기 자신을 개발하지 않으면 결코 글로벌 인재가 될 수 없다. 대기업들이 신입사원을 채용할 때 가장 우선시 하는 기준은 글로벌 마인드를 가지고 있느냐 여부다. 다시 말해 글로벌 마인드를 가지고 있지 않고서는 경쟁이 치열한 조직사회에서 생존이 위태로운 환경이 만들어지고 있는 것이다. 이것이 오늘을 사는, 아니 내일을 살아가야 하는 우리들에게 피할 수 없는 운명인 것이다. 뉴욕 맨해튼을 방문하는 한국 사람들이 글로벌 마인드로 무장된 삼성전자와 반기문 총장의 큰 이름에 감동을 느끼는 것은 바로 이 때문이다.

해외에 나가지 않고 외국어를 공부하는 비결

요즘은 외국어가 인생의 성공을 약속하는 강력한 무기가 됐다. 초등학생 때부터 한 달에 50만 원 이상 하는 영어학원에 다니고 중학교, 고등학교에서도 영어에 목을 맨다. 대학교에서는 취업전선을 뚫기 위해 해외연수를 가는 것이 통과의례가 됐다. 요즘 웬만한 대기업의 입사지원서에는 토익성적 900점이 커트라인이 되고 있다.

영어를 비롯해 외국어 하나 제대로 못하면 경쟁에서 낙오되는 현실에 우리는 직면해 있다. 인정하고 싶지 않지만 이 같은 외국어 중시현상은 시간이 지날수록 더욱 가속화될 것이다. 외국어도 공부다. 외국어도 때때로 익히고 배우지 않으면 우리는 경쟁 레이스에서 점점 뒤처지게 된다. 이것이 부인하고 싶은 오늘날의 현실이다. 현실이 변하면 우리 자신을 맞춰가야 한다. 현실은 변화하는데 나만 독불장군처럼 변화하지 않는다면 경쟁에서 낙오하고 만다.

하지만 다행스러운 것은 의욕과 의지만 있다면 큰돈을 들이지 않아도, 해외유학을 가지 않더라도, 고가의 외국어 학원에 다니지 않더라도 외국어 공부를 할 수 있다는 점이다. 영어전문 케이블TV가 여러 개 있고, 라디오에서는 영어교육방송을 들을 수 있고, 지하철 출퇴근길에서는 스마트폰으로 영어방송을 다운받아 반복해서 들을 수 있다. 해외에서 살지 않았다고 변명을 하기에는 외국어를 배울 수 있는 현실 여건이 너무나 좋다. 해외파가 아니라 국내파가 영어를 더 잘하는 경우도 종종 목격하게 된다. 돈과 경제력의 문제가 아니라 목표와 의지의 문제인 것이다.

나는 여의도공원 옆에 위치한 산업은행을 출입했다. 일반적으로 사람들은 산업은행, 기업은행 등과 같은 국책은행이나 공기업을 '신神의 직장'이라고 부른다. 연봉도 많고, 공무원 신분으로 정년이 보장되기 때문에 그렇게 부른다. 몇 년 전까지만 하더라도 산업은행은 대학생들이 졸업 후 취업하고 싶어 하는 직장 중 몇 손가락 안에 포함되는 회사였다. 하지만 지금은 상황이 많이 변했다. 공무원 사회에도 치열한 경쟁 시스템이 도입되면서 편안하고 안락한 직장생활을 기대하기 힘들게 되었다.

외국어 하나는 반드시 마스터하라

어느 뜨거운 여름날. 산업은행에서 기업구조조정을 담당하는 임원 방을 방문한 적이 있다. 나무책상 위에 영어책이 놓여 있었다.

"부행장님, 무슨 책입니까?"

"응, 영어책이야. 영어공부를 다시 시작한 지 2년쯤 돼."

"갑자기 무슨 영어공부를 한다고 그러세요?"

"서 기자, 산업은행 임원이 되려면 영어구사는 기본이야. 특히 나 같은 경우는 중동, 동남아 등 해외 파트너들과 비즈니스를 해야 되기 때문에 영어를 잘 해야 돼. 아랫사람들에게 모든 업무를 맡겨놓아서는 안 되고, 내가 직접 참여해야지. 2년 정도 꾸준히 하니까 기본적인 대화하는 데는 문제가 없어. 좀 더 일찍 시작하지 않은 것이 후회가 되네. 꼭 영어를 정복하고야 말겠다는 심정으로 공부를 하고 있다네."

부행장의 미소에는 굳은 결의가 배어 있었다. 지금 당장 영어를 사용할 일은 없지만 사회생활을 하거나 직장생활을 하다 보면 언젠가는 영어가 큰 도움이 된다는 사실을 부행장은 강조했다. 부행장의 설명은 이어졌다.

"국제화 시대에 살아남기 위해서는 영어를 비롯해 외국어 하나쯤은 반드시 유창하게 구사할 수 있어야 한다고 생각해. 오랫동안 회사생활을 하면서 터득한 사실이야. 어렵지 않아. 매일 매일 조금씩만 외국어 공부에 투자를 한다면 수년이 지나면 큰 효과가 있을 거야. 나는 이 귀중한 사실을 너무나 늦게 깨달았어. '조금만 일찍 시작했더라면'이라는 후회가 많이 들어. 외국어 하나는 죽기 전에 반드시 마스터해야 하는 시대에 우리는 살고 있어."

공무원 사회도 변하고 있다. '철밥통'이라고 불리며 안정된 정년을 보장해 주는 시대도 끝났다. 세월이 지나면 자동적으로 승진이 되고 호봉이 올라가던 시대는 종말을 고했다. 자기 자신을 계발하지 않거나 현실에 안주하는 순간 도태되고 만다.

일반적인 직장생활은 상황이 더욱 어렵다. 55세까지 직장생활을 하는 것은 희망사항이 되고 있다. 경기변동에 따라 기업 구조조정이 다반사로 벌어지고 있고, 50세만 넘어서면 퇴직을 심각하게 고려해야 할 정도로 직업 안정도는 떨어진다. 죽기 전에 외국어 하나쯤은 정복해야 하는 이유가 여기에 있다. 반 총장처럼 평생 배움의 끈을 놓지 말아야 하고, 자기계발을 지속해야 하는 것이다.

자동차의 아버지로 불리는 헨리 포드도 이렇게 말하지 않았는가. "학습을 그만두는 사람은 스무 살이든 여든 살이든 늙은 것이다. 학습을 계속하는 사람은 스무 살이든 여든 살이든 젊다."

9

읽지 않고
통나무로 살 것인가
⋮
독서

"독서를 하는 것은 비용이 들지 않고(讀書不破費),
독서를 하면 만 배의 이익이 있다(讀書萬倍利).
책 속에는 사람의 재능이 나타나고(書顯官人才),
책 속에는 군자의 지혜가 담겨 있다(書添君子智).
여유가 있거든 서재를 만들고(有卽起書樓),
여유가 없으면 책궤를 만들어라(無卽致書櫃)."
— 중국 송나라 시인이자 정치가 왕안석

:
:
:

성공과 행복을 보장하는 요인 중에 빠뜨릴 수 없는 것이 바로 '독서'다. 공기의 소중함을 모르고 살아가듯이 많은 사람들이 독서의 중요성을 간과하면서 생활하고 있다.

학창시절에는 시험을 위한 주입식 공부를 단편적으로 한다. 깊은 철학과 삶의 의미를 전달해주는, 그야말로 영혼을 살찌우는 책을 거의 접하지 않는다. 영어 단어를 외우고, 수학 공식을 암기하는 데는 도사소리를 듣지만, 책 이야기만 나오면 자신이 없어진다. 대학에 들어가서도 마찬가지다. 취업준비를 하느라 양서良書와는 담을 쌓고 산다. 사회생활을 시작하면 책을 가까이 두기는 더욱 힘들어진다. 스트레스와 잦은 야근에 한 달에 책 한 권만 읽어도 다행일 정도다. 변해야 한다. 변화가 필요하다. 책을 대하는 태도, 즉 독서에도 변화가 있어야만 한다.

중국 고전이 인생의 자양분이었다

여러분은 일주일에, 아니 한 달에 몇 번 서점에 가는가. 한 달에 몇 권의 책을 읽는가. 바쁜 직장생활, 사회생활을 하다 보면 책 읽을 시간이 없다고 호소하는 사람들이 많다. 최근 국가 지식경쟁력을 나타내는 국민 독서량 조사에서 한국인이 꼴찌를 기록했다. 세계 30개국 13세 이상의 3만 명을 대상으로 인쇄매체 접촉시간을 조사한 결과 선진 30개국 중 한국이 가장 낮은 30위를 나타냈다.

독서시간이 가장 많은 국민은 인도인으로 주당 10.7시간이었지만 한국인의 독서시간은 인도인의 30%도 안 되는 3.1시간에 그쳤다. 국가별 평균 독서시간이 6.5시간인 점을 감안하면 우리나라 국민들의 독서시간은 국가별 평균 독서시간의 절반에도 못 미치는 것이다. 실제 우리나라 사람들의 여가활동 중 가장 적은 비중을 차지하는 것이 바로 독서다. 문화관광부 조사에 따르면 성인의 여가생활에서 가장 큰 비중을 차지하는 것은 'TV 시청'으로 25.7%를 차지했다. 그 다음으로는 '인터넷 및 웹브라우징(8.7%)', '수면과 휴식(8.4%)'이었으며 '독서'는 6.7%로 가장 낮았다.

그럼 반 총장의 독서습관은 어떠할까. 반 총장은 젊은이들에게 전공분야 책만 읽지 말고 역사, 인문학, 문화 등 다방면에 걸쳐 골고루 책을 읽고 교양을 쌓으라고 한다. 식사를 할 때 편식을 하면 영양분을 두루 얻을 수 없는 것처럼 특정분야 책만 읽으면 사고의 폭이 좁아진다고 경고한다. 반 총장은 자신의 독서습관에 대해 이렇게 말했다.

"나는 중국 고전을 읽으면서 내면의 힘을 얻었다. 중국 고전이 인생의 중요한 자양분이 되었다고 할 수 있다. 일을 처리할 때에는 내면의 힘이 신체적 역량보다 중요하다고 생각한다. 외교관 생활을 하는 동안 줄곧 중국의 고전문화를 공부하고 책을 읽었다. 공자, 노자, 맹자, 손자 등 중국 위인들의 지혜가 개인의 내재적 역량을 키우는 데 중요한 역할을 했다."

반 총장이 평생의 인생지침으로 삼고 있는 책 중의 하나가 《노자》이다. 반 총장은 2011년 6월 UN 사무총장 연임이 확정된 뒤 UN에서 연설을 할 때에도 노자의 다음 문구를 인용했다.

"천도는 만물을 해치지 않고 이롭게 하며, 성인의 도는 사람과 다투지 않고, 일을 한다天之道, 利而不害, 聖人之道, 爲而不爭."

천도, 즉 하늘의 도는 서로 다투는 것도 아니고, 상대방을 해치는 것도 아니고, 조화롭게 사는 것이다. 세상살이도 이와 같아야 하지만 현실은 그렇지 않다. 서로 높은 자리를 다투고, 더 많이 벌기 위해 속이고, 얼마 되지 않는 돈을 얻기 위해 상대방을 해치고 죽이기까지 한다. 반 총장은 다른 사람들과 다투지 않고 묵묵히 자신이 해야 할 일, 자신이 하고 싶은 일을 하다 보면 성인이 될 수 있다는 것을 강조한다. 반 총장 자신의 삶이 그러했기 때문이다.

"나는 노자의 가르침을 40여 년 공직생활의 좌우명으로 삼고 일했다. 이 사상이 나에게 방향을 인도하고 나의 내재적 역량의 원천이 되었다. 특히 '다투지 않고 일을 한다'는 노자의 가르침은 많은 사람에게 조화롭게 협력하는 방법을 가르쳐주고 있다. 서로 대립하고 다툴 때에는 전체가 무수한 파편으로 깨어지고 말지만, 일단 한데 뭉치면 모든 장애를 극복할 수 있다. 이것이 바로 나의 인생철학이다."

반 총장은 뉴욕 특파원들과의 만남에서 노장사상, 즉 노자와 장자의 철학에서 복잡하게 얽힌 글로벌 문제를 해결할 수 있는 해법과 깨달음을 얻는다고 밝히기도 했다.

"조화와 선의, 협력을 중시하는 노장사상이 현재 세계가 꼭 필요로 하는 중요한 가치를 소중히 보존하고 있다고 생각한다. 이런 가치들이 UN이 추구하는 문명과 문명 간 대화와 협력을 더욱 공고하게 해줄 것으로 믿는다."

이처럼 반 총장은 특정 분야에 한정된 공부를 하거나 독서를 하는 것이 아니라 다방면에 걸쳐 폭넓게 독서하고 공부한다.

UN 집무실에서 가장 먼저 하는 일

반 총장은 아침 일찍 UN본부 집무실에 도착하면 가장 먼저 10여 개의 신문을 꼼꼼히 체크한다. 〈뉴욕타임스New York Times〉, 〈워싱턴포스트Washington Post〉 등과 같은 종합 일간지는 물론 〈월스트리트 저널Wall Street Journal〉, 〈파이낸셜 타임스Financial Times〉 등과 같은 경제신문도 직접 챙긴다. 글로벌 사회에서 벌어지는 정치, 경제, 사회, 문화, 외교 등 모든 이슈를 제대로 파악하고 있어야 문제해결도 수월해지기 때문이다.

미국, 유럽, 중국, 일본 등 국제사회에서 큰 역할을 하는 국가는 물론이고 아프리카 오지의 나라, 태평양의 작은 섬나라 등에서 벌어지는 일들도 잘 파악하고 있어야 한다. 세계 각국의 특파원들은 기자회견이 있거나 현안이 있을 때에는 예상치도 못했던 질문을 하기 때문에 신문을 통해 사전에 만반의 준비를 해야 하는 것이다. 혹시나 특파원들의 질문내용을 제대로 파악하지 못하거나 사전지식이 없을 때에는 UN 사무총장이 국제사회가 돌아가는 현실을 제대로 파악하고 있지 않다는 비판의 기사가 쏟아지게 된다. 하지만 반 총장은 철두철미하게 신문을 읽고, 자신이 취약한 분야에 대해서는 전문 잡지를 통해 지식을 얻기 때문에 어떠한 질문이 쏟아져도 능수능란하게 답변을 한다. 반 총장이 신문과 책이야말로 인간의 정신을 살찌우는 가장 강력한 영양제라고 강조하는 것은 이 때문이다.

반 총장은 가난한 어린 시절을 보냈지만 항상 책만은 가까이 두었다. 집안형편이 넉넉하지 않아 책을 구하는 것이 쉽지 않았지만 손에 책이 들어오기만 하면 몇 번이나 반복해서 읽고 또 읽었다. 한번은 아버지가 '세계 위인 전집'을 사가지고 왔는데 어린 반기문은 밤을 새워가며 책을 읽었다. 말로만 들었던 역사 속 위인들을 책을 통해 자세히 알게 되면서 앞으로 어떠한 인물이 되어야 하고, 사회를 위해 어떠한 일을 해야 하는지 목표도 생기게 되었다. 동생들이 "형은 책벌레"라며 핀잔을 주기도 했지만 반기문은 책이 너덜너덜해질 때까지 읽고 또 읽었다. 반 총장이 해외출장을 가거나 틈틈이 시간이 날 때마다 책을 펴드는 것은 어릴 때의 습관이 그대로 몸에 배인 것이다. 어릴 때의 습관이 얼마나 중요한지 보여주는 대목이다.

반 총장은 신문이나 책을 읽을 때 습관이 하나 있다. 바로 메모하는 습관이다. 신문을 읽다가 좋은 표현이나 문구가 있으면 수첩에 옮겨 적고, 책을 읽다가 좋은 아이디어가 떠오르면 책 여백에 적어둔다. 교훈이나 가르침을 주는 좋은 표현은 암기해두었다가 기자회견이나 중요한 만남이 있는 자리에서 인용하기도 한다. 또 코믹하거나 익살스러운 유머가 있으면 자세히 메모해두었다가 분위기가 딱딱한 회의장에서 유용하게 사용한다. 반 총장과 식사시간을 갖거나 대화를 나누다보면 시간이 금방 지나가는 것을 느끼게 되는데, 이는 반 총장이 다양한 분야에서 해박한 상식과 지식을 무기로 대화를 주도하기 때문이다. 또 반 총장이 기자회견을 하거나 연설을 할 때 자주 유머를 사용해 폭소를 자아내는 장면을 목격하게 되는데 이 역시 평소 메모하는 습관에서 얻은 정보인 것이다.

오늘 읽은 책이 내일의 나를 결정한다. 또 우리는 독서를 통해 수많은 위인과 거인, 영웅들을 만날 수 있다. 그들의 가난과 실패, 도전, 좌절, 절망에 동질감을 느끼기도 하고, 그들의 성공과 도전, 패기에 자극받아 다시 일어서는 용기를 얻기도 한다. 독서의 유익함에 대해 라틴어 격언은 '말은 날아가지만 글은 남는다Verba volant, scripta manent'라고 표현하지 않았는가.

10

대접 받고 싶다면
남을 먼저 대접하라

⋮

배려

악은 악으로 이기지 못한다.
악을 이기려면 내가 더 악해져야 하는데,
그러면 자신의 영혼이 먼저 파괴되어 죽는다.
오해도 세 번 생각하면 이해가 되고,
이해를 두 번 하면 사랑이 된다.
'그럴 수 있나'와 '그럴 수 있지'는 글자 하나 차이지만
그 결과는 엄청나게 달라진다.
－ 수녀이자 웃음치료사 **이미숙**

반 총장은 마음이 따뜻한 사람이다. 성공한 사람들에게서는 엄격함, 까다로움, 매서움, 딱딱함 등과 같은 단어들이 떠오르지만, 반 총장에게서는 따뜻함, 여유로움, 부드러움, 세심한 등과 같은 단어들이 따라다닌다. 자기 자신보다는 상대방의 어려움을 먼저 살피고, 상대방이 불편해하지 않도록 배려한다. 반 총장과 대화를 하고 이야기를 나누다보면 왠지 마음이 푸근해지고, 조금만 시간이 흘러도 분위기가 따뜻해지는 것을 느낄 수 있는데, 이는 반 총장이 품어내는 배려의 향기가 사람들의 마음을 감동시키기 때문이다.

혼자 가지 말고 둘이서 함께 가라

반 총장이 1980년대 중반 하버드대 케네디 행정대학원에서 공부를 하고 있을 때의 일이다. 워싱턴에 있는 주미 한국 대사가 하버드대학교의 초청으로 보스턴을 방문하게 되었다. 공부하느라 정신이 없었지만 반기문은 주미 대사가 원만하게 일을 처리할 수 있도록 도와야겠다고 생각했다. 당시 보스턴은 일방통행 도로가 많아 한번 길을 잘못 들면 보스턴에 사는 사람들도 애를 먹을 정도로 운전하기가 힘들었다. 반기문은 주미 대사가 길에서 시간을 허비하지 않도록 하기 위해 자신이 직접 길을 익혔다. 주미 대사가 머무는 호텔과 행사장을 미리 찾아 답사하고 어떤 도로를 이용하면 수월하게 이동할 수 있는지 주도면밀하게 체크를 했던 것이다. 윗사람의 마음에 들기 위해서 또는 상대방의 기분을 맞추기 위해서 일부러 그렇게 했던 것이 아니라, 상대방을 배려하는 순수한 마음에서 그렇게 행동했던 것이다. 주미 대사는 별다른 수고와 어려움 없이 보스턴 행사를 마칠 수 있었고, 주미 대사관이 있는 워싱턴으로 돌아가 반기문의 세심한 배려와 따뜻한 마음씨를 직원들에게 칭찬했다고 한다.

반 총장이 한국에서 외교관 생활을 할 때나, UN 사무총장으로서 UN을 이끌고 있을 때나, 상사와 아랫사람들로부터 한결같은 존경을 받는 것은 이처럼 상대방의 입장과 처지를 먼저 생각하는 배려의 마음씨를 갖고 있기 때문이다. 반 총장의 배려하는 마음씨를 찬찬히 들여다보면 안도현 시인의 〈철길〉이라는 시詩를 떠올리게 된다. 잠깐 한숨을 돌리고 음미해 보도록 하자.

혼자 가는 길보다는
둘이서 함께 가리.
앞서지도 뒤서지도 말고 이렇게
나란히 떠나가리.
서로 그리워하는 만큼
닿을 수 없는
거리가 있는 우리.
늘 이름을 부르며 살아가리.
사람이 사는 마을에 도착하는 날까지.
혼자 가는 길보다는

둘이서 함께 가리.

많은 사람들이 삭막한 철길을 걷고 있다. 두 개의 철길은 평행하고 서로 만나지 않는다. 마음의 문을 꽁꽁 닫아걸고, 다른 사람을 이해하려고 하지 않으면 우리 인생은 철길이 되고 만다. 하지만 상대방을 안아주고, 이해하고, 배려하면 차갑게 느껴졌던 철길이 따뜻한 길이 된다. 혼자서 가는 길이 아니라 함께 가는 길이 된다. 서로 경쟁하고 미워하게 되는 것이 아니라 그리워하고 사랑하게 된다. 반 총장은 앞으로 긴 인생길을 달리게 되는 이들에게 혼자 가지 말고 둘이서 함께 가라고 조언한다. 베풀면서, 배려하면서, 이해하면서, 그리고 아낌없이 주면서 인생길을 걸어가라고 한다.

맨해튼에서 보여준 배려

맨해튼은 그야말로 교통지옥이다. 하늘을 찌르는 마천루가 즐비하고, 세계적인 금융회사들의 본사가 있고, 관광명소가 많기 때문에 차량들은 연신 자동차 경적을 빵빵 울려댄다. 또 도로 공사를 하는 곳이 많아 교통체증을 더욱 가중시킨다. 맨해튼 중심가를 걷고 있으면 여기저기서 울려대는 경적 소리에 귀가 먹먹해질 정도다. 출퇴근 시간의 서울 강남을 연상하면 될 듯하다.

교통이 혼잡하고, 차를 파킹할 주차장도 부족하다 보니 주차비는 세계 최고 수준이다. 1시간 주차하는 비용이 우리 돈으로 2~3만 원에 달한다. 주UN 한국대표부와 영사관에 근무하는 한국 직원들은 대부분 뉴저지에 사는데, 자가용으로 출퇴근하는 것은 엄두도 못 내고, 지하철을 이용한다.

UN본부 주변의 교통체증이 심각한 데에는 UN회의나 대규모 국제회의가 많아 외국의 정상이나 대사, 국회의원 등 고위급 인사들의 방문이 잦기 때문이다. 외국의 대통령이나 총리가 차량을 이용할 때에는 안전상의 이유로 차량 통제가 이루어지기 때문에 맨해튼 교통은 더욱 막히게 한다.

반 총장은 취임 초기, 운전사와 경호원들이 자가용을 수십 분 동안 도로변에 주차시켜 놓고 자신을 기다리고 있는 것을 목격했다. 옐로 캡_{뉴욕}의 노란색 택시과 다른 차량들은 총장 자가용을 피해 차선을 바꾸느라 애를 먹었고, 이는 교통체증을 유발하는 요인이 됐다. 지나가는 차량들은 총장 자가용을 힐끔힐끔 쳐다보며 곱지 않은 시선을 보내기도 했다. 반 총장이 운전사와 경호원들을 불러 모았다.

"앞으로는 자가용 대기시간을 5분 이내로 줄이도록 하세요. 너무 오랫동안 도로를 차지하고 있으면 다른 차량들에게 방해가 됩니다. 뉴욕 시민들에게 도움이 되는 일을 해야 하는데, 저의 자가용 때문에 되레 피해가 되어서는 안 됩니다."

기존 관행대로 20분 이상 자가용을 도로변에 주차시켰던 운전사와 경호원들은 반 총장의 마음 씀씀이에 고개를 숙였다. 자기 자신의 편리함보다는 다른 사람의 불편함을 먼저 생각하는 반 총장의 배려에 진한 감동을 받았던 것이다. 국가원수와 동등한 대우를 받는 UN 사무총장이 자가용을 도로변에 오랫동안 세워 놓는다고 해서 비난하거나 탓하는 사람은 거의 없다. 국제사회를 위해 큰일을 한다고 여기며 너그럽게 이해한다. 하지만 반 총장은 그렇게 생각하지 않았다. 자기 자신에게 주어진 특권과 명예를 훌훌 던져버리고, 다른 사람의 입장에서 생각하고 행동했다. 바로 배려의 마음이다.

비행기 안에서 보여준 친절

외교관은 해외출장이나 해외근무가 참 많은 직업이다. 외무고시를 합격해 외교관이 되면 통상 선진국과 후진국을 번갈아 가면서 근무를 한다. 미국이나 영국, 일본, 중국, 유럽 등 선호하는 지역을 거쳤다면, 다음에는 아프리카, 중동처럼 기피하는 지역에서도 근무를 해야 한다.

반 총장도 해외출장과 관련한 에피소드가 많은데, 이 에피소드를 통해 그의 진면목을 엿볼 수 있다. 2004년 4월, 반 총장이 외교부 장관 신분으로 유럽 순방에 나섰을 때의 일화이다. 유럽에서 외교활동을 벌이고 있는데, 장모가 사망했다는 소식이 날아왔다. 반 장관은 급히 대한항공 편으로 귀국길에 올랐다. 하지만 기내에서 큰 소동이 벌어졌다. 한국 대학생 한 명이 갑자기 의식을 잃고 혼수상태에 빠졌던 것이다. 예상치도 못했던 사태가 벌어지자 기내는 순간 큰 소동이 벌어졌다. 기장은 비행기 항로에서 가장 가까운 체코 프라하 공항에 우선 착륙하기로 결정했다. 비행기 안에서 목숨과 직결되는 사고가 발생하면 가장 가까운 공항에 착륙하는 것 이외에 다른 방법이 없지 않은가. 이처럼 혼란스러운 분위기에도 불구하고 반 장관은 기지를 발휘해 프라하에 있는 주駐 체코 한국 대사관에 급히 연락을 취해 의식불명 상태인 학생이 공항에 도착하자마자 응급조치를 받을 수 있도록 모든 조치를 취해놓았다. 일분일초를 다투는 긴급한 순간이었다.

비행기가 착륙하자마자 대기 중이었던 대사관 직원들은 대학생을 병원으로 바로 옮길 수 있었고, 대학생은 위급한 순간을 넘길 수 있었다. 반장관은 대학생의 건강상태를 확인하고 나서야 서울로 돌아왔다. 반 총장의 세심한 관심과 배려가 대학생의 귀중한 생명을 구한 것은 아닐까. 장모상(丈母喪)을 당해 경황이 없는 순간에도 반 총장은 곤경에 처한 사람을 먼저 생각하는 배려의 마음씨를 보여주었던 것이다.

세상 사람들보다 자신이 뛰어나고, 우월하다고 우쭐해하는 사람에게서는 상대방을 이해하고 배려하는 마음씨를 찾아볼 수 없다. 인생을 살면서 많은 것을 이루었지만 자신을 낮추는 사람에게서 오히려 배려와 관용의 따뜻한 마음씨가 넘쳐흐르는 것을 확인할 수 있다. 상대방의 입장을 먼저 이해하려고 노력하는 배려라는 이름의 꽃에는 향기가 있다. 그 향기가 너무나 그윽해 사방팔방으로 퍼져나간다. 사람들이 하나둘씩 꽃 주위로 몰려들고, 모두가 환하게 함박웃음을 짓는다. 배려라는 꽃은 행복이라는 향기를 세상 사람들에게 전하는 강력한 파워를 가지고 있는 것이다.

해외특파원들을 감동시키다

반 총장이 UN본부를 출입하는 세계 각국의 뉴욕특파원들을 감동시킨 일도 있었다. 2007년 3월, 반 총장은 중동지역에서 서로를 미워하며 원수처럼 여기는 이스라엘과 팔레스타인의 관계를 개선시키기 위해 중동순방에 나섰다.

팔레스타인을 비롯해 사우디아라비아, 레바논, 이란, 이라크, 시리아 등 중동 국가들은 이슬람교를 믿는 반면 이스라엘은 유대교를 믿는다. 상대방의 종교를 인정하지 않고 영토분쟁도 많아 이스라엘은 중동 국가와 그야말로 앙숙 관계이다. 이스라엘은 중동 국가들과 크고 작은 전쟁을 치른 아픈 역사를 갖고 있다.

반 총장이 중동순방에 나서기로 한 것은 갈등과 반목으로 점철된 이들 나라를 화해시켜 중동평화를 꾀하기 위해서였다. 반 총장을 취재하기 위해 중동 순방에 참여한 특파원 중에 이스라엘 출신의 오를리 아줄레이 여기자가 포함되어 있었다. 하지만 아줄레이 기자에게 문제가 생겼다. 순방 국가 중의 하나인 사우디아라비아 정부가 아줄레이 기자에게 비자VISA 발급을 거부한 것이다. 사우디아라비아 정부는 아줄레이 기자가 적대국인 이스라엘 출신인 만큼 비자발급을 해 줄 수 없다고 주장했다. 여행하는 동안 이스라엘을 경유한 외국인에 대해서도 입국을 허용하지 않는 마당에 이스라엘 국적을 가지고 있는 아줄레이 기자에게 비자를 내어 줄 가능성은 없었다. 뾰족한 해결방법이 없었기 때문에 아줄레이 기자는 중동 순방에서 빠질 공산이 컸고, 아줄레이 기자의 실망감은 시간이 갈수록 깊어만 갔다.

아줄레이 기자의 안타까운 사연을 전해들은 반 총장이 나섰다. UN 사무총장과 기자와의 관계를 떠나 어려운 상황에 처한 사람을 도와주어야 한다는 책임감 때문이었다. 반 총장은 바쁜 스케줄에도 불구하고 짬이 날 때마다 사우디아라비아 외무장관에게 전화를 걸어 문제해결을 요청했다.

반 총장의 명성과 인품을 익히 알고 있었던 사우디아라비아 외무장관은 손을 놓고 있을 수 없었다. 만약 반 총장의 부탁을 거절할 경우 국제사회로부터 '사우디아라비아 정부가 너무 지나쳤다'라는 비난을 받을지도 모르는 일이었다. 반 총장의 간곡한 부탁도 부탁이지만, 자칫 잘못하다가는 국제적인 망신을 당할 수 있다는 생각에 사우디아라비아 외무장관은 외무부에 조치를 취할 것을 지시했다. 그리고 얼마간의 시간이 지난 뒤 '비자가 나왔다'라는 보고가 반 총장과 아줄레이 기자에게 전달됐다.

반 총장은 엷은 미소를 지었고, 아줄레이 기자는 환호성을 지르며 반 총장에게 감사의 마음을 전했다. 국제사회를 위해 할 일이 산더미처럼 쌓여 있는데, 시간을 내어 자신의 문제를 해결해 준 반 총장에게서 말로 표현할 수 없는 감동을 받았던 것이다. UN본부 3층 기자실에서 만난 핀카스 오스트리아 특파원은 나에게 이렇게 말했다.

"아줄레이 기자에게 어떤 일이 있었는지 들었습니다. 반 총장이 UN 회원국과 직원들로부터 사랑과 존경을 받는 것은 바로 상대방의 어려움을 자기 일처럼 여기고 도와주는 마음씨 때문이라고 생각해요. 반 총장은 사람을 감동시키는 부드러운 카리스마를 가지고 있어요. 나도 그의 팬이

랍니다."

핀카스 특파원은 환하게 웃으며 나에게 오른손 엄지손가락을 치켜 올려보였다. '최고'라는 의미였다.

3

김용 총재의
성공습관

11

현실을 거부하라
그리고 도전하라

:

도전

평균적인 사람은 자신의 일에
자신이 가진 에너지와 능력의 25%를 투여하지만,
세상은 능력의 50%를 일에 쏟아 붓는 사람들에게 경의를 표한다.
그리고 100%를 투여하는 극히 드문 사람들에게는 머리를 조아린다.
– 미국의 철강왕 앤드류 카네기

김용 총재는 1959년 서울에서 태어났다. 6·25 전쟁으로 사회는 혼란스러웠고 경제시설은 무너질 대로 무너진 상태였다. 모든 사람들이 헐벗고 굶주리고 추위에 떨어야만 했던 암울한 시대였다. 꿈과 희망을 이야기하기에는 현실이 너무나 절망적이었다. 한 나라의 경제력을 판단하는 지표인 국민총생산^{GDP}은 필리핀 등 동남아는 물론 아프리카 국가들보다 낮은 세계 최하위 수준이었다. 당시 세계에서 가장 가난하고 불쌍한 국가 중의 하나가 한국이었다. 요즘 TV를 보면 기아에 허덕이고 있는 아프리카 사람들을 종종 볼 수 있다. 힘이 없어 몸에 붙은 파리조차 쫓아낼 수 없을 정도로 바싹 마른 아이들, 먹을 것을 찾아 사방을 헤매는 엄마들, 굶어 죽은 아이들을 땅에 묻는 사람들. 오늘날 이 같은 아프리카의 처절한 현실이 50년대의 한국을 떠올리게 할 정도였다.

우리는 지금 필리핀을 가난한 나라라고 여기지만, 60년대 세워진 국내 최초의 실내체육관인 장충체육관은 필리핀 자본과 기술자들의 땀으로 건설된 것이다. 과거 한국은 도움이 절실했던 국가, 원조의 대상이었다.

더 큰 세상과 비전을 보여주었던 부모님

김용 총재의 아버지 김낙희^{별세} 씨는 6·25 전쟁 당시 17살의 나이로 혈혈단신 북한에서 피란 온 사람이었다. 무인도에 남겨진 사람처럼 그에게는 가진 것이라고는 하나도 없었다.

믿을 것이라고는 '자신' 뿐이었다. 아버지는 공부에서 성공의 열쇠를 찾았다. 공부만이 성공을 보장하는 유일한 수단이라고 생각했다. 당시만 해도 한국은 지금처럼 직업이 다양하지 않았고, 취업할 수 있는 기회도 많지 않았다. 공산주의 이데올로기에 대한 반감과 불신도 팽배했기 때문에 북한 출신이라는 점도 사회생활을 하는데 장애물이 될 정도였다.

사고무친四顧無親이 된 아버지는 학비를 벌어가면서 그야말로 주경야독晝耕夜讀했다. 공부로써 한국에서 성공하고야 말겠다는 열정과 집념으로 똘똘 뭉쳐 있었다. 결국 아버지는 서울대 치대에 입학했고 전도유망한 청년으로 자리를 잡았다. 목표가 있고, 열정이 있고, 도전정신이 있으면 처음에는 큰 장애물처럼 느껴졌던 거대한 벽들이 하나하나씩 허물어지는 법이다. 아버지는 경기여고를 수석으로 졸업한 김옥숙 씨와 부부의 인연을 맺었고, 이들 부부 사이에 김용 총재가 태어난 것이다.

부모님은 아들에게 더 큰 세상과 비전을 보여주길 원했다. 한국 경제의 저력을 의심한 것은 아니지만 더 큰 세상에서 아들이 꿈과 희망을 펼쳐 보이기를 원했다. 당시 한국사회에서 김용 부모는 엘리트 신분이었지만 부모들은 새로운 도전에 나서기로 했다. 한국에서의 모든 기득권을 과감하게 버리고 새로운 세상으로 나아가기로 도전장을 내민 것이다.

'미국으로의 이민'

쉽지 않은 결정이었다. 서울대 치대를 나온 실력이면 한국에서 상류층 생활을 하는데 아무런 문제가 없었다. 중학교, 고등학교 졸업장을 따는 것이 하늘의 별따기만큼 어려웠던 시절에 대학교, 그것도 서울대, 그것도 치대를 졸업했으니 미래는 보장된 것이나 마찬가지였다. 어머니도 경기여고를 수석으로 졸업한 수재가 아니었던가.

주위에서는 "왜 굳이 고생길로 들어가려고 하느냐." "한국에서 편하게 살 수 있을 텐데……"라며 미국 이민 결정을 말렸지만 부모는 새로운 도전에 나서기로 마음을 굳혔다. 한국에서 이룬 모든 기득권을 남겨두고 떠나야 하는 발걸음이 무거웠지만, 새로운 세상에서도 충분히 성공할 수 있다는 희망의 끈을 놓지 않았다.

적을 친구로 만드는 무서운 힘

김용 가족은 미국 중부의 아이오와Iowa주에 터전을 잡았다. 동양인을 무시하는 백인들도 있었고, 냉소적으로 보는 시선도 있었지만 개의치 않았다. 한국을 떠나던 날 각오했던 일들이었다. 모든 것이 낯설고 힘들었지만, 꿈과 목표를 위해 도전에 나선 것을 후회하지는 않았다.

아버지는 아이오와대학 치의학 분야에서 공부를 계속했고, 어머니도 아이오와대학에서 퇴계 이황의 사상과 철학에 대해 연구를 했다. 부모들은 시간을 낭비하지 않았고 촌음을 아꼈다. 미국 사람들이 주말이면 산이나 해변으로 가족여행을 갈 때 김용 부모들은 공부를 했고, 돈을 벌어야 했다. 차별과 냉대를 이겨내고 미국에서 반드시 성공하고야 말겠다는 목표와 도전정신으로 무장되어 있었다. 하루하루를 힘들다고 생각하지 않고 미래를 위한 투자라고 생각했다. 아버지는 주변에서 알아주는 의사로 이름을 날렸고, 어머니는 퇴계 이황 연구로 결국 철학박사 학위를 땄다.

처음에는 김용 가족에게 친근감을 보이지 않았던 미국 사람들이 그들을 대하는 태도가 점점 달라졌다. 자신들보다 더 좋은 대학교에 들어가고, 박사학위를 따고, 주위 사람들로부터 좋은 평판을 듣는 것을 보고 미국 사람들도 김용 가족에게 먼저 다가가려는 모습을 보였다. 열정 에너지는 사람들의 마음을 감동시키고, 결국 적敵도 친구로 만들어버리는 무서운 힘을 발휘하기 때문이다.

사실 한국 사람이 미국 사회에 정착하기는 대단히 힘들다. 어느 정도 재산을 가지고 있는 사람이라면 미국 사회에 쉽게 뿌리내릴 수 있지만, 하루하루 생계를 꾸려나가야 한다면 사정은 달라진다. 내가 3년간 머물렀던 뉴욕 플러싱Flushing 지역의 경우 한인들은 세탁소, 간식거리를 파는 델리가게, 비디오 대여점, 음식점, 손톱관리를 하는 네일숍 등에서 일하는 사람들이 대부분이다. 물론 미국에서 교육을 받은 한인들 중에서는 맨해튼 월가에서 수천만 달러의 연봉을 받으면서 일하는 사람들도 있고, 뉴욕과 가까운 뉴저지 주에서 번듯한 사업체를 운영하는 부자들도 있지만 이들은 선택된 사람들이다.

하루하루 버틸 수 있는 건 꿈이 있기 때문

미국에 이민 온 1세대들은 맨땅에서 헤딩하는 식으로 밑바닥에서 차곡차곡 성공의 사다리를 타고 올라간다. 한국에서 명문대학을 나왔지만 맨해튼에서 네일숍 직원으로 취직해 미국인들의 손톱관리를 해주는 사람도 있고, 한국에서 가졌던 좋은 직장을 포기하고 미국으로 건너와 유치원 버스기사로 일하는 사람도 있고, 학비를 벌기 위해 음식을 배달하면서 팁을 받는 학생들도 있다.

한국에서 중산층 생활을 할 수 있었던 사람들이 왜 굳이 미국에서 험한 생활을 하고 있는 것일까. 바로 '꿈'과 '꿈을 위한 도전정신'이 있기 때문에 가능한 것이다. 남들이 보기에는 무모해 보이지만 그들에게는 꿈과 희망이 있고, 열심히 노력하면 반드시 성공의 열매를 얻을 수 있다는 신념이 있기 때문에 하루하루를 버티어낼 수 있다. 김용 부모님, 아니 초기 이민자들이 그랬던 것처럼.

부모님과 함께 5살 때 미국으로 건너온 김용은 어느 누구보다 정열적으로 살아가는 부모님을 지켜보면서 많은 것을 배우고 깨달았다. 주위에 한국 사람이라고는 없는 허허벌판과 같은 동네에서 그는 부모님을 통해 인생을 살아가는 방법과 철학을 배우게 된다. 그가 부모에게서 배운 가장 큰 자산은 '도전정신'이다.

부모님은 위기일 때 오히려 기회가 있다며 도전하라고 가르쳤다. 보통 사람들은 위기가 닥칠 때 현실을 회피하고 안전한 곳으로 피신하려고 한다. 하지만 위기 속에 기회가 있는 법이다. 기회는 늘 위기의 얼굴로 찾아오게 된다. 역사상 이름을 날린 위인들은 위기에서 기회를 포착하고 과감하게 도전한 사람들이다. 김용은 불가능에 도전하는 부모님을 옆에서 지켜봤다. 남들이 생각하지 못하는 것에 도전하는 모습을 눈여겨봤다. 모두 다 가능하다고 생각되는 것에는 많은 사람들이 달려들기 때문에 도전이라는 것이 별 의미가 없다. 설령 도전한다고 하더라도 나에게 돌아오는 몫은 너무나 작다. 경영 이론에서 얘기하는 것처럼 '레드오션'을 벗어나서 새로운 기회가 늘려 있는 '블루오션'을 찾아나서야 하는 것이다.

김용 총재는 역할모델이 된 부모님에 대해 이렇게 말한다.

"어린 시절 나는 한국인이 한 명도 없는 지역에서 자랐습니다. 참 많은 설움을 겪었지요. 하지만 부모님을 지켜보면서 모든 난관과 어려움을 이겨나갈 수 있었습니다. 부모님은 나에게 닥친 어려움을 위대한 비전과 용기로 헤쳐 나가고, 도전하는 정신을 불어넣어 주었습니다."

그는 강철처럼 자신을 단련시킨 부모님이 있었기에 오늘날의 자신이 있다고 생각한다. 어린 시절 영어를 몰라 문밖으로 나가기를 무서워했던 그에게 부모님은 오히려 한국 사람이 없으니 영어를 더 빨리 배울 수 있다고 격려했다. 미국 사람들을 자주 만나고 이야기를 나누어야 영어에 더욱 친숙해질 수 있다고 다독였다.

야생에서 포효하는 사자가 되라

'궁窮하면 통通한다'는 동양철학을 아들에게 심어주었다. 온실에서 곱게 자라는 화초가 아니라 야생에서 포효하는 사자가 되어야 한다며 강하게 길렀다.

사실 미국 뉴욕에 사는 한인들 중에서도 영어를 못하는 사람들이 많다. 한인들이 많이 모여 사는 지역, 이른바 코리아타운을 형성하고 있는 곳에 정착하게 되면 영어를 사용하지 않고도 일상생활을 하는데 아무런 문제가 없다. 한국어로 식사주문을 하고, 한국 식료품 가게에 가고, 한인들을 대상으로 비즈니스를 하다보면 영어 한 마디 하지 않고도 살아갈 수 있다.

하지만 김용 부모의 결정은 달랐다. 코리아타운에 정착하지 않고 한국인들이 드문 외딴 곳에 자리를 잡았다. 모든 것을 영어로 해야 했다. 온실

속 화초가 아니라 야생의 사자처럼 도전해야만 했다. 어린 김용은 그렇게 단련되어져 갔다. 부모가 어떠한 교육방법과 철학을 가지고 자녀들을 훈육하느냐에 따라 자녀의 인생 항로는 180도 달라진다. 사람들은 코너에 몰리면 '살아야겠다'는 오기가 발동하고 도전해야겠다는 의지를 불태우게 된다. 일정 수준의 매 순간 새로운 목표를 향해 나아갈 때 자신을 레벨업 할 수 있는 전환점을 만들 수 있다.

김용 가족의 삶은 트로이의 목마와 비교할 수 있을 듯하다. 남들은 무모하다고 만류할 때, 위험하다고 걱정할 때, 과감하게 도전하면서 성공할 수 있다는 긍정의 메시지를 전달했다는 점에서 그렇다. '트로이 목마'는 오늘날 도전과 승리를 상징하는 단어로 사용되고 있다.

김용 가족이 미국에 이민 온 것은 그리스가 트로이를 공격하기 위해 전쟁을 치른 것과 비슷하다. 미국에 성공적으로 정착하지 못하면 실패한 인생이 된다. 트로이를 함락시키지 못하면 그리스 군대가 패배하는 것처럼. 처음 시작은 힘들었다. 멸시와 냉대가 뒤따라 다녔다.

성공의 과실은 점점 멀어져만 가는 듯이 보였다. 하지만 그들에게는 '열정과 도전'이라는 히든카드, 즉 트로이의 목마가 있었다. 미국인들도 혀를 내둘렀던 성실성과 부지런함. 꼼수를 부리지 않고 정도를 고집하는 배짱, 지독한 교육열 등이 맞물리면서 결국 미국인들의 마음^{트로이}을 사로잡게 된 것이다. 여러분의 마음속에는 어떠한 비밀병기, 트로이 목마가 숨겨져 있는가. 나에게도 트로이 목마가 있다고 대답한다면 비밀병기를 더욱 다듬고 닦아야 한다. 멀지 않은 장래에 분명히 인생을 살아가는 가장 강력한 무기가 될 것이다.

김용 총재는 성공하는 멋진 인생에 대해 이렇게 말한다.

"나이를 불문하고 공부를 게을리해서는 안 됩니다. 평생 공부해야 합니다. 하지만 부모들은 자녀들을 공부만 하는 기계로 키워서는 안 됩니다. 다방면에 걸친 전인교육이 중요하죠. 또 자기가 옳다고 믿는 바를 끝까지 밀고 나가는 고집이 있어야 합니다."

'너는 누구인가'를 항상 생각하라

김용 가족이 정착한 아이오와 주 머스커틴meoseukeotin은 미국 중부의 작은 시골마을이다. 미국 남북전쟁 당시 머스커틴은 아이오와 주의 최대 흑인 거주지역이었고, 흑인 중 일부는 자유를 찾아 도망 온 노예들이었다. 노예제도에 반대하는 분위기가 매우 강했던 도시로 노예제도 폐지와 평등 운동의 근거지이기도 했다. 김용 총재가 가진 것 없고, 힘없는 사람들을 위해 자신을 봉사하고 헌신한 그 밑바탕에는 이 같은 환경도 큰 영향을 끼쳤다.

소년 김용은 어릴 때부터 두각을 나타내기 시작했다. 명석한 두뇌에다 부모의 특유한 공부방식이 보태지면서 백인 부모들까지 재능과 능력을 인정할 정도였다. 처음에는 백인 학생들의 테두리에서 벗어난 외톨이였지만, 시간이 지나면서 그는 변두리가 아니라 학교생활의 중심이 되었고 마을 사람들의 자랑거리가 되었다.

소년 김용은 공부를 최고의 가치로 여기는 동양 정신과 실용성을 강조하는 서양 정신을 절묘하게 조화시키며 자기 자신을 만들어나갔다. 철학박사였던 어머니는 아들에게 퇴계 이황과 마틴 루터 킹 목사의 이야기를 들려주며 '어떻게 살아가야 한 것인가'에 대한 해답을 주었다. 어머니는 기회가 있을 때마다 아들에게 '너는 누구인가를 항상 생각해야 한다', '위대한 것에 도전해야 한다'며 인생의 의미와 목표를 상기시켰다.

김용이 9살이 되던 1968년, 김용의 인생 좌표를 바꾸는 큰 사건이 터졌다. 흑인 인권운동가인 마틴 루터 킹 목사가 암살당한 것이었다. 당시 미국 사회에서 흑인은 비록 해방은 되었다고 하지만 불가촉천민不可觸賤民 대접을 받았다. 무식하고, 게으르고, 더럽다는 편견과 선입견이 팽배했다. 어떤 식당은 흑인들의 출입을 금지했고, 버스를 탈 때에도 앞좌석은 백인들에게 양보하고 뒷좌석에 앉아야만 했다. 백인우월집단인 KKK같은 단체는 하얀 복면을 쓰고 흑인들을 몰래 죽이기까지 했다.

흑인들의 인권과 권리를 위해 싸웠던 마틴 루터 킹의 암살은 흑인운동의 불씨를 지폈고, 소년 김용에게도 큰 충격을 줬다. 김용 자신도 이방인이었다. 소년 김용은 흑인들과 동병상련同病相憐의 감정을 가졌고, 마틴 루터 킹 목사의 암살은 그에게 큰 충격으로 다가왔다.

위대한 것에 도전하라

"세상의 불평등과 맞서 싸워야겠다."

"소외된 사람들을 위해 일해야겠다."

김용은 인생방향을 설정했다. 그는 동료 친구들과 달리 어린 나이에 꿈과 인생의 목표를 세웠다. 어머니는 가장 든든한 우군이었다. 그는 아직까지도 어린 시절 어머니가 들려주었던 '위대한 것에 도전하라'라는 말씀을 생생하게 기억하고 있다. 그는 남을 도울 수 있는 위치에 서기 위해서는 먼저 공부를 열심히 해야 한다고 생각했다. 그는 머스커틴 고등학교를 전교 수석으로 졸업할 정도로 학업에 충실했다.

리더십을 기르기 위해 학생회장에 출마해 당선되기도 했다. 공부만 잘하는 것이 아니라 다른 사람들을 이끌고 리드하기 위해서는 남들 앞에 당당히 설 수 있는 배짱과 뚝심이 있어야 한다고 판단했던 것이다.

"아버지, 어머니. 저 학생회장에 출마하려고 합니다."

"남들 앞에서 주눅 들지 않고 말을 잘할 수 있겠니?"

"저에게는 좋은 기회가 될 것 같아요. 리더십도 기를 수 있고요."

부모님은 전폭적인 지지를 보내주었다. 인생을 살아가면서 화술과 리더십이 얼마나 중요한 성공요소인지 익히 알고 있었기 때문이다. 백인 사회에서 당당하게 어깨를 펴고 살아가기 위해서는 젊은 시절부터 남들 앞에 보란 듯이 서서, 상대방을 설득할 수 있는 화술 실력을 길러야 한다고 생각했다.

미국은 대화와 화술의 기술을 매우 중요시한다. TV를 통해 한국 학생들과 미국 학생들이 토론하거나 대화하는 것을 자세히 들여다보라. 미국 학생들은 무대 위에서 망설이거나 주저하지 않고 자신의 의견을 개진하는 반면 한국 학생들은 무대에 서는 것을 꺼리고 무서워한다. 입시 위주의 공부를 했기 때문에 대화할 수 있는 콘텐츠도 부족하고 화술 노하우도 제대로 알지 못한다. 반면 미국 학교는 대화와 토론 중심으로 수업을 진행한다. 남들 앞에서 자신의 생각과 의견을 얘기하다 보면 무대공포증이 사라지고, 점점 더 대화에 자신감이 붙는다.

김용이 학생회장을 자청한 것은 이 같은 리더십을 기르기 위한 결정이었던 것이다. 그리고 김용은 미식축구 쿼터백과 농구 포인트가드로 활약할 정도로 운동에도 두각을 나타냈다. 공부만 잘하고 세상 물정 모르는 샌님이 아니라 여러 방면에 관심과 흥미를 가지면서 리더로서의 자질을 하나하나씩 만들어갔다.

하버드대학에서 청춘을 불태우고

고등학교를 전교 1등으로 졸업한 김용은 아이비리그 명문인 브라운대에 들어갔다. 그리고 그의 인생 방향을 결정하는 중요한 선택을 하게 된다. 김용은 부모님 앞에서 자신의 장래에 대해 말했다.

"앞으로 철학과 정치학을 공부하고 싶습니다."

김용은 불평등한 사회문제에 관심이 많았다.

하지만 치과의사였던 아버지는 김용의 생각과 다소 달랐다.

"용아, 철학과 정치학도 좋은 학문이다. 하지만 아시안계 미국인으로 성공하려면 자신을 먹여 살릴 기술이 필요하다. 의사가 된 다음에 네가 하고 싶은 일을 하는 것은 어떻겠니?"

아버지는 아들의 생각을 일언지하에 퇴짜 놓지 않았다. 경제적으로, 물질적으로 어느 정도 안정이 되어야 사회활동도 할 수 있다는 자신의 경험을 아들에게 들려주었다.

사실 미국 이민생활에서 가장 중요한 것은 경제적으로 여유를 찾는 것이었다. 자신의 진로에 대해 깊이 고민하던 김용은 아버지의 의견을 받아들이기로 했다. 김용은 브라운대에서 생물학을 전공했고 우등생으로 졸업했다. 또 의사가 되기 위한 꿈을 실현하기 위해 하버드 의대에서 석사와 박사학위를 땄다. 꿈과 목표를 위해 그는 말 그대로 '하버드대학의 공부벌레'가 되었다. 김용은 세계 최고의 대학이라는 하버드 캠퍼스에서 젊음과 청춘을 불태웠다. 하버드대학은 한국 대학들처럼 단과대학이 오밀조밀 붙어 있지 않다. 신호등을 가로질러 캠퍼스를 찾아가야 하고, 버스를 타고 이동해야 할 정도로 캠퍼스가 넓다. 하버드 교정은 김용이 자신의 꿈을 펼칠 전초기지와 마찬가지였다.

하버드대 교정에는 청동으로 만든 동상이 있다. 하버드 목사가 무릎에 양손을 얹고 의자에 앉아 있는 모습이다. 하버드대는 1636년 매사추세츠 식민지 일반의회General Court의 결의에 따라 설립되었으며, 1639년 도서와 유산을 기증한 J.하버드 목사의 이름을 따서 하버드대학이라는 이름이 붙었다.

하버드 동상에서 유독 눈에 뛰는 곳이 신발이다. 다른 신체부위는 세월의 풍파로 색깔이 다소 어둡게 되었지만 신발은 반짝반짝 빛이 난다. 하버드대를 방문하는 사람들이 마치 통과의례를 거치듯 손으로 만지고 쓰다듬기 때문이다. 부모나 학생이 하버드 동상의 신발을 만지면 하버드대에 입학할 수 있다는 전설이 내려져오고 있다. 하버드 동상은 하버드에서 가장 인기 있는 관광명소다. 꿈을 키우고 희망을 얘기할 수 있는 곳이다. 김용 총재도 하버드 동상의 신발을 만지면서 열정을 품고 자신의 꿈을 실현해 나갔다.

피그말리온의 열정을 품어라
타인의 기대나 관심으로 인하여 능률이 오르거나 결과가 좋아지는 현상을 '피그말리온 효과'라고 한다. 도전과 열정, 긍정의 힘으로 불가능해 보였던 것을 가능하게 만드는 것이다. 위대한 삶을 살았거나 성공한 사람들에게서 발견할 수 있는 공통점은 '피그말리온의 열정'을 품고 세상을 살았다는 점이다. 김용 총재도 마찬가지다. 피그말리온이 조각상 갈라테아에 열정을 품었다면, 김용 총재는 의료인이 되어 사회의 등불이 되겠다는 꿈을 간직하고 열정을 쏟았다.

항상 "어떻게 하면 가난한 사람들을 위해 일할 수 있을까?"를 고민하던 김용은 28살의 대학생이었던 1987년 의료구호 사업에 뛰어든다. 그는 친구 폴 파머에게 제안했다.

"폴, 우리 사회에서 소외된 사람들을 위해 일해 보자."

"그래, 우리는 아직 젊잖아. 다른 사람들을 위해 봉사할 수 있는 일을 해보자."

두 사람은 의기투합했다. 연봉이 높은 좋은 직장에 들어가서 편안한 생활을 할 수 있었지만 김용과 폴은 다른 사람들이 가지 않은 길을 선택했다. 두 사람은 자선 의료봉사단체인 '파트너스 인 헬스Partners in Health'를 설립했다.

어떤 사람들은 세상 물정을 모른다면 빨리 취직이나 하라고 만류했지만, 김용은 자신의 뜻을 굽히지 않았다. 당장 경제적으로 돈이 되는 사업은 아니었지만 자신의 경험과 사회를 보는 시각을 넓힐 수 있다고 판단하고 자선사업에 열과 성을 다했다. 가장 든든한 우군은 역시 부모님이었다. 가진 것 없고, 배운 것 없는 사람들을 위해서 의료봉사에 나서는 아들을 적극 지원했다. 물질적인 욕심과 돈이 판을 치는 세상이었지만 김용은 사봉사활동 속에서 삶의 의미와 행복을 찾았다. 주위에서는 2~3년만 하다가 제풀에 지쳐 그만두겠지 하며 삐딱한 시선으로 보는 사람들도 있었지만, 김용은 20년 동안 파트너스 인 헬스를 이끌며 봉사활동을 했다. 뚜렷한 목적의식과 열정이 뒷받침되지 않으면 불가능한 사업이었다.

0.01초의 차이가 영웅을 만든다

남미의 페루, 아프리카 르완다를 누비고 다녔고, 병마로 사경을 헤매고 있다는 환자들이 있다는 소식을 들으면 가방을 챙겨 득달같이 떠났다. 시베리아 감옥까지 달려가기도 했다. 자신의 몸을 돌보지 않고 사람들을 간호했고 진료를 했다. 전염병에 감염될 수 있다는 만류도 물리치고 그는 의료가방을 챙겨들고 가난하고 소외된 사람들 곁으로 달려갔다.

김용의 파트너였던 폴 파머 박사는 이렇게 기억한다.

"페루 슬럼가와 아이티에서 르완다, 시베리아의 감옥에 이르기까지 김용은 빈곤과 질병의 고리를 끊기 위해 전력을 다했다. 나는 그의 열정과 끈기에 감동했기 때문에 그와 20년 가까이 일을 할 수 있었다."

김용은 봉사활동을 통해 남을 돕는다고 생각하지 않았다. 오히려 봉사활동을 통해 더 많은 것을 사람들로부터 배우고 터득한다고 여겼다. 김용은 자신의 성공비결에 대해 이렇게 대답했다.

"나는 한 번도 내가 어떤 자리에 오르거나, 어떤 사람이 될 것인가에 관심을 두지 않았습니다. 늘 '내가 무엇을 해야 하나'에 관심을 두었습니다."

결국 그의 성공열쇠 중의 하나는 도전과 열정이다.

김용 총재의 친구 중에 스님이 한 분 있다. 하버드대학교를 나온 수재이지만 그는 스님이 되었다. 스님들이 청중들을 대상으로 설교한 내용을 카세트로 만드는 일을 하고 있다. 카세트테이프가 늘어지거나 망가지지 않도록 철저하게 손질하고 관리하는 것이 그의 임무다. 누가 보더라도 보잘것없고, 사소한 일임이 틀림없지만 스님은 정성을 다해 테이프를 손질한다. 김용 총재는 이렇게 말한다.

"불교에서는 아주 작고 하찮은 일이더라도 정성을 다하고, 끈기를 가지고 임한다면 중요한 깨달음을 얻을 수 있다고 가르치고 있습니다. 제 친구 스님처럼 작은 일일지라도 열정적으로, 끈기를 가지고 한다면 중요한 깨달음을 얻을 수 있습니다. 제가 친구 스님을 통해 배운 인생의 교훈입니다. 위대한 리더는 작은 일에도 열정을 쏟아야 합니다. 다시 말해 위대한 리더는 자신을 단련시키는 방법을 알고, 끈기 있게 해야만 하는 일을 해내는 사람입니다."

김용 총재는 전 세계의 가난과 고통, 그리고 질병을 없애는 '큰 일'도 중요하지만, 개개인이 자신에게 주어진 '작은 일'에도 열정을 쏟아야 성공의 열매를 얻을 수 있다고 말한다. 이건희 삼성그룹 회장도 말하지 않았는가. "0.01초의 차이가 한 사람을 영웅으로 만들고, 다른 한 사람은 기억조차 나지 않도록 한다."라고.

김용은 세계 곳곳을 누비고 다녔는데, 특히 결핵과 에이즈^{AIDS}에 맞서 싸웠다. 아프리카의 가난한 사람들은 작은 치료만 해도 병의 진행을 막을 수 있었지만 약품을 살 돈이 없어서 그냥 죽어 나갔다. 결핵 치료약 가격 내리기 운동을 통해 약품 가격을 90% 이상 낮추기도 했다. 보통 사람의 강단으로는 꿈도 꾸기 어려운 일이었다. 김용의 열정은 불가능을 가능으로 만드는 마력을 발휘했다. 의료 전문가들은 김용의 이 같은 노력으로 아이티 결핵환자 10만 명가량이 목숨을 구할 수 있었을 것이라고 보고 있다.

그는 아버지와의 약속을 지켜 1991년 32살의 나이에 의학박사 학위를 땄고, 2년 뒤인 1993년 하버드대 인류학 박사가 됐다. 의학박사 학위를 딴 것은 아버지와의 약속을 지키고 자신의 전공분야를 살리기 위한 것이었고, 인류학 박사학위를 딴 것은 자신의 관심분야를 확대하기 위한 것이었다. 남들은 한 개의 학위도 따지 못해 쩔쩔매는데 그는 힘든 봉사활동을 하면서 의학박사와 인류학 박사 학위를 잇달아 따낸 것이다. 웬만한 열정과 에너지가 아니고서는 불가능한 일이다.

이처럼 열정은 불가능한 일을 가능하게 하는 힘을 갖고 있다. 지금 사람들은 세계은행 총재가 된 김용 총재에게 머리를 조아린다. 유럽 중세시대 군주와 신하의 관계처럼 머리를 조아린다는 것이 아니다. 김용 총재가 쏟아내는 열정과 에너지에 존경을 표한다는 의미이다. 김용 총재는 앤드류 카네기가 언급한 100% 열정을 투여한 인물의 주인공이다. 여러분은 몇 %의 열정을 쏟아내고 있는가.

12

긍정은 부정보다
힘이 훨씬 세다

⋮
긍정

지금부터 20년 후에는 자신이 한 일보다
미처 하지 못한 일에 더 실망하게 될 것입니다.
그러니 밧줄을 풀고, 안전한 항구를 떠나 항해하세요.
돛에 무역풍을 다세요.
경험하세요. 희망하세요. 발견하세요.
— 미국 작가이자 풍자가 **마크 트웨인**

김용 총재가 젊은이들에게 추천하는 책 중의 하나가 말콤 글래드웰이 쓴 《아웃라이어》이다. 글래드웰은 어떤 사람이 한 분야에서 성공을 이루는 데에는 1만 시간의 투자가 필요하다고 했다. 1만 시간이라면 하루 3시간씩, 10년을 꼬박 보내야 확보되는 시간이다. 하루 6시간이라면 5년이 걸릴 것이고, 하루 12시간이라면 2.5년이 걸릴 것이다. 낙숫물이 바위를 뚫듯이 하루하루 투자하는 시간이 쌓이고 쌓이다보면 나중에는 어마어마한 시간이 된다. 이 기간 동안 자기계발의 끈을 놓지 않고 정진한다면 그 분야의 전문가가 되는 것은 자명한 일이다.

김용 총재는 긍정과 열정에 대해 이렇게 말한다.

"시작할 때에는 재능이나 능력이 중요할 수 있습니다. 하지만 결국 인생의 성패를 결정하는 것은 얼마나 많은 시간과 열정, 긍정의 힘을 투자하느냐 여부에 달려 있습니다. 자기가 하고자 하는 분야에서 대가大家가 되기 위해서는 심지어 세상에서 제일 똑똑한 빌 게이츠조차도 1만 시간을 투자해야 하는 것입니다."

'동양인 최초'라는 수식어

김용 총재는 '동양인 최초'라는 수식어를 달고 산다. 동양인 최초라는 것은 결국 한국인 최초라는 말과 같은 뜻이다. 자신이 몸담고 있는 분야에 열정을 쏟아 붓고, 하면 된다는 긍정적인 마인드를 갖는다면 그 분야의 전문가, 1인자가 될 수 있다. 글래드웰이 지적한 것처럼 1만 시간을 꾸준히 투자하는 열정과 긍정 마인드를 가지고 있다면 그 분야의 챔피언이 될 수 있다. 김용 총재는 이 같은 진실을 실증적으로 보여준 인물이다.

김용은 44살인 2003년 동양 사람으로는 처음으로 '천재상'으로 불리는 맥아더 펠로상을 받았다. 이 상은 미국 맥아더재단이 수여하는 것으로 맥아더재단은 지난 1981년부터 창의적이고 미래 잠재력이 큰 인물을 골라 매년 20여 명에게 수여하고 있다. 상금은 50만 달러에 달한다.

맥아더재단은 "김용 박사가 다항생제 내성 결핵 치료를 위한 신규 모델을 만들어 페루 빈민촌과 러시아 환자수용소에서 큰 성공을 거뒀다"면서 "국제사회에 비전을 제시한 점을 높이 평가했다"고 선정 이유를 밝혔다.

맥아더재단은 펠로상 후보자 선정 과정에서 외부의 추천을 받지 않으며, 후보자 면접도 실시하지 않는다. 다른 사람의 추천을 받는 것이 중요한 것이 아니라 묵묵히 열정적으로 자신의 일을 하는 사람을 수상자로 선정하기 위해서다. 그만큼 객관성과 공정성을 높일 수 있다는 얘기가 된다. 낭중지추囊中之錐라고 하지 않던가. 뾰족한 송곳은 아무리 주머니 속에 꽁꽁 숨겨도 밖으로 드러나는 법이다. 맥아더재단은 김용 박사의 능력과 열정, 그리고 긍정적인 삶의 자세를 높이 평가했고, 김용 박사야말로 낭중지추 인물이라고 여겼던 것이다.

그는 2004년 세계보건기구WHO 에이즈 국장이 됐다. 그의 역할모델인 마틴 루터 킹 목사가 노예해방을 위해 싸웠듯이 그는 가난한 사람들을 위해 에이즈와 싸웠다. 그의 전공 분야를 살려 꾸준히 노력한 결과 전 세계 에이즈 예방을 담당하는 총책임자가 된 것이다. 당시 30만 명 수준이었던 개발도상국 에이즈 치료자 수를 130만 명으로 늘렸는데 사람들은 그를 가리켜 '에이즈 퇴치 전도사'라고 불렀을 정도였다. 사람들은 에이즈는 신이 인간에게 내린 천벌이라며 김용 박사가 헛수고를 하는 것 아니냐며 부정적인 시선으로 바라봤지만, 그는 결코 부정적으로 생각하지 않았다. 찾으면 열릴 것이고, 두드리면 반드시 구하게 될 것이라는 굳은 신념을 가지고 모든 것을 긍정적으로 해석했다.

긍정의 에너지를 퍼뜨려라

그는 긍정의 힘을 믿었고, 그 결과는 너무나 달콤했다. 김용 박사는 2004년 이 같은 공로를 인정받아 〈US뉴스&월드리포터〉가 선정한 미국 주요 지도자 25인에 선정됐고, 2005년에는 시사주간지 〈타임〉이 뽑은 세계를 변화시킨 200인에 이름을 올렸다. 모든 것이 동양인에게는, 그리고 한국인에게는 처음 주어지는 타이틀이었다. 그의 발자국 하나하나는 새로운 역사가 되었다. 그는 역사를 따라가는 사람이 아니라 역사를 새로 써내려가는 인물이다.

내가 부정적으로 생각하면 다른 사람들은 더욱 부정적으로 생각하게 되고 그 미션은 실패로 끝나고 만다. 부정의 바이러스는 나 자신을 망칠 뿐 아니라 친구나 동료, 조직에도 연쇄적으로 피해를 주게 된다. 개인과 조직이 모두 패배하게 된다.

하지만 긍정의 바이러스는 우리에게 힘과 에너지와 열정을 불어넣어 준다. '하면 될까'가 아니라 '하면 될 거야'로 생각하고, '그만두자'가 아니라 '한번 도전해보는 거야'라고 마음을 굳히면 어디선가 에너지가 샘 솟는 것을 느끼게 된다. 여러분의 동료나 친구 중에는 분명히 긍정적인 에너지를 퍼뜨리는 사람이 있을 것이다. 그들의 생각과 행동을 유심히 한번 지켜보라. 그리고 그들의 옆에서 같이 생활해보라. 무한한 정열과 에너지가 뿜어져 나오고 여러분 자신도 그 에너지에 전염되는 것을 느끼 게 될 것이다.

김용 박사는 자신의 모교인 하버드대 교수를 거쳐 2009년 50살의 나 이에 400대 1의 경쟁률을 뚫고 다트머스대학교의 제17대 총장이 되었 다. 204년의 역사를 자랑하는 다트머스대에서 역사상 첫 동양계 총장이 탄생한 것이다.

다트머스대학교는 아이비리그 대학 중의 하나이다. 미국의 아이비리그 대학은 총 8개 대학으로 미국 동부지역의 하버드Harvard, 예일Yale, 프린 스턴Princeton, 다트머스Dartmouth, 컬럼비아Columbia, 코넬Cornell, 펜실베 이니아Pennsylvania, 브라운Brown 등 8개 명문 사립대학을 일컫는 말이다.

미국의 대학 총장은 전통과 명예의 대명사이다. 대부분 WASP가 대 학 총장 자리를 꿰차 왔다. WASP는 미국 사회를 지배하는 백인 중에서 특히 잉글랜드 출신의 영국계, 신교도에 모두 해당하는 사람, 즉 'White Anglo-Saxon Protestant'의 약자이다.

앵글로 색슨계의 신교도 백인종이라는 의미를 갖고 있다. 1620년 영 국에서 102명의 청교도가 메이플라워호를 타고 북아메리카로 이주한 이후부터 1860년대까지 200여 년 동안 미국의 인종 구성은 청교도 이 주민인 WASP와 약 2~3만 년 전 베링해가 육지였을 때 이곳을 통해 아메리카로 건너온 북아메리카 원주민이 대부분이었다.

19세기 중반 남부전쟁이 발발한 이후 폴란드, 러시아, 이탈리아 등 중부 유럽과 동남부 유럽으로부터 온 이주민들이 급증하면서 초기 이주민의 자손들이 후발 이주자들과 분명하게 선을 긋기 위해 이때부터 자신들을 WASP라는 명칭으로 부르며 정통 미국인임을 자부했다. 실제 이들은 기업, 은행, 법률, 문화 등의 중심집단으로 자신들의 위치를 확고히 함으로써 다른 계층과의 구별을 확실히 했다.

매일 맞이하는 아침은 하늘이 준 은총

1929년 발생한 대공황 이후부터는 유대인 등 신흥세력이 미국 경제계를 장악했고, 가톨릭 신앙인^{케네디 대통령}, 아일랜드계 인물^{레이건 대통령}이 대통령에까지 오르기도 했다. 하지만 근본적으로 미국 사회는 WASP가 지배하는 나라이며, 이 같은 전통은 보수적이기로 유명한 대학교에서 더욱 그러하다.

하지만 다트머스대학교는 사상 처음으로 동양계, 그것도 한국계를 대학 수장으로 임명했다. 에드 핼드먼 다트머스대 재단 이사장은 선정 배경에 대해 "김용 총장이 배움과 혁신, 봉사 등의 이념을 스스로 실천한 이상적인 인물이라고 판단했다"고 설명했다. 보다 나은 세상을 만들 수 있다는 긍정의 힘, 오늘보다 더 좋은 사회를 창조할 수 있다는 긍정의 파워 이 같은 긍정 마인드가 김용 박사를 다트머스대 총장으로 만든 것이다. 그리고 아시아계 미국인 최초라는 명예는 다트머스대 총장에 이어 세계은행 총재로 이어지게 된다.

80평생을 살아가는 사람들의 마음자세는 2가지로 나뉜다. 하루하루를 소중히 여기며 '열정적'으로 생활하는 사람과 어제와 똑같이 무미건조하게 '대충' 삶을 이어가는 사람이 그것이다. 열정적인 사람은 자신의 목표를 정해놓고 땀 흘리며 매진한다. 허투루 시간을 낭비하지 않는다. 매일 맞이하는 아침을 하늘이 준 은총이라고 감사해하면서 하루하루를 열심히 산다.

반면 열정을 잃은 사람들의 생활은 무미건조하기 짝이 없다. 아침에 일어나 마지못해 회사에 출근하고, 학교에서 억지로 공부하고, 빨리 시간이 지나가버리기를 기다린다. 어제와 같은, 아니 어제보다 퇴보한 오늘을 살고 있고, 미래에 대한 목표나 비전도 없다.

여러분은 어떤 스타일인가. 오늘 하루를 어떻게 보내고 있는가. 미래 목표를 위해 한 발짝 한 발짝 다가서고 있는가. 열정적으로 삶을 살고 있는가, 아니면 대충 살아가고 있는가. 스스로에게 자문해봐야 할 일이다.

작은 일이라도 긍정적으로 하다 보면 깨달음이 온다

성공한 위인들 중에서 열정적이지 않은 사람은 없다. 우리 주위를 둘러봐도 남들보다 나은 삶을 살고 있는 사람들은 대부분 열정적이고 긍정적인 마인드를 가지고 있다는 공통점이 있다. 물론 부모에게서 많은 재산을 물려받아 풍족한 삶을 살고 있는 사람도 있고, 운이 좋아 사회적 지위가 높은 사람들도 있지만 이는 예외적인 경우에 불과하다. 또 자신이 달성한 성공과 행복이 아니라면 바닷가의 모래성처럼 하루아침에 무너져 내릴 가능성이 크다. 위대한 성공은 결과가 아니라 과정이 아름답기 때문이다. 그리고 성공에 이르는 과정에 반드시 포함되는 요소가 바로 '열정과 긍정'인 것이다.

김용 총재는 자신의 인생철학인 긍정의 힘에 대해 이렇게 지적하고 있다.

"작은 일을 헌신과 끈기, 긍정의 정신으로 하다 보면 중요한 깨달음이 온다."

짧은 촌평이지만 의미하는 바는 크다. 우리는 작은 일은 무시하거나 소홀히 하는 경우가 많다. 하지만 큰일大業은 작은 일들이 모여야지 가능한 것이고, 작은 일을 잘해야지 대업을 이룰 수 있다. 김용 총재는 작은 일에도 열과 성을 다했고, 도전하면 반드시 성공할 수 있을 것이라는 긍정의 자세로 평생을 살았다. 그가 발걸음을 움직일 때마다 '아시아계 최초, 한국계 최초'라는 수식어를 달고 사는 것은 바로 이 같은 긍정의 파워 때문이다.

김용 박사가 다트머스대 총장으로 임명되기 몇 달 전의 일이다. 다트머스대 총장선출위원회 위원들이 김용 박사에게 연락을 취했다.

"박사님, 다트머스대 총장님을 구하고 있습니다. 김 박사님께서도 공식 인터뷰에 응해주셨으면 합니다."

김용 박사는 깜짝 놀랐다. 다트머스대학교와는 어떤 관계도 없는데 총장후보로 선정되었고, 공식 인터뷰를 하자는 제안이었다.

아이비리그 대학총장이 된다는 것은 그야말로 '하늘의 별따기', '바늘구멍에 낙타 들어가기'에 견줄 정도로 지극히 힘든 일이었다. 아이비리그 총장 자리는 8개다. 총장의 평균 재임기간이 10년 이상 되는 점을 감안하면 총장 자리에 오를 기회는 거의 없는 것과 마찬가지다. 주위에서도 회의적인 반응을 보였다. 총장 후보군을 만들기 위해 형식적으로 들러리로 내세운 것이라는 이야기도 있었다. 긍정과 희망보다는 부정을 이야기하는 분위기가 팽배했다.

하지만 김용 박사는 1%의 가능성에 도전하기로 했다. 너무나 큰 자리이고 제대로 준비는 되어 있지 않지만 보건과 의료분야에서 헌신한 열정과 긍정의 마인드를 보여준다면 승산이 있다고 생각했다. 부정보다는 긍정을, 좌절보다는 도전을, 절망보다는 희망을, 실패보다는 승리의 가능성을 믿는 김용 박사로서는 당연한 결정이고 선택이었다. 지금까지 자신이 내디딘 발걸음이 '동양인 최초'가 된 것처럼 이번에도 새로운 역사를 만들 수 있다는 자신감과 오기가 솟아오르기 시작했다. 승부욕이 발동된 것이다. 그는 결코 희망의 끈을 놓지 않았다.

무엇인가 되기 위해 살지 마라

사람들은 삶을 마감할 때 많은 후회를 한다고 한다. 경제적으로 부유하지 못해서가 아니라, 권력과 명예를 가지지 못해서가 아니라, 많이 배우지 못해서가 아니라 기회가 찾아왔을 때 과감하게 도전하지 않은 것에 대해 가장 많이 후회를 한다고 한다. 사람들은 선천적으로 위험을 회피하고 남들과 같이 행동하고 움직이려는 본성을 가지고 있다. 그렇게 해야지만 편안함을 느낀다.

하지만 성공과 행복은 이 같은 생각을 가진 사람들의 접근을 거부한다. 도전하는 사람들에게만 성공의 문을 활짝 열어놓는 법이다. 사과나무 아래에서 사과가 떨어지기를 기다리며 나무 아래 누워서 입을 벌리는 것은 바보 같은 짓이다. 기다린다고 해서 사과를 얻을 수 있는 것이 아니다. 일어나서 사과나무에 올라가거나 최소한 사과나무를 흔들어야 한다.

인생의 패배자는 바람이 불면 돛을 거두고 안전한 항구로 피신한다. 반면 인생의 승리자는 바람이 불면 돛을 올리고 바람을 친구 삼아 항해를 시작한다. 인생의 패배자는 관객석으로 자꾸 내려가려고 하지만, 인생의 승리자는 무대 위로 올라가서 멋진 연극을 펼치려고 한다. 패배자는 성공도 휴지조각처럼 내팽개치지만, 승리자는 실패를 거울삼아 다시 도전한다.

김용 박사는 같은 지역 출신 선배의 조언에 힘입어 밧줄을 풀고 또다시 새로운 항해에 나서기로 했다. 드디어 김용 박사는 다트머스대 총장선출위원회 앞에 섰다. 총장 자리 1개에 400여 명의 경쟁자들이 달려들었다. 아이비리그 총장 출신도 있었고, 노벨상 수상자도 있었고, 미국 정부 고위관료 출신도 있었다. 모두가 쟁쟁한 인물들이었다. 베스트 중에 베스트best of the best를 뽑는 중요한 인터뷰 자리였다. 긴장감이 감돌았다.

위원회 위원들의 표정도 굳어 있었고, 김용 박사도 호흡이 빨라졌다. 어색한 침묵을 깨고 위원들이 질문을 던졌다.

"총장이 되면 어떻게 학교 경영을 하실 건가요?"

예상된 질문이었다. 김용 박사는 장밋빛 청사진을 제시하기보다는 실현 가능성 있는 구체적인 계획들을 차분하게 설명해 나갔다. 김용 박사의 답변은 이러했다.

"저는 인생을 살아오면서 뭔가가 되기 위해서 살아온 것이 아닙니다.

목표를 정해 열심히 노력하다 보니 어느새 뭔가가 되어 있었습니다. 저는 평생 의료혜택을 제공하고, 약값을 낮추고, 어려운 사람들을 돕는 일을 해왔습니다. 다트머스대 총장도 이처럼 세상에 도움이 되는 역할을 해야 한다고 생각합니다."

그의 대답은 간결하고, 꾸밈이 없었다. 자신이 과거에 어떠한 요직을 거쳤고, 어떤 직함과 명함을 가졌는지에 대해서는 애써 강조하지 않았다. 과거는 과거일 뿐이다. 대신 "위원회 위원 여러분들이 저에게 총장 일을 주신다면 앞으로 이렇게 하겠습니다" 등과 같이 앞으로의 비전과 청사진을 제시했다. 중요한 것은 어제가 아니라 내일이기 때문이다. 달성 가능성이 희박해 공염불로 끝나는 계획이 아니라 실천 가능성이 높은 구체적인 계획을 제시했다.

무엇보다 위원회 위원들의 마음을 움직인 것은 김용 박사의 인생에서 배어 나오는 열정과 희망, 그리고 과정을 중시하는 철학이었다. 많은 후보자들은 자신이 어떤 대학을 나왔고, 어떤 자리를 차지했고, 어떤 요직을 거쳤는지에 초점을 맞추었다. 다른 학교의 학장, 부총장, 총장을 거쳤으니 '내가 적임자'라는 식이었다. 하지만 김용 박사는 달랐고 이 같은 말을 남겼다.

"위원회 위원들은 후보자들이 어떤 자리를 거쳐 온 사람인가를 찾기보다는, 세상에서 어떤 일을 할 수 있는 인물인지를 눈여겨봤던 것 같습니다."

언제나 희망을 이야기하는 사람

이는 김용 총장이 방황하는 한국의 젊은이와 청년들에게 보내는 중요한 메시지이기도 하다. 직장생활을 하다 보면 자기 자신이 명문대 출신이라든가, 누구누구의 친척이라든가, 해외 유학파 출신이라든가, 집이 부유하다든가 등과 같이 겉으로 보이는 위치를 자랑하는 사람들이 많다.

하지만 진정으로 직장이나 조직에서 인정받고 평가받는 사람은 열정으로 똘똘 뭉쳐있고, 긍정과 희망을 이야기하는 사람들이다. 과거의 업적에 함몰된 사람들은 더 이상 발전하려는 노력을 하지 않지만, 비록 시작은 미미했지만 언제나 희망을 이야기하는 사람들은 더 큰 결과물을 창출해낸다.

대기업 인사담당 임원들을 만나보면 하나같이 하는 이야기가 몇 개의 스펙을 더 가지고 있는 청년들보다는 뚜렷한 비전과 열정, 도전정신을 가지고 있는 사람들을 더 선호한다고 한다. 전문가들은 이 같은 미묘한 차이를 구별해내는 능력이 있다고 한다. 현실이 고달프고 힘들다고 땅바닥에 주저앉아서 한탄하거나 우는 것이 아니라 환하게 웃으며 희망의 노래를 불러야 하는 이유가 여기에 있다.

1991년 일본 혼슈本州의 최북단에 있는 아오모리현青森縣에서 이런 일이 있었다. 일본 사과 생산량의 51%를 차지할 정도로 사과 생산지로 유명하다. 그해 아오모리현은 계속되는 악천후와 태풍으로 현의 사과가 90% 떨어져버려 사과농사를 완전히 망치고 말았다. 가계 소득의 대부분을 사과생산에 의존하고 있었던 사람들은 망연자실한 채 하늘만 쳐다보고 있었다. 모든 사람이 슬픔과 비탄에 잠겨 있을 때 한 사람이 기발한 아이디어를 창조해냈다. 그는 현의 사람들에게 이렇게 말했다.

"90%의 사과는 떨어져 제값을 받을 수 없지만 나머지 10%는 태풍에도 불구하고 여전히 사과나무에 달려 있습니다. 10%의 사과를 '떨어지지 않는 사과'라는 이름을 붙여 학교 수험생들에게 팔도록 합시다. 입학시험에 떨어지지 않으려고 공부하려는 학생과 학부모들로부터 인기를 끌 수도 있을 겁니다."

절망의 늪에서 희망을 이끌어 낸 이 사람의 아이디어는 놀라운 마력을 발휘했다. 일반 사과가격의 10배 이상 비쌌지만 학부모들은 아오모리현 사과를 주문해 수험생 자녀들에게 먹였다. 10%의 사과는 그야말로 날개돋친 듯이 팔려나갔고 태풍으로 막대한 피해를 입은 아오모리현에 상상을 초월하는 경제적인 효과를 가져다주었다.

대부분의 사람들이 땅바닥에 떨어진 90%의 절망을 보고 있을 때, 홀연히 떨어지지 않은 10%의 희망을 바라보는 긍정적인 자세. 이것이야말로 성공한 삶과 실패한 삶을 가름하는 중요한 열쇠가 된다.

김용 총재는 '아오모리 사과'처럼 희망을 안고 살아가라고 한다. 절대 편안한 현실에 안주해서는 안 된다. 푹신한 소파에 몸을 내던져서는 안 된다고 한다. 미래에 초점을 맞추고 지금 당장 '도전'이라고 외쳐야 한다.

당신이 화가라면 텅 빈 캔버스는 "넌 할 수 없어!"라는 패배주의를 깨부수는 열정적이고 진지한 화가를 두려워한다. 당신이 산악인이라면 높은 산은 "넌 안 돼!"라는 냉소주의를 뛰어넘는 도전적인 산악인을 무서워한다. 당신이 항해사라면 넓은 바다는 "이쯤에서 포기하지"라는 열등

감을 깨부수는 진취적이고 용감한 항해사에게 바닷길을 열어준다. 여러
분은 어떤 화가, 어떤 산악인, 그리고 어떤 항해사인가.

13

벙어리처럼 침묵하고
임금처럼 말하라

:::

소통과 경청

사병들은 영광과 전리품을 자기들과 나누는 장군이 아니라
고생과 위험을 같이한 장군을 따른다.
자기들의 해이한 행동을 눈두지 않고,
수고를 같이하기를 서슴지 않는 장군을 존경한다.
– 플루타르크 《영웅전》 중에서

"총장님, 춤 좀 추셔야겠습니다. 제4회 가스펠 행사에 총장님께서 출연해서 저희들과 같이 춤추고 노래했으면 합니다."

다트머스대학교 가스펠 합창단장이 김용 총장에게 느닷없이 이런 요청을 했다. 김 총장은 처음에는 합창단장의 제안에 당황했지만, 격의 없이 자신을 행사에 초대하려는 합창단장의 제안이 고마웠다. 모든 학생들이 참여하는 행사인 만큼 학생들과의 소통에도 큰 도움이 될 것이라고 생각했다. 학생의 놀이문화를 이해하고, 같이 춤추고 노래하다 보면 더욱 가까워질 수 있는 좋은 기회라고 판단했다.

"단장님, 저도 행사의 일원이 된다면 오히려 제가 큰 영광이겠습니다. 참여하겠습니다."

2011년 3월 다트머스대학교가 주최하는 제4회 '다트머스 아이돌 쇼 Dartmouth Idol Show'에 김용 총장은 전격 출연했다. 다트머스 아이돌 쇼는 매년 열리는 다트머스대학 가요제이다. 노래 잘하고, 춤 잘 추고, 열정과 에너지를 발산하는 젊은이들의 축제였다.

김용 총장은 가스펠 합창단과 함께 가요제 결승전 축하무대에 올랐다. 여기저기서 웅성거리는 소리가 들렸다.

"저기 저 아저씨는 누구야?"

"웬 아저씨가 선글라스를 끼고 무대에 올랐지?"

김용 총장이 선글라스를 벗자 교수와 학생들은 깜짝 놀랐다. 최고의 권위와 위엄을 자랑하는 총장이 무대 위에서 괴상한 복장을 하고 서 있는 것이 아닌가. 사방에서 김용 총장에게 응원의 박수를 보내고 함성을 질렀다. 김용 총장은 조금은 멋쩍었지만 청중들에게 손을 들어 인사를 했다.

우스꽝스러운 광대가 되다

김용 총장은 은박이 새겨진 하얀 재킷을 입었고, 종이 안경을 꼈고, 손목에는 빛이 나오는 야광 고리를 착용했다. 하얀 중절모를 썼고, 하얀 재킷 안에는 검은 티를 입었고, 검은 장갑을 끼었다. 나이를 떨쳐버리고, 총장이라는 권위도 던져버리고 김 총장은 학생들과 함께 어울려서 노래를 부르고, 춤을 췄다. 하얀 옷을 입고 율동을 취하는 학생들을 따라서 틀리지 않으려고 애쓰며 같은 동작을 취했다. 김용 총장은 인기그룹 '블랙 아이드 피스The Black Eyed Peas'의 멤버인 윌 아이 엠will. I. am처럼 하얀색 가죽 재킷에 형광색 팔찌를 끼고, 영화 '더티 댄싱Dirth Dancing'의 OST 주제가인 '타임 오브 마이 라이프Time of My Life'에 맞춰 랩을 하고 춤을 췄다.

학생들은 김용 총장이 보여주는 형식파괴와 학생들과 소통하려는 노력에 아낌없는 박수를 보내고 환호성을 질렀다. 학생들은 자신들과 함께 랩을 하고, 노래를 하고, 춤을 추고, 호흡을 같이하는 총장을 이전에는 보지 못했는데, 그야말로 신선한 충격이었다. 조명이 꺼지면 야광 원형고리만 보였고, 조명이 다시 들어오면 춤추고 노래하는 김용 총장과 학생들의 모습이 나타났다.

김용 총장은 열정적인 무대에 올라서기로 결심하게 된 것에 대해 이렇게 말한다.

"학생들과 소통하고 함께 어울릴 수 있는 기회였지요. 이를 통해 음악과 예술이 중요하다는 것을 알게 되었어요. 출연하기로 마음을 먹고서는 '대충하지 않고 열심히 연습하겠다'고 마음속으로 맹세했습니다. 한 달 동안 보이스voice 코치를 찾아가 5회가량 연습을 했습니다. 저는 노래를 잘하는 편이 아니었지만 보이스 코치를 통해 노래하는 방법에 대해 배웠어요. 지금도 여전히 노래는 젬병이지만, 실력은 이전보다 훨씬 나아졌어요."

보이스 코치는 학생들에게 조금이라도 더 가까이 다가가려는 김용 총장의 열정과 집념에 놀랐다. 총장으로서 공식 행사도 많고 접견해야 하는 외부인사도 많았지만 김용 총장은 자투리 시간을 내어 노래와 춤 연습을 했다. 배우는 사람이 열심히 배우려고 하면, 가르치는 사람도 덩달아 신이 나는 법이다.

소통하고, 공감하고, 이해하라

보이스 코치와 김용 총장은 그렇게 하나가 되어 학생들과 소통하기 위해 노력했다. 다트머스대학교 아이돌 쇼는 문화행사를 증진하기 위해 마련된 것으로 학교의 모든 학생이 참여한다. 김용 총장과 학생들은 다트머스대 안에 있는 홉킨스센터예술센터에서 그렇게 소통하고, 공감하고, 서로를 이해했다. 김용 총장에게 있어 아이돌 쇼는 문화행사일 뿐 아니라 학생들과 대화하는 '소통의 공간'이었다.

소통은 단순하게 상대방과 대화를 잘하는 것에 그치지 않는다. 상대방의 주장과 논리를 인정하고, 마음을 열고 상대방의 의견을 들어주는 것이다. 갈수록 경쟁의 희생양이 되고 있는 현대인들은 소통을 하지 않으려고 한다. 자신의 주장만 일방적으로 전달하려 하고, 남의 말을 들으려고 하지 않는다. 회사 상사는 부하 직원이 자신과 다른 의견을 내면 건방지다고 화를 내고, 대화가 없는 부부들이 이혼서류에 도장을 찍고, 학생들 사이에서는 왕따가 자주 벌어지고 있다. 모두가 가슴과 귀를 꽉 틀어막고 다른 사람들의 생각이나 주장은 받아들이려고 하지 않는다.

젊고 에너지로 충만할 때, 명예와 부를 거머쥐고 있을 때, 높은 지위를 차지하고 있을 때 우리는 세상에 두려울 것이 없다는 자만심에 빠져 남들의 의견이나 말을 들으려고 하지 않는다. 귀를 닫아버리고 소통을 하지 않으려고 한다. 사회적 지위가 높을수록, 재산이 많을수록, 학력이 높을수록 이 같은 경향은 더욱 심해진다. 자신의 생각과 주장이 유일한 진리라고 착각하는 사람들의 말로末路는 대부분 비참한 비극으로 끝난다. 그들의 주위에는 친구가 없고, 따뜻한 말 한마디 건네는 동료가 없다. 소통부재로 평생을 살아온 사람들은 결국 쓸쓸하게 인생을 마감하고 만다.

여러분은 부모님과 자녀들과, 친구들과, 직장 동료들과, 직장 상사와 얼마나 가슴을 열고 대화하고 소통하고 있는가. 나의 신념이나 가치관과 다르다고 해서 마음의 문을 꽁꽁 닫아버리고 소통을 하지 않는 것은 아닌가.

옛날 고대 로마가 1000년이라는 긴 세월 동안 세계를 지배할 수 있었던 배경에는 식민지 국가들의 제도와 문화를 이해하고 존중하는 소통이 있었다. 나와 다른 것은 '적敵'이라고 오기를 부리는 것이 아니라 상대방과 더불어 살아가려는 노력이 결국 강성한 제국을 지탱하는 버팀목이 되었던 것이다.

고대 로마인은 많은 신神을 믿는 다신교 민족이었다. 부부싸움을 관할하는 여신도 있었는데 그 여신의 이름은 '비리프라카'였다. 비리프라카 여신은 부부싸움으로 이혼하려는 사람들을 화해시키고 다시 화목하게 살도록 도와주는 임무를 수행한다. 재미있는 것은 비리프라카 여신이 별다르게 하는 일 없이 부부들을 화해시킨다는 점이다. 비리프라카 여신을 모신 신전에서는 지켜야 할 규칙이 하나 있다. 차례대로 남편과 아내가 한 사람씩 여신에게 자신의 처지를 이야기해야 한다. 두 사람이 동시에 말을 해서는 안 된다. 남편이 이야기를 끝내고 나면 아내가 말을 하는 식이다.

비리프라카 여신은 담담하게 두 사람의 이야기를 들을 뿐이다. 이렇게 되면 어느 한쪽이 자신의 처지를 호소하는 동안 다른 한쪽은 남의 이야기를 들을 수밖에 없다. 이야기를 잠자코 듣고 있는 시간이 길면 길수록 상대방의 입장과 처지를 이해하고 동정하는 마음이 생기게 된다. 처음에는 이해하지 못했던 상대방의 주장에도 일리가 있다는 것을 깨닫게 된다. 평소에는 대화를 하지 않아 몰랐던 부분들을 알게 되면서 상대방의 입장을 이해할 수 있게 된다. 닫혔던 마음의 문이 조금씩 열리는 것이다.

이처럼 서로 상대방의 말을 듣고, 소통하게 되면 자연스럽게 오해도 풀리고, 응어리졌던 섭섭했던 마음도 사라지게 된다. 갈라서기로 마음먹었던 부부가 상대방의 이야기를 듣고 소통하게 되면서 이혼하기로 했던 마음을 거두게 된다. 이것이 바로 소통의 힘이고, 대화의 파워이다.

상대방에게 먼저 손을 내밀어라

김용 총장은 소통에 대해 이렇게 설명한다.

"학생들과 어울리기 위해 하얀색 가죽 재킷을 입었습니다. 대학교수 한 분과 상의해서 소품을 골랐지요. 대충대충 하는 모습을 학생들에게 보일 수는 없잖아요. 노래도 배우고, 안무도 배우고, 댄스도 배우고 힘든 시간이었지만 보람 있는 시간이기도 했습니다. 이를 통해 한 가지만 공부하는 것보다는 음악이나 체육이나 예술이나 다양한 활동을 하는 것이 좋다는 생각을 더욱 굳히게 되었지요. 총장 일을 하면서 학생들과 이렇게 소통하고 어울리는 것이 너무나 즐겁고 행복합니다."

다트머스대학교는 대학을 졸업한 선배들을 학교로 초청해 정기적으로 만찬을 갖는다. 2009년 김용 박사가 다트머스대 총장으로 임명되자 선배들도 크게 놀랐다. 1940년대와 50년대에 대학을 다닌 사람들로 70~90세의 노인들이 대부분이다. 이들이 대학에 다닐 때에는 유색인종은 거의 없었고, 특히 동양인은 캠퍼스에서 눈을 씻고 봐도 찾을 수 없었다. 당시만 해도 백인들만이 대학교육을 받았고, 심지어 오늘날 글로벌 경제와 금융을 움직이는 유대인들도 대학에서 찾기가 힘들었다. 그 당시 미국 대학은 그야말로 '미국용用'이었다. 이 같은 환경에서 대학교육을 받은 노인들에게 한국계 인물이 다트머스대 총장으로 지명되었다는 소식은 그야말로 빅 뉴스였다.

"나 한국에 가봤어요."

"한국식당에 가본 적이 있어요."

"김치랑 불고기 좋아해요."

연례만찬에 참석한 고령의 졸업자들은 김 총장을 만날 때마다 예의상 이렇게 인사를 건넸다. 역대 미국인 총장을 대하는 그들의 마음은 한없이 편했지만, 김용 총장을 대하는 그들의 마음은 그렇게 편하지 않았던 것이다. 이에 대해 김용 총장은 이렇게 말했다.

"연세가 지긋한 동문들을 만나는데 때로는 그들이 나를 불편해하는 것을 느낄 수 있습니다. 저에게 그냥 형식적인 인사를 건넬 때도 많지요. 하지만 저는 다른 방향에서 그들을 이해하려고 노력합니다. 그들이 그런 말을 하는 것은 그들이 나를 좋아하고, 나와 어떤 연결고리를 만들고자 하는 것이라고 생각합니다. 이런 자리를 통해 그들과 소통하다 보면 조금씩 마음의 벽이 허물어지고 서로를 이해할 수 있는 계기가 될 것이라고 확신합니다."

전통과 권위를 중시하는 고령자들에게 김용 총장은 분명 다가서기 어렵고, 껄끄러운 존재임이 틀림없다. 하지만 김용 총장은 그들에게 먼저 손을 내밀었고 그들의 생각을 이해하려고 애썼다. 소통하려는 진정성이 전해진다면 고령자들을 자신의 친구로 만들 수 있을 것이라고 확신했다. 김용 총장은 세대와 시간을 뛰어넘어 청년들과 춤을 췄고, 고령자들과 소통에 나섰던 것이다.

'나의 생각만 옳다'는 아집에서 벗어나라

소통을 잘하는 개인이나 기업이 성공의 사다리를 더 빨리 올라간다는 말은 사실이다. 활발한 대화와 토론을 통해 문제점을 파악하고 문제해결을 위한 모범답안을 만들어낼 수 있기 때문이다. 소통에 나서지 않는 개인이나 기업은 자기주장만 옳다고 우기다가 혼란과 분열을 초래해 결국 공멸하고 만다.

여러분의 주위를 한번 둘러보라. 고개가 끄덕여지는 대목일 것이다. 성공적인 삶을 살아가는데 소통이 충분조건은 아닐지라도 필요조건이라는 사실을 명심해야 한다. 남의 말은 틀리고, 나의 말만 옳다고 생각하는 아집에서 벗어나야 한다. 특히 배움의 과정에 있는 젊은이들은 편협한 사고방식을 버리고, 열린 마음으로 다른 사람의 의견을 수용할 수 있는 큰 귀를 가져야 한다. 다른 사람의 생각은 '틀리다'고 여겨서는 안 되고, 나와 '다르다'고 여겨야 한다. 김용 총재가 젊은이들에게 보내는 또 하나의 성공 메시지이다.

다른 사람과 소통을 잘하기 위해서는 우선 다른 사람들의 말을 잘 들어야 한다. 바로 '경청'이다. 그럼 김용 총재는 어떻게 남의 말에 귀를 기울이고 경청하는 것일까.

세계은행^{WB} 총재 지명을 앞두고 2012년 4월 5일 김용 박사는 브라질을 방문해 기도 만테가 브라질 재무장관을 만났다.

"장관님, 브라질을 비롯해 개발도상국^{개도국} 발전을 위해 최선을 다하겠습니다. 일각에서는 개도국에서 신임 총재가 나와야 한다는 목소리가 큰 것으로 알고 있습니다. 하지만 저의 경험과 열정으로 세계은행을 개혁하고 변화시키겠습니다. 저를 지지해 주십시오."

김용 박사는 겸손하게 허리를 낮추어 만테가 재무장관에게 지지를 호소했다. 브라질 정부는 세계은행 총재 자리를 이번에는 미국이 지명하는 인물이 아니라 개도국 출신 인물이 맡아야 한다고 주장하고 있었다. 당시 김용 박사는 나이지리아의 응고지 오콩조 아이월라 재무장관, 호세 안토니오 오캄포 전前 콜롬비아 재무장관과 세계은행 총재 자리를 놓고 경합을 벌이고 있었다.

통상 미국이 지명하는 인물이 세계은행 총재가 되는 것이 관례였기 때문에 김용 박사가 세계은행 총재가 되는 것은 속된 말로 '따 논 당상'이었지만, 김용 박사는 브라질을 방문해 개도국의 목소리를 듣고, 경청하는 모습을 보였다. 미국을 등에 업고 개도국 입장을 무시하거나 홀대하는 것은 그의 천성에 맞지 않았다. 그는 열린 마음으로 겸허하게 다른 사람들의 의견과 견해를 들었던 것이다. 비록 자신과 의견을 달리하고, 경우에 따라서는 자신의 입장을 반대하는 사람들일지라도 그들을 직접 만나 의견을 들어야 한다고 생각했다. 이른바 '경청의 리더십'이다.

생각을 유연하게 하라

미국이 주도하는 세계은행 체제에 브라질은 못마땅해하고 있었다. 김용 박사가 보인 경청의 리더십이 통한 것이었을까. 기도 만테가 브라질 재무장관은 브라질리아에서 김용 박사를 만나고 나서 확실한 지지의사를 표명하지는 않았지만, "오바마 미국 대통령의 훌륭한 선택이었다"고 평가했다. 이전 브라질 정부가 내보인 반응과 비교하면 변화가 감지됐다. 김용 박사가 결국 세계은행 총재로 임명된 것은 이처럼 약자의 편에서 그들의 입장과 견해를 이해하려는 경청의 마음가짐이 있었기에 가능했다. 자신을 더욱 낮추는 경청과 겸손의 자세가 다른 사람들의 마음까지도 감동시키는 것이다.

　김용 총재는 브라질에 앞서 한국을 방문했을 때에도 경청하는 모습을 보여주었다. 김용 총장은 2012년 4월 1일 일요일 오후 4시 30분쯤 인천 공항에 도착했다. 김 총장이 첫 모습을 드러낸 인천공항 입국 심사대에서부터 숙소인 서울 소공동 롯데호텔까지 1시간 동안 이동 과정은 마치 007 첩보영화를 방불케 했다. 김 총장은 세계은행 총재 지명을 앞둔 민감한 시기인 만큼 취재진들의 질문에 아무런 대답을 하지 않았고, 김 총장을 처음부터 경호한 미국 대사관 직원들은 취재진을 철저하게 따돌렸다.

　한국계 미국인이 세계은행 총재가 된다는 사실에 국내 방송과 신문사들은 뜨거운 취재경쟁을 벌였다. 취재진들이 토해내는 질문에 김용 총장은 "나중에 말씀 드리겠습니다. 이렇게 와 주셔서 감사드립니다"라고 짧게 대답한 뒤 미리 대기 중이던 주한 미국 대사관 직원 3명과 함께 수속 절차를 밟고 입국 심사대를 빠져나갔다. 당초 E구역으로 나오기로 예정돼 있었지만 F구역으로 나와 검은색 밴을 타고 롯데호텔로 향했다. 그는 철저하게 자신을 낮추며 외부 언론과의 노출을 피했다. 이명박 대통령을 접견했을 때에는 허리가 거의 90도 꺾어질 정도로 자신을 낮추었고, 방문기간 동안 자신의 말을 많이 하기보다는 상대방의 의견을 듣는데 집중했다.

　그는 청와대 방명록에 '이곳에 오게 되어 큰 영광입니다.It is my greatest honor to be here'라고 썼고 한글로 '김용'이라고 자신의 이름 두 자를 적었다. 다섯 살 때 한국을 떠났던 그를 맞는 모국의 환영과 관심에 그는 깊은 감사의 말을 전했다. 이 대통령과의 환담은 40분간 영어로 진행됐고 전문 통역사들이 통역을 맡았다. 중간 중간 김용 총장은 이 대통령의 말에 한국말로 "맞습니다"라며 맞장구를 쳤다. 하지만 자신의 견해와 의견을 이야기할 때에는 강하고 조리 있게 말했다.

김용 총재는 바로 이어 서울 소공동 롯데호텔에서 박재완 기획재정부 장관을 만나 한국 정부의 지지와 응원을 부탁했다. 그리고 전 세계가 주목하고 있는 한국의 경제성장 모델을 세계은행과 개도국 발전에 적용하겠다는 뜻도 밝혔다.

"세계은행 총재가 되면 한국의 성장경험을 토대로 사람에 대한 투자가 개발도상국 개발의 핵심이라는 생각으로 일하겠습니다. 저는 의료분야에서 개발도상국의 의견을 들으면서 지금까지 일을 해왔고, 앞으로도 반드시 이 같은 방법을 계속 하겠습니다. 제가 한국계 미국인이라는 것보다는 경험을 보고 지지해 주시기 바랍니다."

김용 총재는 한국을 비롯해 아프리카의 에티오피아, 중국, 일본, 인도, 브라질, 멕시코, 등을 잇달아 방문하며 이른바 '경청 투어'를 진행했다. 이들 국가의 재무장관들은 미국이 지명한 후보자이지만 직접 자신들을 찾아오는 김용 총재에게서 깊은 인상을 받았다.

박재완 장관은 기자들에게 김용 총장에 대해 이렇게 평가했다.

"남의 이야기를 잘 듣는 분이다. 자신의 고집보다는 개별 개발도상국 실정에 맞는 창의적이고 유연한 방법을 세계은행에 적용하려고 한다. 그는 겸손하고 해박하고 열정으로 똘똘 뭉쳐있고 무엇보다 생각이 상당히 유연하다. 오바마 미국 대통령이 인물을 정말 잘 고른 것 같다."

지도자는 많은 질문을 던져야 한다

김용 총장은 경청 투어를 진행하면서 자신의 본모습을 세계에 알렸다. 그가 경청 투어에서 했던 말과 행동은 전 세계 언론을 통해 세상 사람들에게 알려졌다. 그는 경청 투어 중에 상대방 경쟁후보 2명에 대해서는 절대 언급을 하지 않았다. 비아냥거리지도 않았고, 자질이 없다고 헐뜯지도 않았고, 그들의 생각을 비판하지도 않았다. 오직 자신의 생각과 계획을 겸손하게 경청 투어 대상이었던 국가들에 전했고, 그들의 목소리를 귀를 활짝 열고 들었을 뿐이었다. 동양사상이 강조하는 경청과 소통, 그리고 겸손이라는 덕목을 세상 사람들에게 보여주었던 것이다.

마키아벨리도 《군주론》에서 경청의 기술에 대해 이렇게 적고 있지 않은가.

"지도자는 되도록 많은 질문을 던져야 하고, 자기가 물은 상황에 대해서는 아랫사람이 보고하는 사실을 참을성 있게 들어주어야만 한다. 그리고 아랫사람이 사실을 사실대로 말하지 않으면 화를 내야 한다."

지도자는 다른 사람, 특히 나보다 아랫사람의 주장을 끝까지 들어주는 경청의 노하우를 몸에 익혀야 한다는 것이다.

미국 대학은 매년 가을이면 홈 커밍home coming 파티를 연다. 전교 학생이 다 같이 모여 소속 학교의 풋볼팀을 응원하는 이벤트이다. 원래 기원은 자신의 홈팀을 응원하기 위해서 다른 지역 대학교로 진학했던 여학생들이 집으로 돌아오는 것을 환영하기 위한 목적에서 시작되었다고 한다. 거의 일주일 동안 학교를 대표하는 킹카, 퀸카와 함께 하는 행사가 마련되는 등 다양한 이벤트로 채워진다. 풋볼 빅매치는 가족, 친구들 그리고 졸업생들이 모두 모여 응원할 수 있도록 토요일에 열린다. 풋볼 게임이 끝나면 대학교에서 가족모임이나 지역행사가 열린다.

김용 총장은 다트머스대 홈 커밍 파티가 열리면 어김없이 학생들과 자리를 함께 했다. 장작나무를 쌓아 캠프파이어camp fire를 만들고, 학생들과 어깨동무를 하고, 같이 뛰고 웃고 즐긴다. 총장과 학생의 구분이 없고, 구세대와 신세대의 차이도 없다. 재학생과 졸업생들의 문화를 이해하기 위해서는 그들과 호흡을 같이 하고 어울릴 수밖에 없다고 생각했기 때문이다. 특히 보수적인 고령의 졸업생들은 역대 총장들이 홈 커밍 파티에서 이렇게 학생들과 어울리는 것을 보지 못했기 때문에 깜짝 놀라면서도 신선하다는 반응을 보인다. 그리고 재학생, 졸업생들과 같이 소통하고 의견을 들으려는 김용 총장의 마음 씀씀이에 고마움을 표한다.

이에 대해 김용 총장은 이렇게 말한다.

"저는 이곳의 문화를 빨리 익히려고 노력했습니다. 다트머스대 졸업생들은 저를 만날 때마다 학생들과 캠프파이어 주위를 뛰어다니며 어울린 총장은 제가 처음이라고 하더군요. 여기 사람들은 제가 다트머스대학교 문화와 정신을 배우기 위해 노력하는 것을 높이 평가했습니다. 이것이 바로 소통이고 경청이 아닐까요."

사회적 지위가 높은 사람, 재산을 많이 가지고 있는 사람, 배운 것이 많은 사람, 권력을 쥐고 있는 사람이 눈높이를 낮춰 다른 사람들의 입장을 이해하고 그들의 목소리에 귀를 기울일 때 세상 사람들은 그들을 더욱 존경하게 된다. 고대 그리스의 철학자 아리스토텔레스도 "남을 따르는 법을 알지 못하는 사람은 좋은 지도자가 될 수 없다"고 세상 사람들에게 설파하지 않았는가. 김용 총재도 만나는 사람의 신분과 나이에 맞춰 자신을 낮추고 귀를 연다. 그의 경청, 소통, 그리고 겸손한 태도는 '부드러운 것이 강한 것을 이긴다'라는 인생철학을 우리들에게 일깨워준다.

14

책과 공부는
거지를 왕으로 만든다
:
책과 공부

절망의 늪에 빠져 있던 젊은 시절,
나를 성공으로 이끈 것은 배움이었다.
시련과 실패 속에서 더 크게 성공하는 비결은 배움형 인간이 되는 것이다.
성공에서도 배우고 실패에서도 배워야 한다는 메시지를
젊은 친구들에게 전해주고 싶다.
배움을 멈추지 않는다면 내 가능성도 끝이 없기 때문이다.
성공하고 싶다면 배움형 인간으로 변신하라.
– 대교그룹 회장 **강영중**

김용 총재는 독서광이다. 바쁜 일정 속에서도 틈만 나면 책을 펴 든다. 그는 전문분야 서적과 함께 젊은이들이 꼭 읽어야 할 책으로 동서양 고전古典과 인문서적을 꼽는다. 이전에는 자신의 전공분야나 관심 있는 분야만 열심히 공부하면 석사가 되고, 박사가 되고, 전문가 취급을 받았지만 학문 영역이 다양화되면서 다방면에 걸쳐 지식과 교양을 겸비해야 한다고 강조한다.

김용 총재 자신도 아버지의 권유대로 실용적인 학문인 의학을 공부했고, 어머니의 조언대로 인문학과 철학도 함께 공부했다. 김용 총장을 만나는 사람들마다 그의 박학다식한 교양에 칭찬을 아끼지 않는데 이는 젊어서부터 인문서적과 고전을 많이 읽었기 때문이다. 한국의 일부 대학은 학생들이 관심을 보이지 않는다는 이유로 인문강좌를 없애고 있는데 참으로 안타까운 일이다. 김 총재는 인문학에 대해 이렇게 설명한다.

"어머니께서는 철학자였습니다. 조선시대 이황 퇴계에 대해 연구를 하셨죠. 저에게 고대는 물론 현대의 위대한 철학자들을 소개해 주셨어요. 그래서 저는 사고영역이 넓고, 지엽말단적인 문제에 매달리지 않고 커다란 문제들을 깊이 고민할 수 있었습니다."

실용과 인문교양을 함께 공부하라

김 총재가 인문서적과 고전을 가까이 하게 된 것은 어머니의 영향이 컸다. 서재에서 책을 읽는 어머니의 모습이 아름답기도 했거니와 어머니는 항상 어린 아들에게 생각의 폭을 넓힐 수 있는 고전과 인문서적을 추천해주었다.

"저는 실용적인 학문을 한 의사 아버지와 철학을 공부한 인문교양이 풍부한 어머니에게서 많은 것을 보고 배웠습니다. 저의 사고의 틀을 형성하는데 있어 완벽한 조합Perfect Combination이었습니다. 저는 실용과 교양을 겸비한 부모님 밑에서 공부를 했고, 부모님이 든든한 지지자 역할을 해주셨고, 아이비리그인 브라운대학교에 들어가는 행운을 얻었고, 하버드 의대 박사학위를 받는 영광까지 얻었습니다. 이러한 모든 일이 저에게는 순수한 행운이었습니다."

김용 총재의 조언은 입시공부에 매달려 교과서만 냅다 파는 한국 학생과 젊은이들에게 큰 울림으로 다가온다. 한국 학생들은 영어 단어 하나, 수학 공식 한 개 더 외우는 데는 암기 기계가 되었지만 소크라테스와 플라톤을 논하고, 심오한 동양철학의 맛을 이해하는 데에는 젬병이다. 사실 교양서적 한 권 읽을 시간도 없는 것이 현실이다.

"특정 분야에만 집중하지 마세요. 너무 일찍 자신이 공부해야 하는 분야를 좁혀서 특정 주제에만 매몰되면 정신이 제대로 성숙하거나 발전하지 않습니다. 동서양 고전과 인문서적을 많이 읽도록 하세요."

김용 총재의 조언은 짧지만 의미심장하다. 한국 학생과 청춘들이 귀담아 들어야 할 대목이다.

"공학과 문학을 같이 공부하면 두뇌의 여러 부분이 발달되기 때문에 문제를 볼 때 창의적이고 혁신적인 방법으로 볼 수 있게 됩니다. 어머니는 저에게 항상 '세상에 무슨 일이 벌어지고 있는가?'를 예의주시하라고 했습니다. '마음을 열고, 사고를 넓혀라. 그리고 좋은 책을 읽어라Open your mind. Read the best books'라고 말씀하셨죠. 저는 아직까지 어머니의 말씀을 실천하고 있습니다."

책 속에는 군자의 지혜가 담겨 있다

책은 거지를 왕으로 만들 수 있고, 가난한 사람을 부자로 만들 수 있고, 가장 어리석은 사람을 최고로 현명한 사람으로 탈바꿈시킬 수 있는 위력을 가지고 있다. 한국 사회는 교육열이 세계 최고 수준이다. 초등학교만 들어가면 학교에서 배우는 수업 이외에 3~5개의 사설학원에 다닌다. 세계 어느 나라보다 똑똑한 어린 시절을 보낸다. 중학교와 고등학교 때에는 대학입시를 위해 새벽별 보기 운동을 한다. 체육시간도 줄여가면서 공부에 매달린다.

안경을 쓰지 않는 것이 이상할 정도로 네 개의 눈을 가진 학생들이 많다. 대학교에 들어가서는 88만 원 세대나 백수세대가 되지 않기 위해 다양한 스펙을 쌓으면서 취업준비를 한다. 미국의 버락 오바마 대통령은 기회 있을 때마다 한국의 교육열을 배우자며 입에 침이 마를 정도로 한국을 칭찬한다. 하지만 여기까지다. 많은 사람들이 초등학교부터 대학을 졸업하는 시점까지 16년 정도는 열심히 책을 읽고 공부를 하지만 사회생활을 시작하는 순간 손에서 책을 놓고 만다. 대학교까지 쌓아올린 개인 경쟁력은 이후 하향곡선을 그린다. 사회생활을 시작하면서 더더욱 책과 독서를 통해 자기계발을 해야 하지만 현실은 정반대다. 개인의 경쟁력은 이후 떨어지게 된다. 많은 사람들이 책을 읽을 시간이 없다고 한탄하면서 '책을 좀 많이 읽었더라면……' 하고 후회한다. 삶이 다하는 순간까지 책을 가까이 두지 않은 것을 뉘우친다.

중국 송나라 시인이자 정치가였던 왕안석王安石은 〈권학문勤學文〉에서 독서의 즐거움과 이로움을 다음과 같이 짤막하게 표현하고 있다.

"독서를 하는 것은 비용이 들지 않고讀書不破費,

독서를 하면 만 배의 이익이 있다讀書萬倍利.

책 속에는 사람의 재능이 나타나고書顯官人才,

책 속에는 군자의 지혜가 담겨 있다書添君子智.

여유가 있거든 서재를 만들고有卽起書樓,

여유가 없으면 책궤를 만들어라無卽致書櫃."

얼마나 아름답고 멋진 표현인가. 독서의 기쁨을 이보다 멋들어지게 묘사한 문장을 보지 못했다.

젊은이들에게 조언하는 김용 총재의 메시지도 왕안석의 권학문과 별반 다르지 않다. 고전과 인문서적은 경쟁사회에 치여 점점 메말라가는 우리들의 영혼을 씻어주는 청량제 역할을 한다.

김용 총장은 꿈과 목표에 대한 동기를 부여해주는 자기계발 서적도 좋아한다. 자기계발 서적은 현실의 편안함에 안주하려고 하는 자신에게 스님들이 사용하는 죽비가 되어 자신을 깨우치고, 좀 더 분발해야겠다는 동기를 부여해주기 때문이다.

김용 총장은 자기계발에 도움이 될 만한 책 내용이나 기사, 칼럼은 스크랩을 해서 모아둔다. 가끔씩 긴장이 풀어지고, 정신이 해이해지고, 현실에 안주하고 싶은 마음이 생길 때 자신을 추스르는 수단으로 삼는다. 김용 총장에게 있어 자기계발 책, 인문서적, 고전은 전문분야에만 한정된 지식을 보충하고 보완하는 도구가 된다.

일요일 저녁에는 아예 숙제를 하지 마라

김용 총장이 젊은 청춘들에게 힘주어 말한다. 지금부터라도 늦지 않다. 책을 읽는 습관을 들여야 한다. 시간이 없다고 핑계 대지 마라. 의지와 투지만 있으면 언제든지 시간을 낼 수 있다. 하루 중 얼마나 많은 시간을 허투루 보내고 있는가. 자투리 시간만 활용해도 된다. 독서를 대하는 우리들의 마음가짐에도 변화가 필요하다.

김용 총재가 어린 시절 학교에 다녔을 때의 일이다. 출근준비를 하는 아버지가 김용에게 말했다.

"오늘은 금요일이다. 오늘 네가 해야 되는 공부를 모두 마치도록 해라. 일요일에 숙제를 몰아서 하려고 미뤄둔다면 일요일에는 아예 숙제를 못하도록 하겠다."

아버지의 말씀은 부드러웠지만 어딘지 모르게 강한 압박으로 다가왔다. 김용 총재는 아버지의 말씀을 까맣게 잊어버리고, 친구들과 노는 데 정신이 팔렸다. 일요일에 한꺼번에 몰아서 숙제를 하면 된다고 생각했다. 아버지도 이해해 줄 것이라고 여겼다. 김용은 이리저리 시간을 허비하다 보니 일요일 저녁까지 숙제를 하지 못하게 됐다. 그리고 일요일 저녁이 되었다.

아버지가 김용에게 물었다.

"숙제는 금요일까지 다 했겠지?"

어린 김용은 고개를 푹 숙이고 기어들어가는 목소리로 대답했다.

"아직 못했습니다. 친구들과 놀다보니 시간이 금방 흘러갔어요. 지금 할게요."

아버지는 화난 표정을 지으셨다.

"이제 안 된다. 너에게 시간이 있을 때 공부를 하라고 일렀는데, 너는 이를 지키지 않았다. 숙제할 시간을 놓친 거다. 숙제를 하지 마라. 아무 생각 없이 한꺼번에 몰아서 하는 것은 참된 공부가 아니다."

아버지는 김용에게 숙제를 못하도록 했다. 월요일 선생님과 친구들에게 망신을 당하더라도 어린 시절부터 공부하는 습관을 몸에 배게 해야 한다는 생각에서 이런 조치를 취했던 것이다. 김용은 당황했지만, 아버지가 왜 그렇게 조치를 취했는지 이해할 수 있었다.

김용은 아버지에게 금요일에 숙제를 모두 마칠 것이라고 약속을 했지만, 이후에도 몇 번 일요일 저녁에서야 공부를 하고 숙제를 하는 경우가 있었다. 어린 김용은 이런 과정을 반복하면서 공부를 미루지 말고 시간이 있을 때마다 해야 한다는 인생철학을 경험적으로 터득하게 되었다. 일요일에 공부를 몰아서하면 암기공부가 되고 만다. 특정 주제에 대해서만 짧은 시간에 해치우려고 한다. 반면 시간여유를 두고 공부를 하면 폭넓게 생각할 수 있고, 궁금한 것이 있으면 여러 자료를 참고할 수도 있다. 사고의 폭이 훨씬 다양해진다. 아버지가 어린 김용에게 가르치려고 했던 것은 바로 이것이었다.

셰익스피어 작품이 나의 성공 비결

대학 총장시절 김용 총장이 학생들에게 기술과 전문지식에만 집중하는 공부가 아니라 인문학, 고전 등과 같이 다양한 분야에서 폭넓은 공부를 해야 한다고 강조한 것은 이 같은 이유에서다. 김용 총장은 다양한 공부와 사고의 힘이 얼마나 중요한 것인지 이렇게 설명했다.

"우리가 학생들에게 가르치는 것은 대학에서 4년간 배운 것을 졸업 후 기업에서 그대로 적용하도록 하는 것이 아닙니다. 빠르게 변하는 세상에 적응할 수 있는 능력과 자질을 키워주는 것입니다. 졸업해서 당장 써먹는 단편적인 지식이 아니라 세상 변화에 제대로 적응할 수 있는 능력 말이죠."

김용 총장의 말은 교과서와 전공서적만 공부하는 것은 제대로 된 공부가 아니라는 말이다. 오히려 인문서적과 고전을 읽으면서 세상과 사람을 보는 눈을 높이고, 세상을 자기만의 시각과 시선으로 해석할 수 있는 능력을 키워야 한다는 것이다. 이는 다시 말해 대학교를 졸업하고 더 이상 공부하지 않는 직장인이나 샐러리맨은 급변하는 세상에서 경쟁력을 확보할 수 없고, 결국 생존경쟁에서 도태할 수밖에 없다는 이야기와 다를 것이 없다.

매일 매일 자기계발을 하지 않거나 공부를 게을리하면 우리는 불안한 미래 때문에 두려움에 떨게 되지만, 언제나 정신적인 칼날을 연마하고 공부한다면 성공을 거머쥘 수 있다는 말이다. 간단하면서도 단순한 진리이지만 실천하기는 힘들다. 의지와 끈기가 있어야만 가능한 일이다. 결국 성공은 끈기 있게 자기계발을 하고 공부하는 사람에게 돌아가는 법이다.

김용 총장은 다트머스대 졸업자 중 가장 성공한 사람 중의 한 명인 리온 블랙^{Leon Black}과의 대화를 소개했다. 리온 블랙은 다트머스대를 수석으로 졸업했으며, 현재 글로벌 금융시장에서 이름을 날리고 있는 억만장자이다. 그는 투자자들의 돈을 모아 주식이나 채권에 투자하는 사모펀드를 운영하고 있는 펀드매니저이기도 하다.

김용 총장이 리온 블랙에게 물었다.

"성공의 비결이 무엇입니까?"

리온 블랙은 엷은 미소를 지으며 답했다.

"저는 하버드 경영대학에서 공부를 했지만 배운 것이 전혀 없습니다. 저에게 무엇보다 도움이 되었던 것은 다트머스대학교에서 셰익스피어 작품을 배운 것이었습니다."

김 총장은 다소 놀랐다. 세계 최고의 대학이면서 모든 학생과 학부모들이 들어가기를 희망하는 하버드대 경영대학에서 배운 것이 없다니. 김 총장은 무슨 영문인지 궁금했다.

"자세히 설명해 주시죠."

"경영대학에서는 단편적인 지식을 배운 것에 지나지 않습니다. 하지만 저는 《리어왕》, 《맥베스》, 《오델로》, 《한여름 밤의 꿈》, 《로미오와 줄리엣》, 《줄리어스 시저》, 《베니스의 상인》 등과 같은 셰익스피어 작품을 통해 인간의 본성에 대해 배웠습니다. 이러한 작품들은 저의 정신세계를 한층 높여주었고, 세상과 인간을 보는 눈을 길러주었습니다. 인생에서 가장 큰 도움이 된 것이죠."

리온 블랙의 생각은 김용 총장의 생각과 똑같았다. 경영학이라는 전문

지식만으로는 한계가 있고, 인간 본성을 고민하게 하는 고전과 인문서적을 통해 지혜와 교양을 쌓을 수 있다는 것이었다. 김용 총장은 참된 공부에 대해 이렇게 설명한다.

"리온 블랙은 투자를 할 때에는 세상의 모든 일과 마찬가지로 인간의 본성을 이해해야 한다고 합니다. 사람들이 어떻게 반응하는지를 알고, 사회적 상황을 이해하는 것이 가장 중요하다고 말이죠. 그는 고전문학을 통해 사람을 읽을 수 있는 능력을 기른 겁니다. 이것이 투자를 하는 데 큰 도움이 되는 것이죠. 리온 블랙은 셰익스피어 작품을 읽으면서 인간이 얼마나 사악해질 수 있고, 착해질 수 있는지에 대해 배웠던 것입니다."

미국 학생과 한국 학생의 차이점

김용 총장은 젊은이들에게 싸구려 통속소설이 아니라 위대한 문학작품을 읽으면서 인생 공부를 하고, 교양을 넓히라고 강조한다. 그리고 고전뿐 아니라 사람들로부터 인정받은 위대한 현대철학과 사상 책을 읽으라고 조언한다. 김용 총장은 음악과 예술에도 관심을 기울여야 한다고 젊은이들에게 충고한다.

"나는 옛날에는 예술에 대해 잘 몰랐습니다. 그래서 연구를 하고, 공부를 했지요. 책을 찾고, 전시회를 다니면서 예술이 젊은이들에게 얼마나 중요하고 소중한 것인지 실감했습니다. '너무나 중요한 것을 내가 놓치고 있었구나' 하는 후회가 들기도 했지요. 예술교육을 받은 젊은이와 그렇지 않은 젊은이를 비교하면 예술교육을 받은 학생들의 학업성취도가 훨씬 높습니다. 4살 때 피아노 교육을 받으면 6살 때 갈등해결 능력이 향상된다고 합니다. 또 연극이나 연기수업은 사물과 사람들의 행동을 관찰하고 따라할 수 있는 능력을 길러줍니다.”

사실 김용 총장의 교육관은 한국 부모와 학생들에게 생소하게 들릴지도 모른다. 고등학교까지 교과서를 달달 외워야 하고, 입시위주의 암기공부를 해야 하고, 대학교에 들어가서는 취업준비를 해야 하는 것이 젊은이들의 현실이다. 예술 공부를 하고, 고전을 읽고, 인문서적을 접하는 것은 입학성적을 올리는데 별다른 도움이 안 되고, 시간만 빼앗는 사치에 불과하다.

하지만 나는 미국이 글로벌 경제를 이끌어가는 패권국가로서의 지위를 유지하고 있는 것은 바로 창의적인 교육과 공부에 있다고 생각한다. 마이크로소프트의 빌 게이츠, 페이스북의 주크버그, 애플의 스티브잡스 등과 같이 시대를 풍미하는 창조가, 혁신가를 배출하고 있는 그 배경에는 획일성을 거부하고 창의성을 존중하는 공부 분위기가 만들어지고 있기 때문이다. 대학 졸업장을 사회진출의 보증수표로 여기는 한국 젊은이들과 달리, 미국을 움직이는 젊은이들 중에는 대학을 중퇴하고 자신이 관심을 가졌던 분야에 도전해 큰 성공을 이루는 사람들이 많다. 뉴욕 특파원으로 미국에서 3년간 살면서 나는 미국 교육의 저력을 실감할 수 있었다.

학교에서 바이올린, 색소폰, 기타 등과 같은 악기를 배우고, 숙제를 할 때에는 자신이 직접 동네 도서관을 찾아가 자료를 모으고, 학생들 앞에서 자신의 생각과 의견을 발표한다. 선생님은 질문을 던지고 학생들은 저마다 자신의 의견을 내놓는다. 옳고 틀린 것이 없다. 다만 서로 의견이나 견해가 다를 뿐이다. 학교에서 수영, 축구 등과 같은 운동수업을 받는 것은 물론이다.

봉사활동이나 기부활동을 해야 하는 것도 눈에 띈다. 이 같은 전인교육을 통해 학생들을 평가하기 때문에 학생들은 폭넓은 경험과 지식을 쌓게 되는 것이다.

교과서에만 함몰되는 한국과는 큰 차이가 있다. 같은 질문에 동일한 대답을 하는 것이 한국 젊은이들의 현실이라면 미국 학생들은 같은 질문에 다양한 대답을 들고 나온다. 한국 젊은이들은 비록 학교에서는 획일화된 입시위주의 공부를 해야 하지만, 시간이 있을 때에는 인문학 공부를 하면서 자기계발을 해야 한다. 김용 총재가 한국의 젊은이들에게 당부하는 것이 바로 이것이다.

작가 이외수는 시간이 지나면 부패되는 음식이 있고, 시간이 지나면 발효되는 음식이 있다고 했다. 사람도 마찬가지다. 시간이 지나면 부패되는 인간이 있고, 시간이 지나면 발효되는 인간이 있다.

여러분은 어떠한가. 가슴에 두 손을 얹고, 두 눈을 감고, 심호흡을 한 번 한 뒤 생각해보라. 이전보다 나 자신이 부패되고 있는 것인가, 발효되고 있는 것인가.

자기계발을 하지 않거나 공부를 중단하면 인간은 부패되고 만다. 철을 가만히 놓아두면 녹이 슬 듯, 학창시절 배웠던 지식을 연마하고 다듬지 않으면 우리는 부패하고 만다. 반대로 녹이 조금 슬었더라도 이제부터라도 자기계발에 열중하고 공부를 계속한다면 녹은 사라지고, 부패는 발효

로 바뀌게 된다. 부패는 절망이요, 발효는 희망이다. 어느 것을 선택할지
는 여러분의 몫이다.

15

당신의
큰바위 얼굴은 누구인가

:

멘토

지혜로운 사람은 위대한 사람들이 걸어간 길을 뒤따르고,
가장 뛰어난 사람들의 행동을 모방한다.
그렇게 하면 비록 위대한 인물이 되지는 못한다 해도
위대한 인물의 흔적을 몸에 지닐 수가 있기 때문이다.
– 마키아벨리의 《군주론》 중에서

목표와 꿈을 향해 도전하기 위해서는 길라잡이가 필요하다. 혼자서도 할 수 있지만 시행착오를 줄이기 위해서는, 그리고 중심을 잃지 않기 위해서는 우리를 이끌어주는 안내자가 필요하다. 시각장애인이 맹도견을 믿고 길을 걸을 수 있는 것처럼. 우리에게도 성공모델, 즉 멘토가 필요한 것이다. 혼자서도 도전을 할 수 있지만, 멘토를 거울삼아 도전을 하면 자신이 흔들리고 장애물에 부딪히더라도 다시 중심을 잡고 앞으로 나아갈 수 있다.

김용 총재의 멘토들

다른 위대한 거인들과 마찬가지로 김용 총재도 자신만의 멘토가 있었고, 자신의 인생철학과 삶의 방식을 이들에게서 배웠다. 가장 가까운 멘토는 실용적인 기술을 강조했던 아버지와 '위대한 것에 도전하라'는 철학을 가르쳐주었던 어머니였다. 김용 총재가 직접 밝힌 것처럼 그에게는 부모님 이외에 마틴 루터 킹, 간디, 넬슨 만델라, 달라이 라마 등과 같은 멘토들이 '어떻게 살아가야 하는가?'에 대한 답을 주었다. 김 총재는 한국의 젊은이들에게 이렇게 말했다.

"한국 젊은이들에게 리더가 되는데 필요한 책으로 마틴 루터 킹, 넬슨 만델라, 달라이 마라의 자서전을 추천합니다. 이들은 모두 가진 것만큼 베풀 줄 아는 위인으로 젊은이들은 이들을 통해 사회에 기여하는데 필요한 것을 배우게 될 것입니다. 언젠가 한국에서 과학이 아닌 세계 봉사 부문에서 노벨상 수상자를 배출하는 날이 꼭 올 것이라고 생각합니다. 우리가 젊은이들에게 경제성장의 중요성과 함께 사회봉사의 필요성도 함께 가르친다면 그런 날은 더 빨리 다가올 것이라고 믿습니다."

김용 총재 자신이 멘토로 삼았고, 젊은이들에게 멘토로 추천하는 위인들을 자세히 살펴보면 하나같이 공통점이 있다. 바로 사회에서 소외되고, 힘없고, 불쌍한 사람들을 위해 평생을 헌신했다는 점이다. 킹 목사는 사회적 약자인 흑인들의 인권 신장을 위해 몸을 내던졌고, 간디는 인도가 영국으로부터 독립하는 데 초석을 다졌으며, 달라이 라마는 티베트 독립을 위해 자신의 모든 것을 바쳤다. 김용 총재 자신도 이민자의 아들로 처음에 미국에 정착했을 때에는 이방인 취급을 받아야만 했다. 김용 총재는 자신과 비슷한 처지이거나 상황이 더 열악했던 사람들의 위대한 삶을 통해 자신을 성장시켜 나갔고, 결국 자신도 세계은행 총재가 된 것이었다.

역사에 이름을 남긴 위대한 사람들을 유심히 살펴보면 인생의 방향을 설정해 준 멘토나 스승을 두고 있다. 또 실패를 하거나 시련을 겪을 때에는 어김없이 멘토의 가르침을 가슴에 아로새기며 다시 도전하고, 결국 성공이라는 과실을 얻었다. 그들의 성공노트에는 '도전하라. 그리고 멘토를 두어라'라고 쓰여 있다.

나에게는 꿈이 있습니다

멘토는 삶을 살아가는 청량제가 되기도 하고, 실패와 좌절에 빠져 있을 때에는 새로운 힘과 에너지를 불어넣어주는 활력소가 되기도 한다.

멘토를 설정하고 목표를 가지고 사는 삶과 아무런 멘토도 없이 하루하루를 무의미하게 사는 삶에는 큰 차이가 있을 수밖에 없다. 젊은 시절에는 이 같은 차이가 그리 크게 느껴지지 않겠지만 시간이 지날수록 확연한 차이를 느끼게 될 것이다. 여러분의 스승은 누구인가. 여러분은 어떠한 멘토를 마음에 두고 80평생을 살아가고 있는가. 공자가 세 사람이 길을 가도 그중에 나의 스승이 있다고 했듯이, 멘토를 굳이 성인군자나 성현에게서 찾을 필요는 없다. 우리 주위에서도 나의 삶을 이끌어줄 멘토를 쉽게 찾을 수 있는 것이다.

마키아벨리도《권력세습론》에서 멘토에 대해 이렇게 설명하지 않았는가.

"사람은 누구나 다른 사람이 성취한 것을 자기도 성취할 수 있다. 사람은 모두 같은 방식으로 태어나서 살다가 죽는 존재이기 때문이다. 그러므로 다른 사람들의 행적을 본받아야 한다."

여러분은 김용 총재가 멘토로 여겼던 마틴 루터 킹 목사를 잘 알고 있을 것이다. 김용 총재는 늘 킹 목사의 자서전을 읽으면서 자신의 꿈을 키워나갔다. 인간의 꿈과 희망을 이야기할 때 킹 목사의 연설을 빼놓을 수 없다. 킹 목사의 꿈이 있었기에 미국 사회에서 흑인들과 소수 민족들의 지위와 권익이 향상될 수 있었다. 개인의 작은 꿈이 사회를 바꾸는 힘이 되었던 것이다.

1963년 뜨거운 여름 햇살이 내리쬐는 미국 워싱턴 D.C.의 링컨기념관 광장에서 젊은 킹 목사가 세계를 향해 외친다.

"저에게는 꿈이 있습니다. 저의 어린 네 아들딸이 피부색이 아니라 인격에 따라 평가받는 나라에서 살게 되는 꿈이 있습니다. 저에게는 꿈이 있습니다. 언젠가는 조지아 주^州의 붉은 언덕에 노예와 노예주인 자손들이 형제애의 테이블에 함께 앉는 꿈이 있습니다. 저에게는 꿈이 있습니다. 어느 날엔가 모든 골짜기가 메워지고, 모든 언덕과 산이 낮아지고, 모든 거친 것들이 평지가 되고, 모든 굽은 곳이 펴지는 그런 꿈이 있습니다. 저에게는 꿈이 있습니다."

언제 읽어봐도 우리의 가슴을 뭉클하게 하고 새로운 에너지를 솟구치게 하는 명연설이다. 증오로 가득 찬 인종차별을 끝내고 서로 이해하고 화해하자고 외친 그의 연설은 20세기의 연설 중에서 양심을 뒤흔든 역사적 연설로 꼽힌다.

킹 목사의 연설은 인종차별 종식이라는 꿈이 있었기에 힘과 에너지가 있고, 사람들을 감동시키는 호소력이 있었다. 이 같은 꿈이 없었다면 그의 연설은 알맹이가 없는 그저 평범한 연설에 지나지 않았을 것이다.

마틴 루터 킹 주니어^{1929~1968년}가 살았던 당시의 미국은 흑인에 대한 차별과 편견이 심했다. 흑인들은 백인들과 같은 학교에 다닐 수 없었고, 버스를 탈 때에도 뒷좌석으로 가야 했으며, 흑인 아이들은 백인들이 다니는 도서관에 출입조차 할 수 없었다. 미국의 백인들은 '선택된 사람들' 이었지만 흑인들은 철저하게 버려진 사람들이었다.

위대한 도전을 감행하라

흑인에 대한 차별이 날이 갈수록 심해지자 흑인들은 미국 정부에 대한 무력시위에 나섰다. 백인 경찰관을 향해 돌을 던지고, 총을 발사하고, 관공서까지 점령하는 일이 여기저기서 발생했다.

마틴 루터 킹은 "폭력은 폭력을 부를 뿐"이라며 철저하게 평화적인 시위를 주도했다. 흑인과 백인은 모두 미국 국민이라며 백인 형제들에게 폭력을 휘둘러서는 안 된다며 흑인들을 설득했다. 흑인들 사이에서도 '비非폭력'을 외치는 마틴 루터 킹 목사를 비판하는 목소리가 컸지만 킹 목사는 끝까지 폭력을 휘두르지 않았다. 백인과 흑인 간 마찰과 갈등이 심했던 미국이 흑백 인종문제를 해결할 수 있었던 데에는 킹 목사의 역할이 컸다. 그는 미국 역사에서 '큰바위 얼굴'이었다.

킹 목사가 1968년 4월 4일 로레인 호텔에서 암살당하자 김용은 킹 목사처럼 '위대한 도전'을 하기로 마음을 굳힌다. 킹 목사가 흑인인권을 위해 싸운 것처럼, 그는 의료구호 활동을 하며 전 세계의 질병과 싸웠다. 킹 목사가 절대 포기하지 않았던 것처럼, 김용 총재는 이제 세계은행 총재가 되어 글로벌 차원에서 후진국과 개발도상국의 발전을 돕고 있다.

킹 목사의 어머니는 어린 킹에게 이렇게 가르쳤다.

"자신이 당당한 인간임을 잠시라도 잊지 말아라. 사회에 나가서 '열등하다'거나 '못났다'라는 말을 듣는 일이 생기더라도 언제나 당당한 태도로 맞서야 한다. 너는 누구 못지않게 뛰어난 아이란다."

김용 총재의 어머니는 어린 김용에게 이렇게 가르쳤다.

"실용적인 기술을 배우는 것도 중요하지만 세상을 넓게 보아라. 세상을 위해서 네가 무엇을 할 수 있는지 항상 고민해야 한다. 위대한 도전을 하면서 살아라."

어린 시절 킹 목사와 김용 총재가 부모에게서 받은 가르침과 레슨은 너무나 닮았다. 킹 목사도 부모님의 말씀대로 당당하게 자신의 꿈을 실현해 나갔고, 김용 총재도 글로벌 마인드로 자신을 무장하며 꿈을 달성해 나갔다.

김용 총재는 '원대한 꿈을 가져라'라는 가르침 이외에 어떠한 것을 킹 목사로부터 배웠을까.

마틴 루터 킹 목사와 김용 총재

첫째, 독서다. 킹 목사는 책벌레였고, 김용 총재도 어린 시절 고전과 인문서적을 두루 읽으며 세상을 보는 시각을 넓혔다. 킹 목사는 자서전에서 이렇게 적고 있다.

"나는 헨리 데이비드 소로의 에세이 《시민 불복종》을 읽었다. 뉴잉글랜드 출신의 소로는 세금 납부를 거부한 대담한 사람이었다. 이 책을 통해서 나는 비폭력 저항주의를 처음으로 접했다. 나는 사악한 제도에는 협조하지 말아야 한다는 사상에 너무나 큰 감명을 받았기 때문에 그 책을 몇 번이나 다시 읽었다."

둘째, 가정을 소중히 여긴다는 점이다. 김용 총재는 일에 충실하지만, 언제나 아내와 가족을 먼저 챙긴다. 아내가 없었다면 오늘날의 그가 없었다고 생각하며 모든 공로를 아내에게 돌린다. 그들은 평생 동안 의료구호라는 큰 목적과 방향을 같이 달려간 친구이자 동료였다.

킹 목사는 아내에 대해 이렇게 적고 있다.

"나는 아내 코레타에게 많은 빚을 지고 있다. 아내의 사랑과 헌신, 그리고 충정이 없었다면 나는 인생에서 아무것도 이루지 못했을 것이다. 아내는 내게 위안이 필요할 때는 따스한 위안의 말을 해 주었고, 언제나 사랑이 넘치는 질서 잡힌 가정을 꾸려갔다."

셋째, 다른 사람을 위한 봉사와 헌신이다. 김용 총재는 킹 목사에게서 어떠한 가르침을 받았던 것일까. 킹 목사는 이렇게 말했다.

"인생의 길이는 인생의 지속기간이나 장수를 의미하는 것이 아니라, 개인적 목표와 야망을 향한 전진 정도를 의미합니다. 그것은 개인의 행복에 대한 내적인 관심입니다. 인생의 넓이는 다른 사람의 행복을 돌보는 관심을 의미합니다."

킹 목사는 우리의 인생이 풍부한 것은 수명이 길어져서가 아니라 목표를 향해 앞으로 나아가기 때문이라고 말하고 있다. 이에 대해 김용 총재는 이렇게 평가한다.

"나의 멘토인 킹 목사는 이렇게 말했지요. '곳곳에 도사리고 있는 부조리injustice는 정의justice에 대한 큰 위협이 됩니다'라고요. 가난하고 불쌍한 국가들을 위해 사회정의를 실천하고, 도움이 되는 일을 하는 것이 우리의 의무입니다."

김용 총재는 멘토가 지나간 길을 따라가면서 자신만의 세계관을 만들어 나가고 있음을 보여준다.

넷째, 한없이 자신을 낮추는 겸손이다. 김용 총재의 겸손은 킹 목사의 겸손한 마음과 닮았다. 킹 목사의 겸손에 대해서는 여기에서 다시 한 번 강조하고 싶다.

"제게는 여러분께 드릴 특별한 능력은 없습니다. 저는 위대한 목사인 체, 학식 깊은 학자인 체, 어떤 실수도 하지 않는 사람인 체하지 않겠습니다. 어떤 오류도 없는 완벽성은 하늘에 계신 주의 몫이지, 땅에 선 인간의 몫이 아닙니다. 저는 전지全知의 햇살에 몸을 담근 적도 없고, 전능全能의 물에 몸을 씻은 적도 없는 사람입니다. 저는 자신이 유한한 존재라는 것을 어느 한 순간도 잊지 않고 지내고 있습니다."

다섯째, 인내와 냉정이다. 김용 총재는 다른 사람들로부터 비판과 조롱을 받을 때에도 화를 내지 않고 인내했고, 오히려 상대방을 용서했다. 이에 대해 킹 목사는 이렇게 말하고 있다.

"화를 내서는 안 된다. 상대방이 던지는 분노의 화살은 기꺼이 맞되 상대방에게 그 화살을 되던져서는 안 된다. 증오감에 사로잡혀서는 안 된다. 상대방이 아무리 감정적으로 나와도 이성을 잃어서는 안 된다."

여섯째, 도전이다. 김용 총재는 아이비리그 대학에 들어갔고, 의료구호단체 PIH를 설립했고, 세계보건기구 에이즈담당 국장이 되었고, 다트머스대학교 총장이 되었고, 세계은행 총재가 되었다. 매 순간이 도전의 연속이었다. 킹 목사는 도전에 대해 이렇게 설파했다.

"'준비가 되어 있지 않아서 곤란하다'는 말은 '수영하는 법을 배우기 전까지는 물에 들어가선 안 된다'는 말과 마찬가지다. 물에 들어가지 않으면 수영하는 법을 배울 수 없는 법이다. 사람들은 스스로를 다스리고 스스로를 발전시킬 기회를 필요로 한다. 인간들은 실수를 하고, 그 실수로부터 배우며, 더 많은 실수를 하고, 다시 그 실수로부터 배워야 한다. 인간들은 성공뿐 아니라 패배를 경험해야 하며, 성공을 하고 패배를 하면서 살아가는 방법을 배우게 된다."

이처럼 김용 총재는 킹 목사를 자신만의 큰바위 얼굴로 삼아 인생을 살아가는 나침반으로 삼았다. 여러분의 멘토는 누구인가. 성공한 인생은 정처 없이 헤매는 삶이 아니라 멘토를 향해 나아가는 삶이라는 것을 거인들은 보여주고 있다.

오늘 밤 잠시 시간을 내어 나의 멘토는 누구인지 눈을 감고 깊은 사색에 빠져보는 것은 어떨까. 김용 총재가 킹 목사를, 마하트마 간디를, 넬슨 만델라를, 퇴계 이황 선생을 멘토로 삼아 자기 자신을 다듬었던 것처럼.

16

죽을 만큼의 역경은
사람을 더 강하게 만든다

··· 혁신

삶이란 끊임없이 새로워지는 것이다.
마치 뱀이 주기적으로 허물을 벗듯이 사람도 일정한 시기가 되면
영혼의 성장을 위해 마음의 껍질을 벗어야만 한다.
지나간 일을 이제는 던져버려라.
비록 미래에 무슨 일이 일어날지 알 수 없지만,
당신을 초대한 삶에 충실해야 한다.
덧없이 늙지 않고 진정한 삶을 살기 위해서는 그 길밖에 없다.
– 한스 크루파의 《마음의 여행자》 중에서

2009년 다트머스대 총장에 취임하자마자 김용 총장은 어려운 결단을 내려야 했다. 2008년 촉발된 글로벌 금융위기로 미국 대학들마저 재정난에 허덕이고 있었기 때문이다. 글로벌 금융위기로 기업들의 주가가 폭락하고 채권 가격도 떨어지면서 은행, 보험 등과 같은 금융회사들은 물론 대학들마저 자금난에 시달려야 했다. 미국 대학들도 기부금이나 등록금을 이용해 펀드를 만들고 이를 주식이나 채권에 투자해 운영한다. 글로벌 경기가 좋으면 수익률이 높고 재정운영에도 여유가 있지만, 주식이나 채권가격이 떨어지면 펀드가치도 하락하고 재정난도 가중될 수밖에 없다. 미국의 모든 대학들이 이 같은 홍역을 치르고 있었다.

이제부터 변해야 생존할 수 있다

다트머스대학교는 펀드에서 20%의 투자손실을 기록하고 있었고, 하버드대, 예일대학의 기부금 펀드도 30% 정도의 손실을 보고 있었다.

"총장님, 재정적자가 1억 달러에 달합니다."

재정 담당자의 목소리에는 힘이 없었다. 총장직에 오르자마자 김용 총장에게는 무거운 숙제를 떠안았다.

"예산을 줄일 수밖에 없습니다. 감원을 하고 근로시간도 단축해야 합니다. 교수월급은 물론 화장지, 쓰레기봉투 등 모든 것을 체크하도록 하겠습니다. 이제부터 변해야 생존할 수 있습니다."

김용 총장의 태도는 단호했다. 일부 교수들은 급격하게 비용을 줄여서는 안 된다며 극구 말렸지만 김용 총장은 흔들리지 않았다. 지금 변화하지 않으면 생존이 위태로울 수 있다는 위기감이 엄습했다. 다트머스대학교는 교수진을 제외한 38명을 감원하기로 했고, 근로시간도 단축해 비용을 줄이기로 했다. 또 2011년도 신입생부터 등록금과 기숙사 비용을 4.6% 올리기로 했다. 이 같은 구조조정이 성공적으로 마무리되면 향후 2년간 500만 달러의 비용을 절약한다는 계획이었다. 여기저기서 비용절감에 반대하는 목소리가 터져 나왔지만, 김용 총장은 자신의 입장을 굽히지 않았다. 양보해야 할 것이 있고, 절대 양보할 수 없는 것이 있다. 지금은 양보해서는 안 된다고 판단했던 것이다.

김용 총재는 당시를 이렇게 회상한다.

"취임 당시 저는 재정문제가 이렇게 심각한지 몰랐습니다. 적자규모가 1억 달러에 달했어요. 너무 많이 돈을 쓰고 있었고, 지출이 수입보다 훨씬 많았어요. 개인적으로 이전에 사업이나 비즈니스를 한 적은 없었지만, 이런 재정 상태로는 계속 대학을 운영하기가 힘들겠다는 것을 알 수 있었어요."

김용 총장은 곳간이 바닥난 대학을 맡게 되었지만 결코 좌절하거나 포기하지 않았다. 반드시 문제를 해결할 수 있는 방법이 있을 것이라고 긍정적으로 생각했다.

"오히려 잘된 일인지도 모른다. 이렇게 모든 것을 낱낱이 파악해야지 학교에 대한 모든 것을 알 수 있다. 오히려 기회가 될 수 있다."

남들은 절망할 때 김용 총장은 또 다른 희망을 보았다. 훗날 대학재정을 변화시킨 것에 대해 김용 총장은 이렇게 적고 있다.

"대학 총장을 하면서 가장 힘든 것은 어려운 결정을 해야 하는 것이었습니다. 하지만 저는 그 과정에서 훨씬 나은 리더가 될 수 있었습니다. 미국에는 이런 속담이 있습니다. 원래 철학자 니체가 한 말입니다. '죽을 만큼의 역경은 사람을 더욱 강하게 만든다.Whatever doesn't kill you makes you stronger'라고요."

김용 총장이 말한 대로 역경은 사람을 더욱 강하게 만든다. 역경이 닥치면 우리는 변화를 해야 한다. 변화하면 사는 것이고, 변화하지 않고 현실에 안주하면 죽는 것이다. 김용 총장은 주위의 반대에도 불구하고 가장 어려운 결단을 내렸고, 바로 문제해결에 나섰다. 변화를 선택한 것이었다. 김용 총장의 변화가 있었기에 지금 다트머스대학교는 재정적으로 아주 견고해졌다.

시대의 변화를 감지하고 적응하라

김용 총장은 변화를 요구하는 시대상황에 맞춰 자신을 변화시키고 조직을 바꾸었다. 결코 도도새로 남지 않았다. 변화만이 살아남을 수 있는 유일한 탈출구였다.

김용 총장은 젊은이들을 만날 때마다, 다트머스대학생들을 대상으로 강연을 할 때마다, 공개석상에서 강의를 할 때마다 강조하는 말이 있다. 바로 '세상은 변하고 있다'는 메시지이다. 변화하는 세상에 맞춰 우리들도 변화해야 살아나갈 수 있다고 방황하는 청춘들에게 역설한다.

"흑인인 버락 오바마 대통령이 미국을 이끌고 있습니다. 저는 최초의 동양인 아이비리그 총장이고, 최초의 소수민족 유색인종 남자 아이비리그 총장입니다. 옛날에는 불가능했던 일이지요. 세상은 변하고 있습니다. 제가 첫 번째라는 사실이 참 영광이지만, 제가 마지막은 절대 아니라고 생각합니다. 누군가가 새로이 변화를 주도하는 인물이 나올 것입니다."

그의 변화론은 이어진다.

"앞으로 많은 여성들에게 기회가 있을 것이고, 소수민족도 마찬가지입니다. 지금 아이비리그 대학 총장의 절반은 여성입니다. 10년, 15년 전만 해도 이 같은 일은 상상도 못했던 일이지요. 좋은 방향으로 변화가 일어나고 있습니다. 젊은이들도 시대의 변화를 감지하고 적응해야 합니다."

김용 총장은 눈에 보이지 않는 유리천장glass ceiling을 의식하지 말고 자신을 변화시키고 도전하면 반드시 정상에 올라설 수 있다고 젊은이들에게 말하고 있다. 가난해서, 학력이 짧아서, 여자라서, 고졸 출신이라서, 장애인이라서, 나이가 많아서 등과 같은 변명과 핑계는 스스로 유리천장을 만들어 버리고 그 안에 갇혀 버리는 것과 같다. 김용 총장의 말대로 이전에는 상상도 못했던 일들이 현실로 나타나고 있고, 변화하는 사람들에게만 상상이 현실이 되고 있다.

우리는 근원적 변화Deep Change를 감행할 것인가, 아니면 점진적 죽음Slow Death을 받아들일 것인가, 양자택일의 문제로 고민해야 한다. 환경의 변화를 감지하지 못하거나 자기 자신을 변화해 나가지 않으면 냄비 속의 개구리처럼 서서히 죽고 만다. 위대한 삶을 산 거인들은 하나같이 현실에 안주하지 않고 변화에 미리 대비한 사람들이다.

자기 자신을 변화시키고 혁신하는 데에는 용기와 노력이 필요하다. 많은 사람들은 이 같은 과정을 두려워해 변화에 나서지 않고 현실에 머물고 마는 선택을 한다. 승리자와 패배자의 삶은 여기에서 갈리게 된다. 현실에 주저앉는 것만큼 안락하고 편안한 것은 없다. 미래를 준비해야 하는 중압감과 스트레스를 받을 일도 없고, 자기계발에 필요한 시간과 노력도 들이지 않아도 된다. 하지만 시간이 지나면서 나보다 사회적으로, 경제적으로 뒤처졌다고 생각했던 사람들이 앞으로 치고 나온다. 소위 별 볼이 없었던 사람들이 나를 제치고 앞으로 달려가는 모습이 보인다.

환경에 변화하는 사람만이 살아남는다는 '적자생존의 법칙'은 어디서나, 그리고 누구에게나 적용된다. 세상 사람들은 변화에 대해 3가지의 반응을 보인다. 세상이 변화해도 이 같은 흐름을 거부하는 부류가 있다. 세상은 변하고 있는데 현실에 안주하는 사람들이 이에 속한다. 시간이 지나고 나면 한참 뒤처진 자신들을 발견하고 땅을 치며 후회를 한다. 뒤늦게 한숨을 쉬어도 아무 소용이 없다.

다음으로 변화를 따라가는 부류가 있다. 다른 사람이 변하니까 마지못해 자신도 변신을 시도한다. 결코 남을 앞설 수 없는 유형이다. 남들만큼만 하면 그런대로 인생을 살 수 있다고 자신을 위로하면서 사는 사람들이다. 이런 부류의 사람들은 새로운 역사를 쓸 수 없다.

마지막으로 변화를 주도하는 사람들이 있다. 시대의 흐름을 먼저 읽고 남들보다 먼저 자신을 변화시키고 새로운 목표에 도전을 한다. 남들이 이전에 가지 않았던 길을 걷는 사람들이 이에 해당된다. 성공은 바로 이 같은 사람들이 만들고 창조해 내는 것이다.

과거의 껍질을 벗어던지고 미래의 갑옷을 입어라

과거의 껍질을 벗어던지고 미래의 갑옷을 입고 당당하게 세상과 맞서는 사람들 말이다. 대대로 우리 집은 가난하다고 불평하지 마라. 좋은 대학교육을 받지 못했다고 슬퍼하지 마라. 대기업에 취업하지 못했다고 우울해하지 마라. 사업이 실패했다고 좌절하지 마라. 여러분이 고칠 수 있고, 바꿀 수 있다. 환경에 맞게 여러분 자신을 변화시키고 다시 도전하면 반드시 해결의 실마리를 찾을 수 있다. 여러분은 인생을 살아가는 가장 강력한 무기, 청춘을 가지고 있지 않은가. 세상에 청춘만큼 값지고 아름다운 보물은 없다. 변화하고 또 변화하라.

김용 총장은 자기 자신을 변화하고 혁신했던 것처럼, 다트머스대학교라는 조직도 혁신하기 시작했다. 비록 아이비리그 명문대학으로 인정받고 있었지만, 다른 경쟁 학교들과 차별화되는 혁신에 나서지 않으면 더이상 발전은 없다고 생각했기 때문이다.

"학생과 동료 교수들에게 매년 1개씩 혁신 프로젝트를 도입하기로 했습니다. 역사상 어떤 대학도 시도하지 않았던 일을 다트머스대학교가 매년 1개씩 하기로 한 것입니다."

'동양인 최초'라는 수식어를 달고 다녔던 것처럼, 자신이 지휘봉을 잡고 있는 다트머스대도 '역사상 최초'라는 이름이 붙는 프로젝트를 재임기간 동안 실천하겠다는 것이었다. 2010년 첫 번째 프로젝트로 '다트머스 헬스케어 과학센터'를 건립했다. 경영대학, 공과대학, 의과대학, 인문과학 분야 등이 모두 참여하는 새로운 영역을 개척했다. 글로벌 사회에 건강관리 방법을 제시하는 것으로 남들은 시도하지 않았던 도전이자 혁신이었다.

일부 교수들은 단과대학 고유의 성격과 특징이 있는데 여러 단과대학을 모아 연구를 한다고 해서 성과가 있겠느냐며 반대하는 목소리를 냈지만, 김용 총장은 흔들리지 않고 추진했다. 개별 단과대학 단위로 연구를 하는 시대는 끝이 났고, 모든 단과대학이 어우러져 같이 연구하는, 이른바 통섭의 문화가 만들어져야 한다고 판단했다.

"저는 일을 빠르게 추진하는 편입니다. 머뭇거리거나 주저하는 스타일이 아니죠. 지역사회는 물론 글로벌 사회에 도움을 줄 수 있는 이 같은 활동이 그리 어렵지 않을 것이라고 생각했습니다. 하지만 알고 보니 정말어려운 프로젝트였습니다. 하지만 어렵다고 포기할 수는 없죠. 포기하면발전은 없습니다. 헬스케어 과학센터를 만든 것은 우리의 첫 번째 혁신작품입니다."

어떠한 혁신을 할지 항상 궁리하라

사람들은 편안한 현실에 안주하는 것을 좋아한다. 옛날 그대로의 관행을 그대로 따르려는 경향이 강하다. 하지만 우리가 현실에 머무르고 있을 때 다른 사람들은 자신을 계발하고, 새로운 것에 도전하면서 변화를시도한다. 먼 훗날 두 사람을 비교해보면 엄청난 차이가 있다는 것을 알게 된다.

김용 총장이 학생과 교수들에게 약속했던 것처럼 2011년에 시도한 혁신은 '음주문화 개선'이었다. 한국도 마찬가지지만 미국 대학 캠퍼스도 학생들의 폭음문제가 심각했다. 2010년의 경우 폭음으로 미국 대학 캠퍼스에서 사망한 학생 수가 2,000명에 달했다. 미국은 남자의 경우 2시간 내 5잔, 여자의 경우 2시간 내 4잔 이상을 마시면 폭음하는 것으로 본다.

어느 날 이런 보고가 들어왔다.

"총장님, 학생 2명이 기숙사 지붕 위에서 떨어졌습니다. 술을 먹고 놀다가 13m 아래 콘크리트 바닥으로 추락했습니다."

김용 총장은 깜짝 놀랐다. 대학생들의 폭음문화가 심각하다는 것은 익히 알고 있었지만, 다트머스대에서 이런 일이 발생하자 개선책을 서둘러야겠다고 생각했다. 학생 부모들에게 '당신의 자녀들이 술을 먹다가 사고를 당했고, 자칫 잘못되었다면 죽을 수도 있었습니다'라고 말할 수는 없지 않은가. 김용 총장은 음주문화를 바꾸는 것도 개선이라고 생각했다.

"개선은 지속적으로 품질을 향상하는 것을 말합니다. 저는 지속적인 품질향상의 원리를 대학교 폭음문제에 적용하기로 했습니다. 폭음을 줄이고 피해를 줄이는 방법을 모색해야 했습니다. 이것이 바로 혁신입니다."

김용 총장은 1984년 한국 젊은이들의 문화를 연구하기 위해 한국을 방문한 적이 있다. 이 때 술집에 들러 한국 대학생들의 음주문화를 보고 들었는데, 한국과 미국은 현실이 비슷했다. 김용 총장은 대학생 음주문화를 바꾸는 핵심은 협력에 달려있다고 보고, 미국 32개 대학당국을 설득해 '고위험 음주에 대한 공동학습' 동맹을 만들었다. 학생들의 음주와 관련된 연구결과나 경험, 전략 등을 각 대학들이 교류하면서 대학생 음주문화를 바꿔보려는 혁신적인 시도였다. 현재 미국 대학에서는 김용 총장이 제안한 음주문화 개선운동이 서서히 변화의 바람을 몰고 있다.

"저는 약속대로 매년 혁신을 찾고 있습니다. 내년에는 어떠한 혁신을 해야 할지 항상 궁리합니다. 근본적인 변화는 지극히 힘듭니다. 모두들 피하려고 하지요. 하지만 해야 합니다. 저는 다른 방법으로 일할 줄 모릅니다. 이렇게 매년 근본적인 변화를 불러오는 일을 하지 않으면 죄책감을 느낍니다. 월급 값을 못하는 것 같고, 옳지 않다는 생각이 듭니다."

김용 총장은 남들이 변화하니까 할 수 없이 따라가는 것이 아니라 우리들 자신이 변화와 혁신의 주인공이 되어야 한다고 말한다. 그는 유독 근본적인 혁신을 강조한다.

김용 총장이 성공시킨 혁신들

김용 총장은 다트머스대를 운영하면서 많은 혁신을 시도했다. 아이비리그 최초로 2011년부터 의료분야 정책에 기여할 차세대 리더 양성에 초점을 맞춘 온라인 석사과정을 선보였다. 김 총장 자신의 전문분야와 온라인교육 추세를 접목시켜 온라인으로 의료공부를 할 수 있도록 한 것이다. 미국의 건강보험 개혁 법안이 시행되면서 앞으로 의료분야에서 다양한 변화가 나타날 것으로 예상했고, 이를 통해 의료정책을 주도적으로 이끌어나갈 수 있는 리더 양성이 절실하다고 생각했기 때문이다. 이 프로그램은 18개월 과정으로 구성되었는데, 이 중 6주만 학교에 출석하면 이수할 수 있도록 했다.

하지만 다른 대학들이 온라인 강좌 학비를 낮춰 책정하는 것과 달리 18개월 교육기간 동안 8만 달러 이상의 고액 등록금을 책정해 차별화시켰다. 대신 별도의 장학금을 제공하도록 했다. 주위에서는 처음 시도하는 만큼 위험하다고 만류하기도 했지만, 김용 총장은 새로운 혁신을 뚝심 있게 밀고 나갔고, 지금은 성공적인 프로그램이라는 평가를 받고 있다.

이와 함께 김용 총장은 미국 대학으로는 드물게 한국학 조교수직도 만들었다. 2010년 인류, 지리, 정치, 사회학 등과 같은 사회과학 분야를 가르칠 조교수를 임용했다. 국제사회에서 한국의 경제력과 정치 위상이 높아지고 있고, 문화 분야에서는 한류 열풍이 전 세계에 퍼지고 있는 만큼 한국학이 절대적으로 필요하다는 판단에서였다. 김용 총장 자신이 한국계라서가 아니라 시대흐름을 읽었기 때문이다.

김용 총장은 한국 최고의 대학인 서울대학교를 혁신시키는 작업에도 참여했다. 서울대를 법인화하는 작업에 준비위원으로 활동한 것이다. 서울대는 정부가 자금을 지원하는 국립대학이다. 재정운영을 잘못하거나 조직이 비대해져도 정부 자금으로 해결할 수 있었다. 사립대학들은 생존경쟁에서 살아남기 위해 구조조정을 하고 예산절감에 나서야 하지만, 국립대학은 문제가 발생하면 정부가 자금을 지원해준다. 그래서 자칫 잘못하다가는 도도새가 될 수도 있다. 김용 총장은 2011년 서울대법인설립 추진위원회 회의에서 이렇게 말했다.

"대학교육의 질이 글로벌 시대의 국가 경쟁력을 결정합니다. 서울대학교의 변화와 혁신 없이는 한국이 선진국 지위를 유지하기 힘듭니다. 대학은 세상을 보다 나은 곳으로 만들기 위해 세상 문제와 씨름하는 사람을 기르는 곳입니다. 이는 제가 세계보건기구WHO에서 일하며 추구했던 가치와도 일치합니다."

대학교가 법인화되면 학교 경영을 더욱 투명하게 해야 하고, 수익사업도 강화해야 하고, 무엇보다 자체적으로 경쟁력을 확보하기 위해 변화에 나서야 한다. 김용 총장은 서울대도 이러한 모습으로 변해야 한다고 조언한 것이다.

털갈이 계절이 있기에 새롭게 태어날 수 있다

서울대는 외부의 시각에서 객관적으로 조언해 줄 수 있는 인물을 찾았고, 많은 이들의 추천을 받아 김용 총장을 준비위원으로 위촉했다. 김 총장은 다트머스대가 위치한 하노버에서 2011년 5월과 7월 두 차례 열린 위원회 회의에 컴퓨터 화상회의 형식으로 참여했다. 김용 총장은 기본적인 의사소통은 한국말로 충분히 이야기할 수 있지만, 이 날은 전문용어가 많은 관계로 동시통역사가 실시간으로 영어를 한국어로 옮겼다.

김용 총장은 한국 대학이 혁신에 나서야 하는 이유를 이렇게 설명했다.

"미국 예일대와 듀크대가 중국에, 뉴욕대가 아랍에미리트[UAE]에 대학을 세우고 있거나 세울 계획입니다. 미국 대학들이 한국의 경쟁 국가들에 진출하고 있는 것이죠. 또 중국, 일본, 싱가포르 등 아시아 대학들도 인적, 물적 투자를 크게 늘리고 있습니다. 서울대도 학교 경영과 예산의 자율성을 획득해 빠르게 변화해야 합니다. 미국의 대표적인 주립대학인 미시간대학교는 예산의 7%만 정부로부터 지원받습니다. 세계적인 대학이 되기 위해서는 대학 재정이 정부 정책이나 지원예산에 얽매여서는 안됩니다."

김용 총장의 조언은 서울대 입장으로서는 가슴 아픈 충고였다. 지금 정부지원이라는 안락한 소파에서 벗어나지 않는다면 언제든지 글로벌 대학들에게 뒤처질 수 있다는 뼈 있는 말이었다. 김용 총장은 분명 서울대학교 관계자들의 비위를 맞추며 발언의 수위를 조절할 수 있었겠지만, 그렇게 하지 않았다. 분명하고도 직설적으로 조언했다. 그만큼 변화와 혁신이 절실하다고 생각했기 때문이다.

김용 총장의 혁신에 대한 생각은 화가 빈센트 반 고흐와 닮았다. 고흐는 이렇게 말했다.

"새들에게 털갈이 계절이란 어떤 의미가 있을까? 자신의 깃털을 잃는 시기라고 할 수 있을 것이다. 사람에게 비유하자면, 실패를 거듭하는 불행하고 힘겨운 시기라고 할 수 있을 것 같다. 털갈이 계절이 있기에 새롭게 태어날 수 있는 것이다."

우리들은 앞으로 수많은 털갈이를 하게 된다. 예상치 못했던 시련과 도전을 견뎌내야 하고, 때로는 좌절도 맛보게 될 것이다. 넘어지기도 하고, 쓰러지기도 하고, 너무나 아파서 울기도 할 것이다. 하지만 자신을 계발하고, 공부를 하고, 변화를 시도한다면 자신도 모르는 사이에 고난을 극복할 수 있는 에너지와 배짱을 축적하게 된다. 인생의 전환점마다 변화하고 혁신했던 김용 총재가 한국 젊은이들에게 '현실에 안주하지 마라' '변화하라' 그리고 '혁신하라'라고 주문하고 있다.

4

김용 총재의
정신과 가치관

17

세상이 정의 내린 삶에
만족하지 마라

:

외국어

만약 당신이 하루하루를 마지막 날처럼 산다면,
언젠가 당신의 인생은 분명 옳은 삶이 될 것이다.
− 스티브 잡스

김용 총재는 한국에서 태어나 부모님을 따라 미국으로 이민을 갔기 때문에 이민 1.5세대라고 부른다. 나는 뉴욕에서 어린 나이에 이민을 와 언어 때문에 고생하는 아이들을 많이 봤다. 미국 선생님의 말뜻을 잘 알아듣지 못해 수업을 제대로 못하는 아이, 준비물을 제대로 챙기지 못하는 아이, 쉬는 시간에 미국 어린이들과 어울리지 못하는 아이 등등 불편한 점이 이만저만이 아니다. 영어 때문에 스트레스를 받는 아이들도 많다. 내가 살았던 뉴욕 플러싱Flushing의 경우 한국인들이 많이 거주하고 있었기 때문에 한국 아이들끼리 어울릴 수 있었지만, 김용처럼 한국인이 거의 없었던 지역에 살았다면 그 고통과 어려움은 더했을 것이다.

김용 총재는 한국말도 곧잘 한다. 전문용어나 단어사용에 어려움이 있기는 하지만 기본적인 의사소통을 하는 데에는 별다른 문제가 없다. 어린 김용이 한국말을 잊어버리지 않도록 부모님이 집에서는 한국말을 사용하도록 했고, 김용 자신도 한국어를 열심히 공부했기 때문이다. 김용 총재는 한국의 젊은이들에게 영어를 포함해 2개의 외국어를 공부하라고 조언한다.

영어와 중국어를 익혀라

아이비리그 대학에서 공부를 하고, 세계보건기구WHO에서 일을 하고, 전 세계를 돌아다니며 의료봉사를 하면서 글로벌 시대에 적응하기 위해서는 외국어가 필요하다는 것을 절실히 알고 있기 때문이다.

"어학공부를 해야 합니다. 2개의 외국어를 배울 필요가 있어요. 3개면 더욱 좋습니다. 네덜란드는 거의 모든 국민이 3개의 외국어를 합니다. 한국 젊은이들은 영어와 중국어를 하는 것이 좋다고 생각합니다."

그는 한국 젊은이들이 해외에 나가지 않았다고 해서 영어 공부할 기회가 없었다고 얘기하는 것은 변명에 지나지 않는다고 말한다.

"예전에는 집이 부자여야 해외에 나갈 수 있었지요. 하지만 지금은 인터넷과 온라인, 유투브 등과 같이 다양한 방법으로 다른 국가의 언어와 문화를 공부하고 배울 수 있어요. 글로벌 시민이 된다는 것은 완전히 다른 문화권에 있는 사람들의 세계관에 대해 깊이 이해하는 것을 의미하죠. 그러기 위해서는 외국어 공부를 꾸준히 해야 합니다."

김용 총재는 큰 어려움 없이 기본적인 의사소통을 할 수 있을 정도로 한국말을 잘한다. 한국을 방문해서 박재완 기획재정부 장관을 만났을 때에는 한국말로 "형님, 잘 부탁합니다"라고 인사를 건넸다. 한국 속담이나 어려운 고사성어도 곧잘 한다.

그럼 김용 총재는 어떻게 한국어를 공부했을까. 한국 사람이 영어를 배우는 것이 힘든 것처럼, 그에게는 한국어를 배우는 것이 무척 어려웠을 것이다. 그는 이미경 CJ그룹 부회장과 친분이 깊다. 이미경 부회장은 고故 이병철 삼성그룹 선대회장의 맏손녀로 이재현 CJ그룹 회장의 친누나이다.

두 사람은 1984년 하버드대학에서 만났다. 이 부회장은 당시 하버드대에서 유학을 하며 공부를 하고 있었고, 김용 총재는 인류학 박사과정을 밟고 있었다. 이 부회장이 26살이었고, 김용 총재는 25살이었다. 이 부회장은 하버드대에서 외국학생과 한인학생들을 대상으로 한국어를 가르치는 조교생활을 했다.

당시만 하더라도 한국에 대한 인지도가 낮았고, 한국학에 대한 대학의 지원도 거의 없었기 때문에 이 부회장은 자신이 직접 한국어를 가르치기로 마음을 먹었던 것이다. 이 부회장 수업 클래스에 김용 총재가 있었다. 두 사람은 스승과 제자의 인연으로 첫 만남을 가졌다. 이 부회장은 4년 동안 한국어 강좌를 진행했는데, 김 총재는 2년 동안 열과 성을 다해 수업에 참석했다. 웬만한 오기와 고집이 아니면 중간에 몇 번 듣다가 포기했을 텐데 김용 총재는 결코 포기하지 않았고, 다른 어떤 학생보다도 열심히 한국어를 공부했다.

수업은 일주일에 세 번, 1시간씩 진행되었는데 김 총재는 한국어 강의를 한 번도 빠지지 않고 참석할 정도로 성실했다. 인류학 박사과정을 밟고 있는 바쁜 나날이었지만 그는 누구보다 열심히 한국어 수업을 들었고, 어려운 한자가 나오면 이미경 부회장에게 물어가면서 독하게 공부를 했다. 시험성적도 평균 95점 이상이었다. 먼 장래에 자신이 태어난 한국을 위해서 무엇인가 할 수 있을 것이라는 막연한 기대감에 한국어 공부에 매달렸다.

20대 중반에 맺어진 그들의 인연은 지금도 이어지고 있다. 2010년 다트머스대 총장 시절 김용 총장은 이미경 부회장에게 다트머스 MBA과정 학생들에게 한국영화를 주제로 강의해 줄 것을 요청했고, 이 부회장은 이를 기꺼이 수락했다. 한때 스승과 제자였던 그들의 관계는 세계은행 총재와 CJ그룹 부회장이라는 관계로 지속되고 있는 것이다.

비록 국적은 미국이지만 김용 총재의 한국사랑은 남다르다. 그는 한국 문화와 한류열풍에 대해 이렇게 얘기한다.

"프랑스에서는 25%가량의 프랑스인들이 프랑스 영화를 봅니다. 하지만 한국은 90% 이상이 한국영화를 봅니다. 음악도 거의 비슷한 비율입니다. 한국 사람들은 자기 문화와 음악을 무척 좋아하는 것이죠. 한국 문화가 아시아 전 지역으로 퍼져나가는 데에는 다 그럴 만한 이유가 있는 겁니다. 한국문화의 저력을 확인할 수 있습니다."

그의 이야기는 이어진다.

"한국 사람들은 눈치가 빠릅니다. 이는 나쁜 의미에서 얘기하는 것이 아니라, 그만큼 다른 사람들의 마음과 감정을 이해하고 공감하는 능력이 뛰어나다는 것이죠. 무엇인가를 만들어내는 창조도 중요하지만, 다른 사람의 슬픔과 아픔을 같이 나누는 공감능력도 대단히 중요합니다."

영어에 집착하는 것은 좋은 현상이다

김용 총재는 세계의 경제대통령이라고 일컬어지는 세계은행^{WB} 총재이다. 앞으로 TV나 신문을 통해 유창한 영어로 글로벌 경제 현안을 진단하고 대책을 마련하는 김용 총재의 모습을 자주 접하게 될 것이 분명하다. 그의 영어실력은 미국 원어민과 똑같다고 말할 수 있을 정도로 완벽하다. 세계의 외교대통령으로 불리는 반기문 UN 사무총장도 외국어 공부에는 타의 추종을 불허할 정도로 열심이다. 미국 동부의 워싱턴 D.C.에 세계은행이 있고, 차로 5시간 남쪽으로 달리면 뉴욕 맨해튼에 UN본부가 있다. 워싱턴 D.C.에 세계경제를 주관하는 김용 총재가 있고, 맨해튼에는 글로벌 정치와 외교문제를 다루는 반기문 사무총장이 있다. 한국인으로 가슴 뭉클하고 자랑스러운 일이 아닐 수 없다. 세계은행과 UN본부 수장을 모두 같은 핏줄이 담당하는 경우는 세계 역사에 없었다. 한국인의 능력과 저력을 확인할 수 있는 대목이다.

김용 총재는 한국 젊은이들에게 외국어, 특히 영어의 당위성에 대해 이렇게 설명한다.

"한국 학생들이 수학, 과학, 그리고 생물을 배우는 것처럼 열심히 영어를 배워야 합니다. 단지 배워야 하는 하나의 기술입니다. 그것이 옳은 접근방식입니다. 전 세계 모든 사람이 영어를 배우는 이유는 많은 사람들이 영어를 사용하기 때문이지요. 아프리카 나이지리아 사람이 탄자니아 사람을 가르칠 때 영어로 이야기합니다. 비즈니스에서도 한국인과 일본인이 대화할 때에 영어를 사용하지요. 한국과 중국도 마찬가지입니다. 이러한 글로벌 현상을 감안하면 영어에 집착하는 것은 좋은 현상이라고 생각합니다."

김용 총장은 한국의 영어열풍이 유별난 것이 아니고, 오히려 젊은이들이 영어공부에 몰두해야 한다고 지적했다.

2012년 4월 김용 총재가 세계은행 총재 지명에 앞서 한국을 방문했을 때 그는 한국은행 김중수 총재를 만났다. 두 사람은 만나자마자 유창한 영어로 대화를 풀어나갔다. 나는 한국은행을 출입할 때 김중수 총재가 영어로 국제회의를 주재하고, 영어로 주제 발표하는 것을 종종 보았다. 그의 영어는 막힘이 없고 유창하다. 원고를 읽으면서 주제 발표를 하는 것이 아니라, 원어민처럼 자신의 생각을 아무런 원고 준비 없이 술술 풀어나간다. 블룸버그, CNBC 등 미국의 대표적인 경제 방송사들이 질문을 해도 거침없이 답변한다.

김용 총재와 김중수 총재의 영어 대화

외국 앵커들이 김중수 총재의 영어실력과 발음에 놀랄 정도이다. 김중수 총재는 미국 뉴욕이나 워싱턴 D.C.를 비롯해 세계 곳곳에서 열리는 국제회의나 중앙은행 총재 회의에 참석하는 것을 좋아한다. 정부 관료들보다 더 많이 해외출장을 간다. 글로벌 경제흐름을 파악할 수도 있고, 해외 저명인사들과 교류하면서 고급정보도 알아낼 수 있기 때문이다. 그리고 무엇보다 영어에 막힘이 없어 통역의 도움 없이 의사소통이 가능하기 때문일 것이다.

이날 김용 총재와 김중수 총재가 영어로 대화하는 것을 지켜본 사람이라면 왜 영어를 공부해야 하는지 이유를 분명히 알 수 있었을 것이다. 우리는 글로벌 시민들과 대화하고 교류해야 한다. 지금까지는 좁은 국내시장에서만 생존경쟁을 했지만, 앞으로는 세계 모든 시민들과 대화하고, 토론하고, 협상을 해야 한다. 영어는 생존을 위한 필요조건이자 충분조건이 되고 있다.

외국어는 글로벌 인재가 되기 위한 필요조건이다. 해외여행 경험이 많은 사람이라면 세계가 얼마나 빨리 글로벌화되고 있는지 실감하게 된다. 미국의 고속도로를 쌩쌩 달리고 있는 현대와 기아자동차, 유럽시장을 휩쓸고 있는 삼성 TV와 스마트폰, 동남아에 진출하고 있는 국내 은행과 증권사들. 우리 기업들이 전 세계를 무대로 뛰고 있고, 한국 인재들도 세계 시장을 누비고 있다. 한국이라는 경계와 한계를 넘어 글로벌 시장에 뛰어들어야지만 경쟁력을 확보할 수 있는 시대에 우리는 살고 있다.

김우중 전 대우그룹 회장이 젊은이들에게 강조했던 것처럼 정말 '세상은 넓고 할 일은 많은 시대'가 되었다. 일찌감치 글로벌 감각을 익힌 젊은이들은 외국계 은행이나 투자은행에 취직하고 있고, 다국적 기업에서 자신들의 꿈을 펼치고 있다. 이들은 실적과 능력에 따라 연봉이 달리 책정되는데, 국내 기업의 동료들보다 높은 연봉을 받는 것이 일반적이다. 또 삼성, LG, 현대차 등과 같은 대기업은 전 세계에 걸쳐 해외법인이나 지점을 가지고 있으며, 매년 능력이 입증된 직원들을 해외에 파견하거나 연수를 보낸다. 이들은 현지에서 3~5년 생활하면서 외국어를 배우고 현지 영업을 하면서 글로벌 인재로서의 입지를 굳혀 간다.

글로벌 시민이 되어야 도태되지 않는다

내가 머물렀던 뉴욕의 경우 기업에서 능력과 실력을 인정받은 인재들이 현지법인에 파견돼 온다. 삼성전자, LG전자, 현대차 등과 같은 제조기업은 물론 우리은행, 국민은행, 신한은행, 하나은행 등과 같은 시중은행, 한국은행, 대한무역진흥공사코트라, 농어촌유통공사aT, 한국전력 등과 같은 정부기관 직원들이 미국 현지에서 협상을 하고 영업을 한다.

해외 투자자들과 만나 자금유치 협상을 하고, 현지 기업들과 가격협상을 하고, 미국인들을 대상으로 마케팅 활동을 한다. 그들은 국경을 초월해 세계시장을 대상으로 경쟁을 하고 있는 것이다. 이들 글로벌 인재들은 한국에 돌아오면 대기업 사장이 되고, 은행이나 정부기관 임원이 된다. 회사에서는 없어서는 안 되는 핵심인재로 성장하게 된다. 이들이 바로 글로벌 인재들인 것이다.

김용 총재가 한국의 젊은이들에게 기회 있을 때마다 '글로벌 시민global citizen이 되어라'라고 힘주어 말하는 이유가 바로 여기에 있다. 세상이 급변하고 있는 만큼 우물 안 개구리처럼 좁은 세상에 머물러서는 안 되고, 멀리 보아야 한다고 말한다.

"제가 한국의 젊은이들에게 하고 싶은 말은 글로벌 시민이 되어야 한다는 것입니다. 세상에서 벌어지는 일에 항상 관심을 가져야 하고, 그러기 위해서는 외국어를 공부해야 합니다. 외국잡지를 보고, 신문의 국제기사를 읽고, 해외뉴스에 언제나 귀를 기울여야 하는 것이죠. 세상이 어떻게 돌아가고 있고, 어떤 방향으로 변하고 있는지 알아야 합니다. 그리고 세상을 변화시킬 수 있는 일에 참여할 수 있는 방법도 찾아보아야 합니다."

김용 총재의 삶은 말하지 않아도 '글로벌' 그 자체다. 하버드대학교에서 의학을 공부하고, 세계보건기구WHO에서 에이즈담당 국장을 역임했고, 전 세계를 돌아다니면서 가난과 질병으로 고통받는 사람들을 위해 봉사하고 헌신했다. 의학공부를 마친 뒤에 대형 병원에 취직하거나 개인 병원을 오픈할 수도 있었지만 그는 그렇게 하지 않았다. 대신 세상에서 벌어지는 일과 현상에 관심을 갖고, 더 넓고 깊은 시각으로 세상을 바라보았다. 그의 말대로 세상을 이해하고 세상일에 참여할 수 있는 방법을 찾았던 것이다.

좁은 공부가 아니라 넓은 공부를 하라

그는 "글로벌 시민이 된다는 것은 완전히 다른 문화권에 살고 있는 사람들의 세계관에 대해 깊이 이해하는 것이다"라고 말하지 않았던가. 그는 아침에 배달된 신문을 펼치면 먼저 국제면부터 읽는다.

'지금 아프리카에서 어떤 일들이 벌어지고 있는가.'

'글로벌 경제위기가 어떻게 전개되고 있는가.'

'중동에서 벌어지고 있는 민주화 시위가 세계를 어떻게 변화시킬 것인가.'

'반기문 UN 사무총장이 어떤 활동을 하고 있는가.'

미국의 정치, 경제, 사회, 문화 이슈는 물론 전 세계에서 벌어지고 있는 현상을 놓치지 않고 공부를 한다. 그는 평생에 걸쳐 '좁은' 공부가 아니라 '넓은' 공부를 했고, 자신의 경험을 바탕으로 젊은이들에게 글로벌 시민이 되어야 한다고 당부하고 있다.

오바마 미국 대통령은 세계은행 총재 후보자를 검토할 때에 김용 박사와 함께 제프리 삭스 미국 컬럼비아대학교 교수도 함께 고려했었다. 나는 뉴욕특파원 시절 제프리 삭스 교수를 두 차례 만나 인터뷰를 한 적이 있었는데, 세계 경제에 대한 지식이 깊고, 성품이 부드러웠다는 기억을 갖고 있다. 미국의 저명한 교수들은 한국 특파원과 인터뷰를 할 때에는 2,000~3,000달러의 인터뷰 비용을 요구하거나, 시간이 없다는 핑계로 인터뷰를 거절하는 경우가 많지만 제프리 삭스 교수는 바쁜 일정에도 불구하고 시간을 내어 특파원들을 만난다. 그는 김용 총재처럼 겸손하고 부드러운 카리스마를 가지고 있는 인물이다.

오바마 대통령이 그를 세계은행 총재 후보 중의 한 사람으로 고려한 것은 나에게는 결코 놀라운 일이 아니었다. 하지만 제프리 삭스 교수는 김용 총재야말로 적임자라며 자신을 낮추었다. 그는 김용 총재와 수년간 같이 일해 온 경험을 바탕으로 김용 총재에 대해 이렇게 평가했다.

"세계은행에는 지속적인 발전을 이끌어낼 수 있는 완성된 전문가가 필요하다. 오바마 대통령이 김용 총재를 최종 후보로 지명했는데, 나는 지구촌이 최고의 개발 리더를 얻게 된 것이라고 생각한다. 그는 국제경험, 전문성 그리고 조직운영 노하우를 모두 갖춘 인물이다. 나는 수년간 김용 박사와 함께 일해 본 경험이 있다. 김용 박사는 나이지리아 재무장관 응고지 오콘조 이웨알라, 콜롬비아 전 재무장관 호세 안토니오 오캄포 등과 경합을 벌이고 있는 상태이다. 하지만 김 박사는 압도적인 지지를 얻고 있는데, 이는 그가 이뤄온 국제적인 성과들 때문이다."

김용 총장이 신입생을 뽑는 기준

제프리 삭스 교수가 김용 총재를 공개적으로 지지한 것은 글로벌 마인드로 무장된 김용 총재를 높이 평가했기 때문이다. 글로벌 시민이 되어야 한다고 강조하는 것은 반기문 UN 사무총장도 마찬가지다. 글로벌 리더들은 세상을 보는 날카로운 눈이 있고, 자신만의 시각으로 해석할 수 있는 능력을 가지고 있다는 공통점이 있다. 내가 뉴욕특파원으로 있을 당시 반 총장은 한국 특파원들에게 이렇게 말했다.

"세계 각국의 특파원들과 인터뷰나 기자회견을 할 때에는 세계 각국의 이해관계가 걸려 있는 질문들이 쏟아지는데 어떤 때는 답변이 어려운 질문들도 있습니다. 늘 역사를 배워야 하고 세계 각국에서 일어나는 일들의 백그라운드를 공부해야 합니다. 하도 세상을 많이 돌아다니다 보니 지금은 인사말 정도는 15개국 언어로 할 수 있을 정도입니다."

반기문 사무총장처럼, 김용 세계은행 총재처럼 전 세계를 무대 삼아 뛰고 있는 사람들을 찬찬히 들여다보면 그들은 철저하게 '글로벌화된 마인드'를 가지고 있고, 글로벌 시민이 되기 위해 끊임없는 노력을 하고 있다는 것을 알 수 있다.

김용 총장은 자신과 다트머스대학교가 신입생을 뽑을 때 가장 중요시하는 잣대와 기준이 바로 '학생들이 세계의 일들에 대해 얼마나 호기심과 열정을 가지고 있는가?' 여부라고 말했다.

"한국 부모님들이 자녀를 미국 대학, 그것도 아이비리그에 넣기를 희망하고 있다는 것을 알고 있습니다. 저는 한국의 부모들에게 이런 조언을 해드리고 싶어요. 지금은 글로벌 시대이고 모든 것이 빠르게 변화하고 있습니다. 세계적인 대학에는 다양한 분야와 영역에 관심을 갖고 있는 학생들이 몰려듭니다. 세계 각국의 학생들이 모두 섞여있지요. 어떠한 대학교도 같은 부류의 학생이 있는 것을 좋아하지 않습니다."

그는 한국의 젊은이들에게는 책만 파는 공부벌레가 되지 말고, 눈을 크게 뜨고 세계를 보라고 충고한다.

"대학들이 똑똑하고 아주 실력이 뛰어난 학생을 원하고 있고, 이러한 학생들은 분명 대학에 도움이 되겠지요. 하지만 대학들은 공부만 열심히 하는, 소위 공부벌레는 더 이상 원하지 않습니다. 대신에 학업에 대한 뜨거운 열정과 세상일에 대한 깊은 호기심을 가지고 있는 학생들을 원합니다. 시대가 변하고 있고, 앞으로 더욱 빠른 속도로 변할 것입니다."

당신의 노력이 세상을 변화시킬 수 있다

김용 총장이 글로벌 시민이 되기로 결심한 데에 결정적인 역할을 한 사람이 존 솔론 디키John Sloan Dickey이다. 디키는 1945년 8월 미 국무부에서 홍보처장으로 미국의 세계정책과 국방정책을 국민들에게 알리고 홍보하는 역할을 맡고 있었다. 제2차 세계대전이 한창이던 때였는데, 당시 다트머스대학교는 디키를 제12대 총장으로 지명한 상태였다. 디키는 다트머스대 총장 취임을 앞두고 있었는데, 미국 정부는 일본의 히로시마와 나가사키에 원자폭탄을 투하하고 말았다.

전 세계는 미국의 원자폭탄 투하에 대해 반인륜적인 행위이고, 이성을 상실한 행동이라고 비난을 쏟아냈다. 디키는 미국 국민들에게 원자폭탄 투하가 정당한 것이었고, 전쟁을 종식시키기 위해서는 다른 방도가 없었다는 것을 알려야만 했다. 하지만 디키 자신도 원자폭탄 투하는 문제가 있는 행동이었다는 것을 잘 알고 있었다. 그는 극심한 심적 갈등을 겪어야만 했다.

'스스로 지구를 날려버리는 이 같은 실수를 해놓고 어떻게 우리를 보호할 수 있단 말인가. 그리고 학생들에게 어떻게 가르쳐야 한단 말인가?'

그의 고민은 깊어만 갔다. 결국 그는 다트머스대 총장이 되었고, 학생들에게 이렇게 호소했다.

"학생 여러분, 2가지만 기억해 주십시오. 첫째는 세상의 문제는 바로 여러분의 문제라는 것입니다The world's troubles are your troubles. 둘째는 세상에 불가능한 것은 없다는 것입니다 There's nothing impossible. 세상의 모든 문제는 사람들의 생각에서 나옵니다. 인간이 해결할 수 없는 문제는 없습니다. 열정과 끈기만 있다면 처음에는 불가능해 보였던 일들도 가능해집니다. 세상이 정의 내린 삶에 만족하지 마세요. 당신의 노력이 세상을 변화시킬 수 있음을 의심하지 마세요."

의료분야에서 일을 하던 김용 박사가 다트머스대 총장이 되기로 결심을 굳힌 것은 바로 존 슬론 디키의 가르침과 교훈 때문이었다. 특히 김용 박사의 마음을 움직인 것은 '세상의 문제가 바로 나의 문제'라는 디키 총장의 외침 때문이었다. 김용 총장이 다트머스대 신입생과 학생들을 대상으로 강연을 할 때마다 글로벌 시민이 되어야 한다고 당부하는 것은 바로 이 같은 이유에서다. 작은 이익에 일희일비하지 말고 넓은 시야와 안목을 가지고 글로벌 세계를 향해 나아가야 한다고 젊은이들에게 가르치고 있는 것이다.

배움의 과정에 있는 여러분의 경쟁자는 한국의 동료나 친구들이 아니라 세계를 무대로 뛰고 있는 사람들이다. 무역장벽이 없어지고 통상과 교류가 더욱 활발해지면 이 같은 현상은 더욱 속도를 내게 될 것이다. 김용 총장은 한국의 젊은이들에게 "누군가가 되기 위해 인생을 살지 말고, 무엇인가를 하기 위해 인생을 살아야 한다"고 말한다. 이 마음을 잃지 않고 살아간다면 성공이라는 열매를 딸 수 있다고 한다. 한국 젊은이들이 귀담아들어야 할 가르침이다.

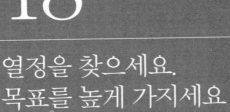

18

열정을 찾으세요.
목표를 높게 가지세요

...

목표

나의 최종 목표가 뭐냐고 너는 묻고 싶겠지.
초벌 그림이 스케치가 되고 스케치가 유화가 되는 법이다.
최초의 모호한 생각을 다듬어감에 따라,
그리고 덧없이 지나가는 최초의 생각을 구체적으로 실현해감에 따라
그 목표는 더 명확해질 것이고, 느리지만 확실하게 성취되는 것이다.
– 화가 빈센트 반 고흐

일본에 가면 '코이'라는 물고기가 있다. 이 물고기는 작은 수족관에 넣어두면 7cm 정도 자란다. 하지만 이 물고기를 좀 더 넓은 수족관으로 옮기면 자신의 이동거리가 넓어진 것을 알아차리고 몸의 길이도 14cm가량 커진다. 하지만 코이 물고기를 강물에 놓아두면 몸의 길이가 100cm를 훌쩍 넘어설 정도로 성장한다. 자신이 처해 있는 상황과 환경에 따라 성장의 정도가 달라지는 것이다.

여러분은 작은 수족관에서 큰 수족관으로, 다시 강물로 향해 나아갈 용기가 있는가. 자신이 처해 있는 환경을 넘어서기 위해 꿈과 용기를 가지고 도전하면 나중에 큰 결과물을 얻을 수 있다. 하지만 많은 사람들은 꿈을 향해 도전하기보다는 현실에 안주하면서 어제와 같은 오늘을 살고 있을 뿐이다. 작은 수족관의 코이 물고기가 될 것인가 아니면 강물 속의 코이 물고기가 될 것인가는 여러분의 꿈과 용기, 그리고 도전 여부에 달려 있다.

강물 속의 코이 물고기가 되라

목표를 정하고 용기를 내 도전해야 한다. 그것도 크고 웅장한 꿈을 꾸도록 해야 한다. 작은 꿈에 그치면 7cm의 코이 물고기가 되지만, 큰 꿈을 간직하면 100cm의 코이 물고기도 될 수 있다. 꿈은 크면 클수록 좋은 것이다.

우리의 인생은 도전과 실패, 재도전의 연속이다. 꿈을 품고 열심히 노력하지만 성공하지 못하고 실패할 경우도 있다. 하지만 세계적인 위인들의 삶을 들여다보면 실패에도 굴하지 않고 다시 도전했다는 공통점을 발견할 수 있다.

김용 총재의 삶은 작고 초라한 수족관에서 살고 있는 코이 물고기가 아니라, 강물을 헤엄쳐 바다로 나아가는 코이 물고기의 삶이다. 그는 대학시절 확고한 인생의 꿈과 좌표를 설정했고, 목표를 향해 앞으로 전진했다. 마치 잘 짜인 인생 계획표대로 자신만의 삶을 살았고, 지금도 그렇게 살고 있다. 하버드대 의대 진학, 의료구호 단체 설립, 세계보건기구 WHO 국장, 다트머스대학교 총장, 그리고 지금은 세계의 경제대통령으로 불리는 세계은행 WB 총재를 맡고 있다. 시간이 지날수록 그의 꿈은 더욱 커지고 원대해지고 대담해졌다. 그리고 그의 꿈과 목표는 현실이 되어 세계 역사의 한 페이지를 장식하고 있다.

아버지로부터 실용적인 학문을 해야 한다는 조언을 듣고 김용은 하버드대에서 의학을 공부했다. 대학교와 실습실, 도서관을 오가면서 학구열을 불태웠고, 의학공부를 통해 가난과 질병으로 고통받는 사람들을 도울 수 있을 것이라는 희망을 품고 학창시절을 보냈다.

김용은 하버드대에서 의학을 공부한다는 첫 번째 목표에 이어 두 번째 목표를 세우고 있었다. 하버드대 의대생 시절 김용과 폴은 다른 친구들도 끌어들여 '파트너스 인 헬스Partners in Health, PIH'라는 의료구호 단체를 만들었다. 작고 초라한 출발이었지만 그의 목표를 실현하기 위한 원대한 발걸음이었다.

김용 총장은 2010년 아이티에서 참혹한 지진이 발생했을 때 다트머스대 학생들에게 이 같이 당부했다.

"아이티 현장에 있는 저의 동료들이 전하기를 지진 피해자들이 PIH 진료소에 몰려들고 있다고 합니다. 지진을 당한 아이티 사람들에게 PIH는 가장 위안이 되는 진료소가 되고 있습니다. 아이티는 재정적인 지원을 호소하고 있습니다. 학생 여러분들도 동참해 주시기 바랍니다."

김용 총재가 하버드대 의대생 시절 설립했던 PIH는 현재 세계 곳곳에 설립돼 가난하고 질병에 시달리는 사람들을 돕고 있다. 작은 씨앗이 무럭무럭 자라나서 큰 열매를 맺고 있는 것이다.

김용은 의대생 시절 처음에는 한국에서 봉사활동을 할 생각이었다. 한국어를 공부한 것도 이 때문이다. 하지만 곧 생각을 달리 했다. 한국은 1950년대의 지독한 가난과 고통을 떨쳐버리고 경제성장을 일구고 있었다. 한국보다 더 가난하고, 도움이 절실한 나라를 도와야 한다는 생각을 했고, 결국 한국이 아니라 아프리카와 남미에 관심을 갖게 되었다. 그렇게 그의 두 번째 꿈은 큰 결실을 맺게 된다.

자신의 인생을 개척하기 위해서는 목표가 있어야 한다. 높은 히말라야 산을 정복하기 위해서는 용기가 필요하듯이 우리 자신의 인생을 정복하기 위해서도 뚜렷하고 구체적인 목표가 있어야 한다. 목표와 꿈이 있으면 용기가 생긴다. 아무런 목표가 없다면 용기도 필요 없는 법이다. 김용 총재가 아무 것도 없는 아프리카와 남미에서 속된 말로 맨땅에서 PIH 의료활동을 시작할 수 있었던 것도 꿈과 목표가 있었고, 이를 추진할 수 있는 용기와 뚝심이 있었기에 가능했던 것이다.

인생을 살다보면 누구에게나 시련이 찾아오고 때로는 절망할 때도 있다. 어떤 사람은 이에 굴복해 실패자의 삶을 사는가 하면 어떤 사람은 인내와 끈기로 이를 극복해 승리자의 삶을 산다. 결국 우리들의 마음먹기에 달려있는 것이다. 현실이 아무리 어렵더라도, 세상의 짐이 너무나 무겁더라도, 남이 나를 알아주지 않는다고 하더라도 내 자신이 설정한 목표만 있다면 우리는 충분히 현재의 어려움을 극복해 나갈 수 있다.

비전을 제시하는 사람

김용과 함께 PIH를 설립했고, 지금은 하버드대학교에서 교편을 잡고 있는 김용의 절친한 친구 폴 파머는 이렇게 말한다.

"제가 김용을 처음 만난 것은 1983년이었어요. 하버드 의대에 면접을 보러갔다가 만났는데, 저에게는 큰 행운이었지요. 그 이후 우리는 친구가 되었고, 동료가 되었지요. 우리는 같이 의학과 인류학을 공부했고 사회를 위해 보다 의미 있는 일을 하기 위해 PIH를 1987년에 설립했습니다. 김용은 비전을 제시하는 사람visionary이었어요. 가난한 국가에 가서 소외되고 병든 사람을 돕겠다는 생각을 실천에 옮겼어요. 김용의 꿈이 세상을 변화시킨 것입니다. 25년 동안 김용을 지켜보면서 김용의 리더십이 분명 세상 사람들에게 도움이 될 것이라는 것을 확신합니다."

PIH 봉사활동을 하던 김용은 더 큰 코이 물고기가 되기 위해 변신을 한다. 2004년 45살의 나이에 세계보건기구WHO 에이즈 국장이 된 것이다. PIH는 외부로부터 재정적인 지원을 받기가 힘들고, 자원봉사자를 확보하는 데도 다소 어려움이 있었지만, 세계보건기구는 UN산하기관이었기 때문에 국제적인 재정지원과 인력확보가 쉬웠다. 봉사활동을 국제기구 차원으로 끌어올리게 된 것이다. 그는 2006년까지 3년 동안 에이즈 국장으로 근무하면서 300만 명의 새로운 에이즈 환자를 치료하기 위한 프로젝트를 진행했다.

주위에서는 회의적인 시선 일색이었다. 하지만 김용은 포기하거나 중단하지 않았다. 두드리면 반드시 문은 열릴 것이라는 희망을 잃지 않았다. 2003년 9월에 시작된 야심 찬 프로젝트는 결국 2007년 목표를 달성하게 된다. 지금까지 세계보건기구는 물론 다른 국제기구들이 해내지 못했던 일을 김용 박사가 보란 듯이 성공시킨 것이었다. 이때부터 김용 박사는 세계 언론과 방송사들의 스포트라이트를 받게 되고, 세계적으로 유명세를 타게 된다. 김용 총재는 그의 꿈과 목표에 대해 이렇게 설명한다.

"여러분이 대담하고 야심 찬 인생 계획을 세울 때 많은 사람들이 당신을 보고 미쳤다고 하거나, 계획이 불가능하다고 얘기할 겁니다. 저는 경력을 쌓아가는 과정에서 이 같은 경험을 너무나 많이 했습니다. 제가 페루의 리마에 있는 슬럼지역에서 PIH 멤버로서 결핵에 걸린 사람들을 위해 봉사할 때도 그러했습니다. 또 WHO 국장으로서 에이즈에 걸린 개도국 사람 300만 명을 치료하기로 했을 때도 그랬습니다. 다행히도 저는 그러한 부정적인 목소리에 귀를 기울이지 않았지요. 지금 전 세계 사람들은 결핵과 에이즈 치료를 제대로 받고 있습니다. 부정적으로 말했던 사람들도 이제는 긍정적으로 말을 하더군요."

"공부하고 일을 하세요. 그리고 세상을 변화시키세요."

김용 총재의 설명은 계속 이어진다.

"젊은이 여러분, 열정을 찾으세요find your passion. 목표를 높게 가지세요aim high. 열심히 공부하고 일을 하세요work hard. 그리고 세상을 변화시키세요transform the world. 인류학자인 마가렛 미드Margaret Mead는 이렇게 말했습니다. '세상을 변화시키려고 하는 사람들의 능력을 결코 과소평가하지 마라. 작은 그룹이더라도 그러한 일을 할 수 있다.' 저는 여러분이 세상 문제를 여러분 자신의 문제로 여기고 적극적으로 도전하기를 조언합니다."

김용 총재는 젊은이들을 만날 때마다 열정과 목표를 가지고 세상을 변화시키라고 말한다. 꿈과 목표가 없는 삶은 무미건조하고 공허할 뿐이다. 김용 자신이 PIH를 설립한 것이나 세계보건기구 국장이 되어 의료분야에 봉사한 것은 마가렛 미드가 얘기한 것처럼 작은 실천에 불과했지만 세상을 변화시키는 기적을 만들어냈다.

혹시 현실에 치여 젊은 시절 품었던 꿈을 포기하고 살고 있지는 않는가. 어느 순간 되돌아보니까 '목표도 없이 그냥 살았구나' 하는 후회를 한 적은 없는가. 젊은 시절 크고 아름다운 꿈을 간직했던 사람들이 사회생활을 하고 조직생활을 하면서 어느 순간 꿈을 상실한 채 살아가는 경우가 많다. 여러분은 어떠한가.

중국 상나라 탕왕이 청동 세숫대야에 '구일신 일일신 우일신苟日新 日日新 又日新, 진실로 새로워지려면 하루하루를 새롭게 하라'이란 글귀를 새겨놓았던 것도 아침마다 새로운 목표를 향해 나아가기 위해서였다. 김용 총재의 인생은 상나라 탕왕의 글귀처럼 진실로 새로워지기 위해 하루하루를 새롭게 살았던 삶이었다. 여러분의 인생 노트에는 어떤 목표가 남아 있는가.

김용 총재는 꿈과 목표에 대해 이렇게 말한다.

"열심히 일하고, 돈을 많이 벌고, 잘 먹고 잘사는 것도 중요한 일입니다. 하지만 더 높은 꿈과 목표를 향해 자신을 내던지는 것은 더욱 멋진 삶이지요. 많은 한국 부모들이 자녀들에게 '잘 먹고 잘살아야 한다'고 가르칩니다. 부모가 희생할 테니 자녀들은 열심히 공부해서 보란 듯이 살아야 한다고 말합니다."

그의 설명은 이어진다.

"저는 제 아이들이 크면 이렇게 말할 것입니다. '너희들은 아주 좋은 환경에서 태어났다. 나는 너희가 원하는 것은 무엇이든 간에 도와줄 것이다. 단 하나의 조건, 꿈과 열정을 가지고 있다면!'이라고요. 글을 쓰는 작가, 랩을 하는 음악가, 예술가, 어떤 직업을 선택해도 괜찮습니다. 자녀들이 진심으로 하고 싶은 것을 찾는다면 진지하게 그들의 꿈과 목표에 대해 이야기할 것입니다."

지금 여러분의 인생 노트에는 꿈과 목표가 그대로 남아있는가. 그렇지 않다면 볼펜을 꾹꾹 눌러 사라져버린 꿈과 목표를 복원시키자. 그리고 지금 당장 그 꿈과 목표를 향해 작은 실천에 나서도록 하자. 우리에게 주어진 시간이 그리 많지 않다.

목표만 세우고 행동으로 옮기지 않는다면 그 목표는 공상에 지나지 않게 된다. 김용 총재는 꿈과 목표를 세우고, 몸소 실천했기에 세상 사람들의 존경을 받고 있는 것이다.

지난 1990년대 초 미국 보스턴의 브리검영 병원에서 있었던 일이다.

"상당한 규모의 약이 필요합니다. 지금 준비해주세요."

동양계 미국인이 병원 직원에게 말했다. 병원 직원은 한 번도 본 적도 만난 적도 없는 사람이 약을 요구하자 황당했다.

"누구십니까?"

"브리검영 병원장과 아주 친한 사이입니다. 너무 급합니다. 지금 약이 필요합니다."

병원 직원은 동양계 미국인의 행동이 너무 수상했다.

"믿을 수가 없습니다. 신분증 봅시다."

동양계 미국인은 신분증을 내밀었다.

"여기 신분증이 있습니다. 병원장에게는 제가 허락을 받았으니 바로 약을 주세요."

신분증에는 하버드대 의대교수라고 적혀 있었다. 브리검영 병원은 하버드 의대의 실습병원이었다. 하버드 의대교수라는 명함과 신분증을 본 병원 직원은 이 사람이 높은 분이라는 것을 직감적으로 알았다.

병원 직원은 동양계 미국인의 신원과 신분증을 확인하고 나서 약을 건네주었다.

"요구하신 약은 여기 있습니다. 전부 10만 달러에 상당하는 큰 금액입니다."

"당신에게는 전혀 피해가 가지 않도록 하겠습니다. 병원장에게 허락을 받았으니 문제가 없을 거예요."

하버드대학의 로빈 후드

동양계 미국인은 그래도 미심쩍다는 듯이 쳐다보는 병원 직원을 안심시켰다. 그리고 동양계 미국인은 약을 가방에 넣고 브리검영 병원을 떠났다. 다음 날 브리검영 병원이 발칵 뒤집혔다. 약을 건네받은 그 사람은 이미 페루로 떠났고, 병원은 약값을 받지 못할 것이라는 루머가 퍼졌다. 병원이 사기를 당했다는 소문이 퍼지고 있었다.

이 같은 사실을 전해들은 브리검영 병원장은 노발대발하며 담당 직원을 불렀다.

"어떻게 된 일인가?"

병원장은 다짜고짜 물었다.

"예, 한 동양계 미국인이 병원장 허가를 받았다며 약을 달라고 해서 주었습니다. 가격은 10만 달러가량입니다."

"나는 그런 사실이 없네. 그 사람에 대해서 아는 것이 없나?"

병원장은 초조한 듯이 직원을 다그쳤다.

"여기 명함이 있습니다. 하버드 의대에 확인하면 신원을 확인할 수 있을 것 같습니다."

담당 직원은 모기가 기어들어가는 목소리로 힘없이 답했다. 거액의 약값을 떼일 처지에 놓인 병원장은 난감해했다. 명함을 건네받은 병원장은 곧장 하버드대 의대학장에게 전화를 걸었고, 영문을 모르는 의대학장은 바로 브리검영 병원으로 달려왔다.

브리검영 병원장은 사기사건(?)의 자초지종을 하버드대 의대학장에게 상세히 설명했고, 명함도 건네주었다. 하지만 사건의 전말을 전해들은 의

대학장은 껄껄 웃으며 이번 사건을 일으킨 동양계 미국인은 바로 김용 박사라는 것을 알려주었다.

"김용 박사는 전 세계를 대상으로 의료구호 활동을 하는 분이죠. 하지만 제대로 약을 공급할 수 없어 늘 고민이었죠. 이번에도 페루로 봉사활동을 하러 가는데 약이 급했나 봅니다. 본의 아니게 사기(?)를 치게 되었네요. 비용은 어떻게든 처리하도록 할게요."

의대학장의 설명을 들은 병원장은 놀란 가슴을 쓸어내렸다.

"로빈 후드가 따로 없네요. 큰 감동을 받았습니다."

병원장이 오히려 미안해하는 듯한 표정을 지었다. 이렇게 사기사건은 유야무야됐다. 이 같은 해프닝이 하버드대 의대에 알려지자 김용 박사는 '로빈 후드'라는 별명을 얻게 되었다. 한국의 홍길동처럼 부자들의 돈을 털어 가난한 사람들에게 나누어 주었다는 의적義賊을 빗대어 그렇게 불렀던 것이다. 김용 박사는 미국의 부자 병원에서 돈을 빼앗다시피 해 페루의 빈민촌에서 의료구호 활동을 벌였다. 그 약들은 가난한 페루 주민들의 결핵, 장티푸스, 그리고 전염병을 치료하는데 큰 도움이 되었다. 김용 총재의 행동과 결단력이 있었기에 가능한 일이었다.

김용 총재는 꿈만 꾸거나 목표만 세우지 않았다. 몸소 행동하고 실천했다. 말만 번지르르하게 하고, 행동으로 옮기지 않는 사람들과는 큰 차이가 있다. 그러한 차이가 보통 인물과 위대한 인물을 가르는 잣대가 된다.

김용 총재처럼 위대한 인물들의 정맥 속에는 행동과 실천이라는 성공 요인이 녹아 흐르고 있다. 목표만 설정하고 행동으로 옮기지 않거나 계획만 세워놓고 실천하지 않으면 모든 것이 허사로 돌아가고 만다. 행동하고 실천할 수 있는 패기가 있어야지만 자신의 목표와 꿈을 이룰 수 있다. 행동으로 옮기지 않는 생각은 망상에 불과하고, 실천하지 않는 생각은 공상에 지나지 않기 때문이다.

'행동'이라는 단어만큼 우리의 마음을 뭉클하게 하는 말도 없다. 두 주먹을 불끈 쥐고 '도전'이라고 외칠 때 우리는 가슴 깊은 곳에서 용솟음치는 에너지를 느낄 수 있다. 주저하거나 머뭇거리다가 좋은 기회를 놓쳐버리는 바보가 많다. 기회가 찾아왔을 때 패기를 가지고 행동하는 사람이 성공할 확률이 높다. 성공한 사람치고 몸소 행동하지 않은 사람은 없다.

위기일 때 오히려 나서야 한다. 보통 사람들은 위기가 닥칠 때 현실을 회피하고 안전한 곳으로 피신하려고 한다. 하지만 위기 속에 기회가 있는 법이다. 기회는 늘 위기의 얼굴로 찾아오게 마련이다. 역사상 이름을 날린 위인들은 위기에서 기회를 포착하고 과감하게 행동한 사람들이다.

김용 총재가 기부를 하는 이유

김용 총재는 불쌍하고 가난한 사람들을 위해 기부에도 적극 나섰다. 한국에서도 기부문화가 성숙되고 있지만, 미국은 기독교 국가여서 그런지 기부가 생활의 일부로 여겨지고 있다. 유치원이나 초등학교에 다니는 아이들은 기부용으로 부모에게서 1~2달러를 받아 학교로 가져간다. 선생님들이 기부목적으로 사용하는 돈이니 아이들에게 얼마 정도의 돈을 주었으면 좋겠다는 쪽지를 학부모들에게 보낸다.

김용 총재도 어린 시절 이 같은 교육을 받으며 자랐기 때문에 기부에 익숙하다. 그는 다트머스대 총장시절 한인단체들이 뉴욕 맨해튼이나 뉴저지에서 개최하는 자선행사에 참여해 후원금과 기부금을 냈으며, 기조연설자로 참석하기도 했다. 자라나는 한인 학생들에게 그는 언제나 멘토였고, 롤모델이었기 때문에 행사장은 언제나 만원이었다. 또 가정형편이 어려워 학비를 내기 어려운 다트머스대 학생들을 위해 수만 달러의 개인 기부금을 냈다. 2009년의 경우 김 총장이 낸 개인 기부금은 대학의 역대 총장들이 낸 기부금액 중 가장 많은 액수였다. 김 총장은 "내가 스스로 하지 않으면서 다른 사람에게 기부를 요청할 수는 없는 일 아닌가?"라고 반문했다.

사람들은 말로는 쉽게 불쌍한 사람을 돕고, 가난한 사람들에게 기부를 해야 한다고 하지만 정작 행동으로는 잘 옮기지 않는다. 말은 앞서지만 행동은 따라가지 못한다. 말과 행동이 일치하지 않는, 이른바 언행 불일치言行 不一致이다.

행동은 신속한 결정을 전제로 한다. 어영부영하거나 우유부단해서는 결정을 내리지도 못할 뿐더러 행동에 나서기는 더더욱 어렵다. 결정을 내릴 때까지는 상황을 신중하게 고민해야겠지만, 판단이 서면 바로 행동에 나서야 한다. 성공을 보장하는 수많은 기회들이 우리 곁을 그냥 지나쳐간다.

동서양 고전과 인문서적을 즐겨 읽었던 김용 총재의 생각을 찬찬히 들여다보면 러시아의 대문호 톨스토이와 매우 흡사하다는 것을 발견하게 된다. 김용 총재와 톨스토이는 가난한 사람을 돕고, 인간 본성에 따라 행동하고, 언제나 따뜻한 마음으로 다른 사람을 대해야 한다는 가르침을 전하고 있다.

톨스토이가 던지는 '세 가지 물음'

레프 N. 톨스토이는 '세 가지 물음'이라는 단편집에서 하루하루 별다른 생각 없이 살아가는 우리들에게 의미심장한 세 가지 질문을 던진다.

첫 번째 질문은 "모든 일을 하는 데 있어서 언제가 가장 좋은 때인가?"이다.

많은 사람들이 자기계발 계획을 세워놓지만, 오늘 공부해야 할 일을 내일로 미루거나 아예 실천에 옮기지 않는다. 팍팍한 살림살이에서 벗어나기 위해 저축해야겠다고 마음을 다잡아보지만, 하루 이틀 미루다 실천하지 못하고 만다. 신세를 진 친구에게 고맙다는 인사를 해야 하는데 나중에, 나중에 하다가 그만 기회를 놓치고 만다.

이에 대해 톨스토이는 "인생에서 가장 중요한 때는 오직 하나 '지금'이다. 왜 지금이 중요한가 하면 오직 '지금'에 있어서만 우리는 그것을 마음대로 다룰 수 있기 때문이다"고 답한다.

두 번째 질문은 "우리에게 어떤 사람들이 가장 필요한가?"이다.

어떤 사람은 권력을 가진 정치가가 필요하다고 할 것이고, 어떤 사람은 지식이 풍부한 학자가 필요하다고 할 것이고, 어떤 사람은 평생 쓰고도 남을 돈을 가지고 있는 부자를 두는 것이 필요하다고 할 것이고, 어떤 사람은 건강을 책임지는 의사가 필요하다고 할 것이다. 이들은 내가 곤경에 처해있으면 도움을 청할 수 있는 사람들이고, 옆에 같이 있으며 나의 가치가 올라가는 사람들일 것이다. 하지만 톨스토이의 가르침은 이와 다르다.

두 번째 질문에 톨스토이는 "우리에게 가장 중요한 사람은 지금 접촉하고 있는 사람이다. 왜냐하면 앞으로 그와 다시 만나게 될지, 어떻게 될지 아무도 모르기 때문이다"고 자문자답했다.

얼마나 명쾌한 대답인가. '옷깃만 스쳐도 인연'이라는 말처럼 지금 내가 만나서 이야기를 나누는 사람이 세상에서 가장 중요한 사람이다. 그 사람과의 작은 인연이 쌓이고 쌓여서 나중에는 큰 인연이 되고, 서로가 서로에게 도움이 될 수 있는 존재가 되는 것이다. 권력이나 명예, 재산을 가지고 있는 사람들 앞에서 알랑거리기보다는 지금 내가 만나고 있는 사람들의 인연을 소중히 여기는 것이 더 중요하다는 가르침이다. 지금 만나고 있는 사람과의 인연을 귀중히 여기다 보면 권력과 명예와 부귀를 가진 사람들이 저절로 나의 곁으로 오게 되는 것을 경험하게 될 것이다.

세 번째 질문은 "모든 일 가운데 어떤 일이 가장 중요한가?"이다. 일확천금을 거머쥐는 일, 하늘을 나는 새도 떨어뜨릴 수 있는 권력을 잡는 일, 다른 사람들의 존경을 받는 일 등 수많은 일들이 중요할 것이다. 우리는 이 같은 목표를 위해 서로 경쟁한다.

톨스토이는 이에 대해 "인생에서 가장 중요한 일은 사람들에게 선善을 행하는 것이다. 인간은 오직 선을 위해서만 이 세상에 보내졌다. 이것을 마음에 새겨두어야 한다"고 답했다.

비록 사람들은 더 높은 자리를 차지하기 위해, 더 많은 돈을 가지기 위해, 더 많은 명성을 얻기 위해 치열하게 경쟁하지만, 정작 우리들에게 필요한 것은 선과 사랑이라는 것이다. 시야가 가려진 경주마처럼 앞만 보고 달려가는 우리네 인생살이지만, 가끔은 가진 것 없고 소외된 사람들에게 따뜻한 손길을 건네야 한다는 조용한 외침이다.

톨스토이뿐 아니라 위대한 인물들은 하나같이 '지금 당장 행동하라'고 외친다. 갖은 변명과 핑계를 들이대며 다음으로 미루지 말고, 지금 당장 계획하고 실천하라고 말한다. 역사의 수레바퀴를 돌리는 사람은 구경하는 자가 아니라 몸소 행동으로 옮기는 자이기 때문이다.

김용 총재는 톨스토이의 말처럼 지금^{now}과 현재^{present}를 중시하고, 지금 만나고 있는 사람을 귀하게 여기고, 남을 도와주는 선한 행동을 몸소 실천하고 있다. 그는 톨스토이가 물었던 3가지 질문에 대답하면서 인생을 살고 있는지도 모른다. 여러분은 어떠한가. 말한 대로, 꿈꾼 대로, 목표로 삼은 대로, 행동하고 실천했는가. 대답이 '예스'라면 앞으로 계속 밀고 나가야 할 것이고, 만약 대답이 '노'라면 오늘 저녁 자신의 삶을 진지하게 되돌아보고 미래를 설계해보는 것은 어떨까.

19

밀알과 같은
사람이 되어라

...

낮춤

스스로 만년 동안이나 살 수 있는 것처럼 행동하지 마라.
죽음은 언제나 그대 위에 걸려 있다.
그대가 사는 시간은 그대가 어찌할 수 있는 것이 아니다.
그러므로 겸손하게 살아라.
– 로마황제이자 철학자 마르쿠스 아우렐리우스

다트머스대학교 역사관에는 역대 총장들의 초상화와 사진이 전시돼 있다. 전부 백인 남자들이다. 17대 총장인 김용 총장은 환하게 웃는 사진이 걸려 있다. 전통적으로 재임기간 중에는 사진을 전시하고, 퇴임한 이후에는 초상화를 그려 넣는 것이 관례이다. 역사관을 둘러보는 사람들은 백인 남성들 사이에서 환하게 웃는 동양인 총장에게 많은 관심을 보인다. 역사관에는 영국 정부가 인가한 다트머스대학교 설립허가증도 같이 걸려 있다. 역대 16명의 총장 중 8명이 목사 출신이고, 8명은 비非목사 출신이다. 김용 총장은 목사가 아니기 때문에 비非목사 출신이 목사 출신을 웃돌게 된다. 김용 총장이 취임함에 따라 이 비율도 역전이 되게 됐다.

김용 총장은 역대 총장들에 대해 이렇게 소개한다.

"여기에 있는 역대 총장들은 세상을 위해 많은 훌륭한 일들을 해 온 분들입니다. 자신을 헌신한 분들이죠. 그들이 어떠한 일을 해왔는지를 생각하면 내 자신이 절로 고개가 숙여집니다."

김용 총장의 설명은 이어진다.

"저는 다트머스대학교가 어떻게 움직이고 어떻게 호흡하는가를 이해한 이후에야 다른 훌륭한 일들을 할 수 있다고 생각합니다. 240년간 이어져온 역사를 쉽게 생각해서는 절대 안 됩니다. 겨우 17명의 총장이 있을 뿐입니다. 미국 역사는 다트머스대학교보다 짧지만 44명의 대통령이 있었어요. 이러한 점을 감안하면 저는 대단히 특별한 역사적 전통을 이

어받은 겁니다. 그것을 진귀하고 귀하게 여기고 이해하는 것이 제가 수행해야 할 첫 번째 일이라고 생각합니다."

고개를 숙이고 허리를 굽혀라

김용 총재는 세계 최고로 꼽히는 대학의 수장이다. 그는 선배 총장들이 지켜온 전통과 문화를 지키고 보호하는 것이 그의 첫 번째 임무라고 말했다. 그는 '이전 것은 모두 낡았다'라든가 '옛날 것은 고쳐야 한다'라든가 '나의 방식대로 모든 것을 바꾸겠다' 등과 같이 말하지 않았다. 겸허한 마음으로, 그리고 낮은 자세로 선배들의 전통을 이어받겠다며 머리를 숙였다.

김용 총재는 어린 시절부터 어머니에게서 "너는 밀알과 같은 사람이 되어라"라는 가르침을 받고 자랐다.

"어머니는 저에게 밀알처럼 겸손하라고 가르쳤어요. 밀은 아주 빨리 자라고 시간이 지나면 또 자랍니다. 하지만 완전히 성숙하면 머리를 숙이지요."

김용 총재는 어머니의 말씀대로 다른 사람들을 대할 때 고개를 숙이고 허리를 굽힌다. 2012년 4월 1일 한국을 방문해 이명박 대통령을 접견했을 때에도 그는 다른 사람들이 의아하게 생각할 정도로 허리를 굽혔다. 마치 군대 졸병이 장군에게 인사를 하는 듯 했다. 의식적으로 일부러 고개를 숙인 것이 아니라 어린 시절부터 그에게 배인 습관이 무의식중에 나타난 것이다. 세계은행 총재 후보로서의 권위를 세우기 위해 가벼운 목례만 할 수도 있었는데 그는 그렇게 하지 않았다.

배운 것이 많아지고, 부유해지고, 지위가 올라갈수록 우리는 다른 사람들을 깔보고 멸시하려는 나쁜 습관을 갖게 된다. 한없이 착하고 겸손했던 사람이 벼락부자가 되거나 사회적 지위가 올라가면 초심을 잃어버리고 남들 위에 군림하는 경우를 종종 보게 된다.

"옛날에는 참 좋은 사람이었는데 돈을 벌더니 사람이 변했네."

"사람들에게 참 잘했는데 지위가 높아지더니 돌변했네."

"좀 배웠다고 사람들을 저렇게 무시해도 되나."

우리 주위에는 이 같은 사람들을 자주 목격하게 된다. 가진 것이 없고 지위가 낮을 때에는 한없이 고개를 숙이다가도, 부자가 되고 권세를 얻게 되면 겸손한 마음을 잃어버리는 사람들이 많다. 고대 로마시대로 역사의 시곗바늘을 돌려보자. 고대 로마의 황제들 중 지도자로서 인정받는 황제들은 자기 자신에게 겸손하려는 노력을 게을리하지 않았다. 네로, 칼리쿨라 같은 폭군들은 당대에는 물론 후세에도 폭군으로 치부되고 있지만, 훌륭한 황제들은 거대한 로마제국을 이끌기 위해 언제나 겸손한 마음을 잃지 않았다.

로마가 AD 5세기 멸망하기까지 1000년의 역사를 이어갈 수 있었던 것은 자신에게 엄격한 잣대를 적용했던 훌륭한 황제들이 있었기 때문에 가능했다. 로마 황제들은 아프리카나 갈리아, 중동, 이베리안 반도 등 주변 국가나 민족들과 전쟁이 있을 때에는 직접 참전하는 경우가 많았다. 군대를 조직하고, 병사들을 훈련시키고, 전장에서 전투를 벌이면서 황제는 황제로서의 자질과 능력을 평가받는다. 그리고 큰 전쟁에서 승리할 때에는 네 마리의 말이 끄는 사륜마차를 타고 개선문을 통해 로마로 입성한다. 길거리에서는 승리감에 취한 군중들이 "황제 만세!"를 외친다.

하지만 로마에는 특이한 전통이 있다. 개선문을 지나가는 황제의 사륜마차에는 노비가 같이 탄다. 승리의 기쁨에 젖은 황제가 개선문을 통과할 때 이 노비는 사륜마차에서 일어나 황제에게 이렇게 외친다.

"당신은 인간입니다. 당신은 인간입니다. 당신은 인간입니다."

황제는 승리의 기쁨에 취해있고, 황제를 맞이하는 군대와 군중들도 한껏 들떠있지만 이 노비는 황제가 '한낱 인간에 불과하다'는 사실을 황제는 물론 군중들에게도 알려주는 것이다. 황제가 득의양양해 황제로서의 본분을 망각하고 거만해지거나 자만심에 빠지는 것을 경계하기 위해서이다.

'아무리 당신이 큰 승리를 거두었다고 하더라도 당신은 인간에 불과합니다. 교만해지거나 경거망동해서는 안 됩니다'라는 의미가 담겨있다. 전쟁에서 승리한 황제에게 '자신에게 더욱 엄격해지고 겸손해져야 합니다'라는 메시지를 전하는 것이다.

후세 사람들이 로마의 역사에서 교훈을 얻으려고 하는 것은 비록 세상을 지배하는 황제이더라도 겸손의 미덕을 잃지 않으려고 노력한 점을 높이 평가하고 있기 때문이 아닐까.

김용 총재는 경쟁을 물리치고 세계은행 총재가 되었는데, 이는 마치 전장에서 승리하고 개선문을 통과하는 황제의 기분과 다를 것이 없을 것이다. 우리는 승리를 거두면 거만해지고, 패배자를 얕보고, 세상의 모든 것을 얻은 것처럼 우쭐해한다. 하지만 김용 총재는 자기 자신의 내면에 '당신은 인간입니다'라고 외치는 자신만의 노예를 간직하고 살아가고 있다. 과연 김용 총재에게 성공이란 무엇일까. 그는 성공을 어떻게 정의 내리고 있는 것일까.

"저는 다트머스대학교에 무엇인가가 되기 위해서 온 것이 아닙니다. 무엇인가를 하러 온 것입니다. 이 마음을 오롯이 지키고 잃지 않는 것이 성공이라고 생각합니다. 제가 세상의 가난한 사람들을 위해 일을 하기보다는 저의 위치와 지위를 지키려고 애쓰는 순간 스스로 이 자리에서 물러날 것입니다."

겸손은 어떠한 권위보다 더 강력하다

김용 총재는 다트머스대학교에 총장으로 온 것이 아니라고 한다. 다트머스대학교와 글로벌 사회를 위해서 무엇인가를 하기 위해서 온 것이라고 말한다. 총장으로 온다는 것은 권위를 내세우고 자신의 위치를 자랑하기 위해서다. 하지만 무엇인가를 하기 위해서 오는 것은 사회에 봉사하고 다른 사람을 섬기기 위한 것이다. 그는 '권위의 리더십'이 아니라 '겸손의 리더십'을 강조하고 있다. 우리보다 가진 것 없고, 배운 것 없고, 경제적으로 넉넉하지 못한 사람을 섬기기 위해서 자신은 살고 있고, 그렇게 사는 것이 성공한 삶이라고 그는 생각하고 있다. 자신이 개인의 특권과 위치를 지키려고 안달복달하는 순간, 그는 스스로 아이비리그 총장직에서 물러나야 한다고 자신을 채찍질하고 있다. 사회적 강자가 베푸는 겸손은 어떠한 명령이나 권위보다도 더 큰 힘을 발휘한다.

우리의 삶은 굴곡의 연속이다. 항상 이기는 것이 아니라 질 때도 있다. 승리할 때가 있는가 하면 패배할 때도 있다. 웃을 때도 있고 울 때도 있다. 갑甲의 입장이었다가 한 순간에 을乙의 처지로 떨어지기도 한다. 겸손하고 겸허한 마음으로 나를 낮춘다면 세상을 살아가는 새로운 지혜와 혜안을 얻을 수 있게 된다.

2009년 12월초에 있었던 일이다. 다트머스대학교와 하버드대학교 간 축구 경기가 열렸다. 미국 동부를 대표하는 학교 간 시합이었다. 라이벌 의식이 작용했는지 경기는 과열되었고 시간이 지날수록 긴장감은 위험 수위를 넘어서고 있었다. 결국 경기가 종료된 후 다트머스대학교 축구선수와 팬들이 하버드대학교 선수와 팬들에게 갖은 욕설을 해댔다. 각종 성적인 비유가 담긴 폭언과 육두문자가 쏟아졌다. 이날은 학기말 강의가 마무리된 데다 라이벌인 하버드대학교와의 경기여서 평소보다 2배 많은 학생들이 경기를 관람했다. 자칫 잘못했다가는 집단 패싸움으로 번지기 일보 직전이었다. 하지만 다트머스대학교 선수와 팬들은 마지막 순간, 자신들의 행동이 지나쳤음을 깨닫고 더 이상 일을 확대하지 않았다. 모두가 불편하고 불쾌한 마음으로 경기를 끝냈다.

하지만 이 소식을 전해들은 김용 총장은 부끄러워 얼굴을 들지 못했다. 마치 자신이 그 같은 무례하고 몰염치한 행동을 저지른 것 같았다.

"지성의 상아탑이라고 하는 대학교에서 이런 일이 벌어지다니!"

김용 총장은 며칠 뒤 뉴욕시에서 열린 아이비리그 총장 정기모임에 참석한 자리에서 파우스트 하버드대학교 총장에게 학생들을 대신해 정중하게 사과했다. 하버드대학교 운동부에도 직접 사과했다. 비록 자신이 잘못한 것은 아니지만 대학을 책임지고 있는 총장으로서 마땅히 해야 할 일이라고 생각했다.

용기 있는 사람만이 자신을 낮출 수 있다

김용 총장은 다트머스대 학생들에게 이메일을 보내 이렇게 충고했다.

"운동부 학생들의 행동에 실망감이 큽니다. 학교와 재학생들이 운동선수를 열렬히 응원하는 만큼이나 선수들도 타인을 존중하는 옳은 태도를 보여주기를 기대합니다."

따끔한 지적이었다. 잘못을 인정하고 겸손하게 반성하라는 메시지였다. 결국 사건의 단초를 제공했던 다트머스대 축구팀 주장과 선수들도 하버드대학 선수들에게 공식 사과문을 전달했다. 그렇게 사건은 일단락되었다.

총장이 경쟁학교의 총장에게 고개와 허리를 숙이고 사과한다는 것은 부끄러운 일임에 틀림없다. 기분이 상하는 일이다. 시간이 지나면 모든 일들이 유야무야 없었던 일이 될 수도 있고, 사람들의 기억에서 서서히 잊혀질 수도 있다. 아니면 자신이 직접 사과를 하지 않고 대변인을 통해 사과의 메시지를 전달할 수도 있다. 하지만 김용 총장은 그렇게 하지 않았다. 자신의 잘못을 감추는 비겁한 행동이라고 생각했다. 자신이 칭찬받은 일을 했을 때에도 겸손하게 자신을 낮추어야 하지만, 자신이 잘못을 저질렀을 때에는 더욱 허리를 굽혀야 한다고 판단했다. 비굴하게 뒤에 숨어서 시간이 지나가기만 기다리지 않았다.

진정으로 용기 있는 사람만이 겸손할 수 있는 법이다. 겸손은 자기를 낮추는 것이 아니라 나중에 알고 보면 오히려 자신을 세우는 것이라는 것을 깨닫게 된다. 위대한 삶을 살았던 거인들이 세상 사람들의 존경을 받고 있는 것은 용기 있게 자신을 낮추고, 다른 사람들에게 고개를 숙였기 때문이다. 김용 총장도 마찬가지다.

김용 총재의 동양철학에 영향을 미쳤던 또 다른 위인, 맹자는 이렇게
설파했다.

"사람을 사랑하되, 그가 나를 사랑하지 않거든 나의 사랑에 부족함이
없는가를 살펴보라. 사람을 다스리되, 그가 다스림을 받지 않거든 나의
지도에 잘못이 없는가를 살펴보라. 행하여 얻음이 없으면 모든 것에 나
자신을 반성하라. 내가 올바를진대 천하는 모두 나에게 돌아온다."

계영배의 마음으로 살아라

겸손하게 산다는 것은 계영배戒盈盃를 들고 술을 마시는 것과 같다. 계
영배는 '과하거나 지나친 것을 경계하고 삼간다'는 뜻이다. 술을 너무 많
이 마시는 것을 경계하기 위해 만든 잔이다. 잔 밑에 구멍이 뚫려 있어 적
당히 술을 부으면 괜찮지만 술을 잔의 70% 이상 따르면 모두 밑으로 흘
러내려간다. 계영배에 술을 따를 때에는 조심스럽게 잔의 70%가 채 안
되도록 해야 한다. 욕심을 부려 술을 많이 따르면 술을 마실 수 없게 되어
있다. 결국 계영배는 인간의 끝없는 욕심을 경계해야 한다는 상징적인
의미를 가지고 있는 것이다.

성인으로 추앙받는 공자도 항상 계영배를 옆에 두고 스스로를 가다듬
으며 과욕과 지나침을 경계했다. 또 조선시대 거상巨商인 임상옥도 계영
배를 늘 곁에 두고 끝없이 솟구치는 과욕을 다스리면서 비즈니스를 했다
고 한다. 김용 총재의 가슴속에는 '당신은 인간입니다'라고 외치는 노예
와 함께 계영배 정신이 녹아있는 것은 아닐까.

김용 총재가 세계은행 총재 후보로 오르내리고 있을 당시 한국 특파원들이 다트머스대학교를 직접 방문한 적이 있다. 미국 동부의 경우 한국 특파원들은 뉴욕과 워싱턴 D.C.를 취재하는 기자들로 나뉘어져 있다. 뉴욕 특파원은 맨해튼 월가wall street에서 벌어지는 금융시장과 경제현상을 취재해 한국 본사로 기사를 보낸다. 워싱턴 D.C.에 거주하는 특파원들은 백악관을 담당하면서 한·미관계, 북한문제, 미국 정치 등을 취재해 기사화한다. 뉴욕의 경우 신문사마다 1명의 특파원이 나와 있지만, 워싱턴 D.C.에는 한·미관계가 갖는 중요성을 감안해 2~3명의 특파원을 파견하는 신문사들도 많다.

한국에서와 마찬가지로 미국 특파원들 사이에서도 특종과 낙종에 대한 스트레스가 많다. 그래서 취재가치가 있는 유명인이 있으면 먼저 인터뷰 요청을 하고, 한국 국민들에게 교훈과 흥미가 될 만한 내용을 먼저 기사로 쓴다.

김용 총재도 이러한 케이스다. 세계은행 총재 후보로 이름을 올리면서 그는 한국 특파원은 물론 세계 언론매체의 인터뷰 대상이 되었다. 영국의 BBC, 일본의 NHK, 중국 신화통신, 미국 CNN 등이 그를 취재하기 위해 인터뷰 요청을 한 것은 물론이다. 한국 특파원들도 다트머스대학교를 향해 떠났다. 김용 총재가 세계은행 총재 후보로 지명됐다는 것은 정말 예상하지 못했던 큰 뉴스였기 때문에 특파원들은 김용 총재와 사전에 약속을 하지 않고 다짜고짜 다트머스대를 방문했다. 출근길이나 점심시간, 퇴근길에 혹시나 만날 수 있지 않을까 하는 기대감을 안고서.

김용 총재가 인터뷰에 응하지 않은 이유

다트머스대학교가 있는 뉴햄프셔 주의 하노버는 뉴욕에서 자동차로 6시간 걸리는 북쪽에 위치해 있다. 날씨가 제법 쌀쌀했지만 특파원들은 혹여 한 마디 소감이라도 들을 수 있지 않을까 기대하며 장거리 운전을 마다하지 않았다. 총장이 거주하는 총장관저는 마치 전원주택을 연상시킬 정도로 한가롭고 목가적이었다.

하지만 인터뷰를 하고 싶다는 특파원들의 간절한 기대는 그야말로 물거품이 되고 말았다. 김용 총재가 한사코 인터뷰에 응하지 않았고, 특파원들을 따돌리며 대학교를 빠져나갔기 때문이다. 사람들과 이야기 나누는 것을 좋아하고, 항상 사람들에게 웃는 얼굴로 다가갔던 그로서는 의외의 행동이었다. 일부 특파원들은 "너무 도도하게 군다.""오랜 시간을 달려 찾아왔는데 이렇게 홀대하다니." 하며 불만을 토로하기도 했다.

김용 총재는 왜 특파원들을 만나지 않았을까. 정말 성격이 도도해서일까. 사람을 홀대해서일까. 결코 아니다. 김용 총재가 한국 특파원은 물론 해외 특파원들과 인터뷰를 하지 않았던 것은 원칙과 소신 때문이었다. 그는 당시 세계은행 총재로 선정된 것이 아니라 다른 2명의 후보와 경합을 벌이고 있었다. 세계은행 지분을 가장 많이 가지고 있는 미국이 지명한 후보이기는 하지만 그는 엄연히 여럿 사람 중의 한 사람, 즉 원 오브 뎀one of them이었다. 비록 세계 최강대국인 미국이 지지한 후보이기는 했지만 결코 그는 앞으로 나서지 않았다.

승부는 끝난 것이 아니라 진행 중이었다. 마치 세계은행 총재가 된 것처럼 줄뿔나게 서둘러 인터뷰를 하고, 언론 플레이를 하는 것은 그의 성격에 맞지 않았다. 게임과 경기에는 반드시 지켜야 할 일정한 선, 즉 게임의 법칙이 있다고 생각했던 것이다. 미국의 위세를 등에 업고 인터뷰를 한다는 것은 나머지 2명의 후보에 대한 예의가 아니었다. 또 미국 정부에 대해서도 결례임에 틀림없었다. 앞으로 나서고 싶을 때 그는 오히려 한 발짝 뒤로 물러나와 관조하는 모습을 보였다. 결국 이날 특파원들은 김용 총재를 만나지 못하고 헛걸음을 해야만 했다. CNN, 로이터, CBS 등과 같은 글로벌 언론매체들도 김용 총재와의 인터뷰에 실패했다.

우리는 남들과 경쟁을 할 때에는 상대방을 헐뜯고 깎아내리려고 한다. 처음에는 선의의 경쟁을 약속하지만 투표일이나 선거일이 다가오면 상대방의 약점과 허점을 찾아내고 이를 공격무기로 사용한다. 사생활을 폭로하고, 유언비어를 퍼뜨리고, 인신공격도 아무렇지 않게 한다. 당장 이기고 선출되는 것이 중요한 것이지 게임의 룰이나 규칙은 안중에도 없다. 혼탁한 국회의원 선거를 보라. 상대방을 누르지 못하면 내가 죽는다는 강박관념에 온갖 욕설과 험담이 오간다. 배신과 배반이 밥 먹듯이 벌어진다. '나 살고 너 죽자'라는 잘못된 승부욕과 왜곡된 경쟁의식이 판을 친다. 대통령, 국회의원 선거에서도 그렇고, 인사를 앞둔 직장에서도 그렇고, 조그만 단체의 수장을 뽑는 데서도 마찬가지다.

정도가 아니면 가지 마라

하지만 김용 총재는 이 같은 탁류濁流를 거부했다. 정정당당하게 다른 후보들과 경쟁하기 위해 일부러 앞에 나서지 않았다. '미국이 나를 지지한다'는 그럴듯한 명분이 있었지만 그는 이 같은 기회를 스스로 걷어찼다. 자신이 미국의 지지를 받았다는 것을 여기저기 떠벌리고 다니는 것은 그의 원칙과 소신과는 동떨어진 것이었기 때문이다.

김용 총재의 성공스토리에는 '원칙'이라는 가치가 녹아 있다. 이겨야하는 것은 아니지만 원칙은 지켜야 한다는 소신 말이다. 바른 길, 즉 정도正道가 아니면 가지 않는 정신이 바로 원칙이고 소신이다. 지금 당장 나에게 이익이 되고, 이득이 된다고 해서 지금까지 지켜온 원칙을 꺾어버린다면 세상 사람들의 조롱거리가 되고 만다. 남들은 약삭빠르게 짧은 지름길로 간다고 할지라도 더디더라도 원칙을 지키며 정정당당하게 승부하는 것이 결국 승리로 이어지는 것이 아닐까. 인생을 살다보면 너무나 가치 있고 중요하기 때문에 끝까지 고수하고 지켜야 하는 신념과 원칙이 있게 마련이다. 영원히 살아남을 수 있는 거짓이란 존재할 수 없는 법아닌가. 김용 총재가 전 세계 언론매체와 한국 특파원들에게 보여주었던 것도 바로 이 같은 원칙과 소신이었을 것이다.

일본을 대표하는 작가 시오노 나나미는《로마인 이야기》라는 베스트셀러 책에서 이렇게 지적하고 있다.

"인간의 행동 원칙을 바로잡는 역할을 유대인은 종교에 맡겼고, 그리스인은 철학에 맡겼고, 로마인은 법률에 맡겼다."

세계에서 가장 위대한 민족이라는 평가를 받고 있는 유대인은 유태교라는 종교를 통해 자신들의 원칙을 지키려고 노력했다. 찬란한 고대문명을 꽃피웠던 그리스인들은 철학을 통해 원칙을 지켰고, 고대 서양세계를 제패한 로마인은 엄격한 법률을 통해 원칙을 지키려고 했다. 유대인, 그리스인, 로마인의 성공법칙은 각각 종교와 철학, 법률이었다.

그럼 여러분의 행동원칙은 어디에 뿌리를 두고 있는가. 김용 총재는 행동 원칙을 '양심'에 두고 있다. 양심에 비추어 부끄럽지 않게 행동하는 것이 삶을 살아가는 그의 원칙이다. 양심에 일말의 어긋남이 없으면 소신 있게 밀어붙일 수 있고, 용기 있게 도전할 수 있는 법이다. 원칙을 어기다보면 양치기 소년처럼 진실을 이야기할 때에도 사람들은 도와주지 않는다. 원칙을 깨트리는 나쁜 버릇에 물들다보면 한순간에 거짓말쟁이가 되고 만다. 원칙을 지키느냐, 안 지키느냐 여부에 따라 우리의 평판은 극과 극으로 달라진다.

세상 어떤 사람도 김용 총장이 세계은행 총재에 내정될 것이라고 생각하지 않았다. 김용 총장 자신도 내정 통보를 받기 전까지는 꿈에도 생각하지 못했던 일일 것이다. 하지만 오바마 미국 대통령은 김용 총장을 지명했다. 왜 그랬을까. 김용 총장의 원칙과 소신에 매료되었기 때문이다. 김용 총장 자신이 그 자리에 적격이라고 떠벌리고 다니지 않아도 그의 사람 됨됨이를 익히 알고 있는 사람들이 그를 추천했다. 김용 총장 자신은 전혀 움직이지 않았지만, 다른 사람들이 그를 추천했다.

"이 사람은 열정적이고, 믿음이 가고, 책임감이 강한 사람입니다"라고 적극적으로 추천했기 때문에 오바마 대통령은 조금도 주저하지 않고 김용 총장을 지명했던 것이다.

우리는 세상을 살아가면서 수많은 약속을 하고, 헤아릴 수 없는 말들을 쏟아낸다. 하지만 때때로 상황이 변하거나 환경이 급변하면 이전에 했던 약속을 잊어버리고 딴소리를 한다. 자신에게 조금만 유리하거나 이득이 된다고 판단되면 옛날의 약속과 말을 헌신짝 버리듯이 내팽개치기도 한다. 인간은 그만큼 유혹과 물질적인 욕심에 약한 법이다. 약속을 어기는 횟수가 많아질수록, 거짓말을 하는 빈도가 늘어날수록, 원칙을 깨트리는 일이 잦아질수록 존재가치도 덩달아 떨어지게 된다. 나를 바라보는 세상 사람들의 시선도 곱지 않게 된다. 김용 총장이 원칙주의자로 평가받는 이유가 바로 여기에 있다.

20

따를 것인가,
따르게 할 것인가
:
통솔력

리더는 강한 영향력을 지닌 낙관주의자여야 한다.
청중의 정신을 고양시키고 자신감을 심어줄 수 있다면,
그 사람은 뛰어난 리더인 것이다.
— 노르망디 상륙작전의 몽고메리 장군

　김용 박사가 세계은행 총재 후보로 지명되자 이를 비판하는 목소리
가 터져 나왔다. 버락 오바마 미국 대통령이 김용 박사를 후보로 지명했
지만, 오히려 미국을 비롯한 선진국들의 신문들이 김용 박사를 비판하는
기사를 많이 쏟아냈다. 미국의 대표적인 경제신문인 〈월스트리트 저널
WSJ〉은 김용 박사가 경제, 금융지식과 경험이 부족하며 전문성이 결여되
어 있다고 지적했다.

　'연간 수백 억 달러를 굴리는 세계은행 총재 후보에 오른 김용 박사는
불과 3년 전 다트머스대학교 총장이 되기 전까지는 헤지펀드가 뭔지도
몰랐다. 2008년 글로벌 금융위기 때 다트머스대 학교 재정문제를 해결
하기 위해 이틀간 금융관련 특별과외를 받은 것이 다였다. 그는 선진국
들이 빈곤국가에게 더 많은 지원을 해야 한다고 강조하고 있지만, 대형
은행들이 글로벌 경제에 미칠 수 있는 영향에 대해서는 제대로 아는 것
이 없다.'

　세계적인 권위를 인정받고 있는 〈월스트리트 저널〉의 김용 박사 비판
은 날카로웠다. 세계은행은 빈곤국가와 선진국 간의 불균형 성장을 줄이
고, 헤지펀드 등과 같은 금융상품을 효율적으로 관리하고, 빈곤 국가들
에게 어떠한 경제적 지원을 하는가를 고민해야 하는 자리인데, 김용 박
사는 그러한 경험이 없다는 것이 주요 내용이었다. 보건의료 분야에서는
전문가이지만 경제와 금융 분야에서는 문외한이라는 것이다.

자신에 대한 비판을 수용하라

이에 대해 김용 박사는 감정적으로 대응하지 않고, 논리적으로 그리고 이성적으로 대응했다. 자신을 비판하는 상대방에 대해 격분하거나 화를 내지 않고 오히려 차분하게 자신의 논리를 전개해 나갔다. 이른바 '부드러운 리더십'을 보여준 것이다.

"제가 세계은행 총재가 되는 중책을 맡게 된다면 여러분은 기존 관행에 도전하는 것을 두려워하지 않고, 현상유지를 벗어나려는 저를 발견하게 될 것입니다. 가난한 사람에게 더 많은 기회를 제공하고, 경제성장을 담보하는 목적을 위해 엄격함과 객관성을 가져올 것입니다."

김용 박사는 조금도 흔들리지 않고 자신의 생각과 입장을 전달했다.

"나는 한국에서 태어나 미국에서 자랐으며, 몇 개 대륙에서 일해 왔습니다. 세계은행의 임무를 더 나은 방향으로 진전시킬 수 있는 공감대를 형성하기 위해 저의 '글로벌 리더십'을 활용하도록 하겠습니다. 시선을 높여 가난하고 힘없는 사람을 포함한 모든 이를 위해 위대한 정의와 포용, 존엄성을 담보할 수 있는 세상을 만드는 데 집중하겠습니다."

김용 박사에게는 전 세계를 대상으로 의료구호 활동을 하고, PIH를 설립하고, 세계보건기구 에이즈 국장을 맡고, 다트머스대 총장을 지내면서 조직을 관리하고 인재를 발탁하는 글로벌 리더십이 이미 내재되어 있었다. 2008년 글로벌 금융위기 여파로 재정난이 심각했던 다트머스대학교를 맡아 재정적으로 튼실한 대학으로 만들었고, 대학 브랜드 인지도도 한 단계 끌어올렸다는 평가를 받고 있다.

김용 박사는 밖으로는 부드럽지만 안으로는 강한, 이른바 외유내강外柔

內剛의 리더십을 발휘하고 있었던 것이다. 그는 자신을 비판하는 상대방을 외면하고 적대시하기보다는 겸손하게 자신을 낮추며 자신의 입장과 견해를 밝히는 등 겸손의 리더십도 보여주고 있다.

P&L 리더십을 보여주다

사람들은 김용 총재가 이익과 손해 Profit&Loss 등과 같은 경제지식과 관념이 부족하다며 그를 비판했다. 세계은행을 이끌려면 돈, 경제, 그리고 이익에 밝아야 한다는 것이다. 이에 맞서 김용 총재는 이익과 손실 개념이 아니라 '사람과 사랑 People&Love'으로 세상을 이끄는 리더십을 보여 왔다. 그것이 그의 가장 강력한 무기였다. 같은 P&L이지만 그 의미하는 바는 크게 다르다. 많은 사람들이 경제와 금융, 재정을 강조할 때 김용 박사는 사람과 사랑을 역설하며 인간적인 자본주의를 역설했던 것이다.

우리는 인생을 손익계산서 Profit&Loss를 뜻하는 'P&L'의 잣대에 맞춰 사는 경향이 있다. 나에게 도움이 되는 일은 애써 찾아서 하지만, 손해가 되는 일은 피하려고만 한다. 인지상정일지도 모른다. 하지만 부드러운 카리스마로 사람들을 이끄는 리더들은 P&L을 이익과 손실 개념이 아니라 '사람과 사랑 People & Love'으로 해석하고 생활 속에서 실천한다. 김용 총재의 리더십이 바로 P&L 리더십이다.

나는 많은 지도자와 최고 경영자 CEO들과의 인터뷰와 만남을 통해 그들이 부드러운 리더십을 앞세워 조직에서 승승장구하는 사례를 많이 지켜봤다. 이들 지도자는 다른 사람들이 잘한 일이 있을 때에는 박수로 격려해준다. 상상력과 창의성이 움트도록 도와준다. 힘든 일이 있을 때에도 격려와 칭찬으로 위로해준다. 시간이 지날수록 이들 주위에는 신실한 사람들로 넘쳐나는 것을 보게 된다. 꿀벌들이 아름다운 향기를 내는 꽃들 주변으로 몰려드는 것처럼.

여기서 우리는 제자들의 더러운 발을 씻어주는 예수를 떠올리게 된다. 팔레스타인 지역은 사막지대라 먼지가 많다. 당시에는 지금처럼 운동화가 아니라 샌들을 신고 다녔기 때문에 사람들의 발은 더러웠고 냄새도 많이 났다. 외출하고 돌아올 때 발을 씻어주는 것은 노비나 종들의 몫이었다. 그만큼 남의 발을 씻겨주는 것은 미천한 사람들, 즉 불가촉천민不可觸賤民이 하는 일로 여겨졌다.

제자들의 발을 씻겨주다

하지만 예수는 자신이 다른 사람들의 종이 되어 제자들의 발을 씻겨주었다. 서로 아끼고 사랑하라는 메시지를 전달하기 위해서였을 것이다. 자신을 낮추고 다른 사람들을 섬기는 배려의 리더십, 겸손의 리더십을 몸소 보여준 것이 아닐까. '모범을 보이는 것은 다른 사람들에게 영향을 미치는 가장 좋은 방법이 아니라 유일한 방법'이라고 슈바이처 박사는 말하지 않았던가.

김용 총재가 보여준 겸손이라는 항목도 리더십에서 간과할 수 없는 자질이다. 힘이 없어 자신을 낮추는 것이 아니라 권력과 권위를 가지고 있어도 고개를 숙이고 허리를 굽히는 것이 바로 겸손의 리더십이다. 중국 역사서의 최고봉으로 일컬어지는 사마천의 《사기》는 겸손의 리더십에 대해 이렇게 적고 있다.

초나라 항우와의 전쟁에서 승리하고 한漢을 건국한 유방이 신하들에게 물었다.

"나는 천하를 얻었는데 항우는 그러하지 못한 이유가 무엇이라고 생각하느냐?"

신하가 대답했다.

"폐하는 성을 함락시킨 자에게는 성을, 토지를 점령한 부하들에게는 그 땅을 주어 이익을 나누어 가졌습니다. 항우는 능력 있는 자를 시기하고, 공로가 있는 자를 의심하고, 지혜로운 자를 미워했습니다. 싸움에 이겨도 보상을 하지 않고 땅을 점령해도 주지 않았습니다. 이것이 두 분의 갈림길이었다고 생각합니다."

한 고조 유방이 껄껄 웃으며 말했다.

"자네는 하나는 알고 둘은 모른다. 계획을 짜는 데에는 나는 장량張良을 따르지 못한다. 나라를 진정시키고 민심을 수습하는 데에서는 나는 소하를 따르지 못한다. 또 100만의 대군을 거느리고 백전백승하는 데에서는 한신韓信만 못하다. 이 세 사람은 천하의 인걸人傑이다. 그러나 나는 이 세 인물을 마음대로 움직이고 그들이 각자의 재능을 충분히 발휘할 수 있도록 했다. 이것이 내가 천하를 잡을 수 있었던 이유였다. 항우는 단 한 사람의 유능한 부하조차 제대로 쓰지 못했다. 이것이 그가 실패한 이유이다."

실패한 리더는 자신의 능력을 과신하지만, 성공한 리더는 아랫사람의 능력을 존중하고 아낀다. 섬김의 리더십이다. 김용 총재가 우리들에게 보여주고 있는 리더십이 바로 배려와 섬김의 리더십이다. 한성수 전 국무총리는 "김용 총재는 폭넓은 경험과 심오한 전문성을 가지고 있다. 다양한 분야에서 탁월한 리더십을 발휘하며 거대한 발전을 가져올 것으로 기대한다"고 평가했다.

또 김용 총재와 함께 파트너스 인 헬스[PIH]를 설립했던 멤버 중의 한 사람인 오펠리아 M. 달은 김용 총재의 리더십에 대해·이렇게 말했다.

"짐[JIM]은 짙은 안개 속에서도 앞을 내다볼 수 있고, 세상의 복잡한 문제들을 적극적으로 해결할 있는 능력을 가지고 있는 인물이다. 짐이 의료봉사 활동을 하면서 보여준 리더십은 우리 시대 역사를 기록할 때 반드시 언급될 것이다."

또 하버드대학교의 드루 G. 파우스트 총장은 김용 총재의 리더십을 이렇게 평가하고 있다.

"짐[Jim]은 글로벌 의료분야에서 다이내믹[dynamic]한 리더였고, 유능한[skilled] 대학 총장이었고, 비전[vision]을 제시하는 지도자이다. 교육자로서, 연구가로서, 조직의 리더로서 그가 다른 사람들의 삶을 개선하기 위해 보여준 열정과 노력은 사람들에게 롤모델이 될 것이다."

네가 진정으로 하고 싶은 것을 하라

김용 총재는 가난한 국가들을 찾아 의료봉사 활동을 하며 리더십을 발휘했을 뿐 아니라 버락 오바마 미국 대통령에게 다양한 조언과 자문을 하며 미국의 의료체계에도 적지 않은 영향을 미쳤다.

미국은 의료비용이 비싸서 가난한 사람들은 병원을 이용하기조차 힘든 것이 사실이다. 미국에 체류하는 동안 허리통증으로 1주일간 병원신세를 지게 되었는데 X레이 촬영을 하고, 약을 먹은 것이 고작이었지만 1주일간 병원비용이 6,000달러, 우리 돈으로 700만 원을 넘었다. 다행히 보험에 가입되어 있어 비용지불을 하지 않아도 됐다. 문제는 미국의 저소득층과 멕시코 등에서 온 가난한 이민자들은 보험가입은 엄두도 못 낸다는 사실이다.

한국의 경우 전 국민이 국가가 운영하는 의료보험에 가입되어 있지만 미국은 국가가 아니라 민영보험 시스템이기 때문에 보험에 가입하지 않으면 의료 진료를 받기가 불가능하다. 김용 총재는 어린 시절부터 가난하고 소외받는 미국의 저소득층이 의료혜택을 받지 못하고 있는 현실을 지켜보면서 의료분야에서 봉사하기로 결심했고, 이 같은 결심은 미국을 벗어나 아프리카 등 전 세계로 확대된다. 김용 총재는 열정의 리더십에 대해 이렇게 말한다.

"젊은이들에게 '네가 진정으로 하고 싶은 것을 하라'고 가르칩니다. 평생 동안 하고 싶은 것을 진지하게 고민하고 생각하고 찾아야 합니다. 대충하려고 한다면 아예 하지 않는 것이 낫습니다. 무엇이든 관계가 없죠. 평생 동안 하고 싶은 것을 빨리 찾아야 합니다."

그는 한국의 젊은이들이 어떠한 리더십을 가져야 하느냐는 질문에 다음과 같이 답했다.

"기업들은 부족한 성과를 내면 미국시장에서 살아남지 못합니다. 하지만 병원이나 학교에서는 왜 그런지 모르겠지만, 사회적으로 부족한 성과에 대해 관대합니다. 그리고 병원이나 학교에서는 사회적인 목표를 두고 일하는 리더들이 없어요. 사회적 공동체인 병원, 학교에서는 노력을 기울이고 있지만 리더들을 잘 키워내지 못하고 있어요. 무엇보다 중요한 것은 공동의 목표를 위해 협력해야 합니다. 이것이 제일 어려운 일이지요. 이 같은 사람들을 훈련시키고 가르칠 수 있는 것이 바로 리더십입니다. 이것이 앞으로 제가 해야 할 일들입니다."

김용 총장은 다트머스대학교 총장 시절 서로 다른 개성의 사람들을 조화롭게 융화시키는 리더십을 보여주었다. 2009년 취임하고 나서 2010년 조기전형 입학지원자는 역대 최대 규모인 1,600명을 넘었는데 특히 해외 유학생 지원자 수가 크게 증가했다. 아시아와 라틴계 등 소수계 지원자 수가 5%나 늘어났다. 마리아 라스카리스 입학처장은 이에 대해 "젊은이들이 한국계 김용 총재의 열정과 리더십에 공감한 부분이 많다. 김 총장에게 쏟아진 전 세계적인 관심과 그의 헌신적인 인생과 업적 등이 학생들에게 영감을 줬다"고 이유를 설명했다.

김용 총재와 반기문 총장의 리더십

김용 총재의 리더십은 반기문 UN 사무총장의 리더십과 많이 닮았다. 한 사람은 경제대통령으로서, 한 사람은 외교대통령으로서 국제사회를 이끌고 있는데 그들에게서 공통으로 발견할 수 있는 지도자의 조건이 바로 리더십이다. 그들은 어떻게 세상을 바꿀 수 있는 리더십을 발휘하고 있고, 사람들에게 영감과 열정을 불어넣는 것일까.

반 총장은 아프리카 대륙에서 남다른 리더십을 보여주며 새로운 변화의 바람을 일으키고 있다. 2007년 1월 아프리카대륙 에티오피아의 아디스아바바에서 아프리카연합AU 정상회의가 열렸다. 아프리카 국가들이 경제발전과 국가번영을 꾀하기 위해 개최한 대규모 회의로, 각국의 대통령과 수상들이 한자리에 모인 자리였다. 반 총장이 기조 연설자로 나섰다.

"전쟁이 어떻게 인간의 숭고한 삶과 발전의 기회를 빼앗아 가는지 너무나도 잘 알고 있습니다. 저도 어린 시절 한국에서 이 같은 경험을 했으니까요. 어린 시절 할머니들이 고물을 찾아 이리저리 돌아다니고, 아이들이 제대로 먹지를 못해 영양실조와 오염된 물에 괴로워하며, 논과 밭이 썩어 들어가는 것을 눈으로 직접 보았습니다. 하지만 한국 국민들은 포기하지 않았습니다. 국민들이 단합하고 노력한 결과 사정은 바뀌었습니다. 별다른 경제활동도 없었던 병든 나라였던 한국이 건설적이고 활기찬 사회로 바뀌었고, 점차 경제 강국으로 성장하는 것을 보았습니다. 한국 국민들의 노력과 땀방울에 국제사회도 적극적인 지원을 아끼지 않았습니다. 어린 시절 목격했던 이 같은 광경은 지금도 잊히지 않습니다. 아프리카에서도 한국과 같이 단합된 목표를 통해 경제발전을 이루도록 합시다."

반 총장의 힘찬 연설에 아프리카 정상들은 회의실이 떠나갈 정도로 박수를 쳤다. 지난 1930~1950년대만 하더라도 아프리카보다 더 가난했던 한국이 지금은 세계 11위의 경제력을 자랑하는 경제대국으로 우뚝 선 것에 대해 아프리카 정상들은 부러움과 동경의 대상으로 생각하고 있었다.

아프리카 정상들은 놀라운 경제성장과 뛰어난 외교력으로 UN 사무총장까지 배출한 한국의 저력을 내심 부러워했으며, 한국이 이렇게까지 빨리 발전할 수 있었던 원동력이 무엇인지 궁금해했다.

반 총장이 아프리카 순방을 마치면서 케냐 나이로비에서 이번 순방에 동행한 세계 각국의 특파원들을 잠깐 만났다.

"오늘 아침 케냐 나이로비 UN과 산하기관 직원들을 만나 아프리카에 한국의 새마을 운동을 도입하는 것이 어떻겠느냐고 제안했습니다. 아프리카 곳곳을 돌아다녀 보면서 느낀 점은 외국의 많은 물적 자원과 원조에도 불구하고 아직까지 큰 진전이 없다는 겁니다. 아프리카에서도 한국의 새마을 운동처럼 근면정신과 협동을 통해 발전하는 방안을 강구해보면 어떻겠느냐는 의견을 내놓았더니, 모두들 좋은 아이디어라는 반응을 보였습니다."

반 총장이 아프리카 국가들에 한국의 새마을 운동을 제안한 것이었다. 반 총장은 이전 뉴욕 특파원들과의 만남에서도 일부 아프리카 국가들이 국가원수 주도로 '한국형 새마을 운동'을 전개하는 것을 많이 목격했다고 밝히기도 했다. 아침 일찍 일어나 길거리를 빗자루로 쓸고, 동네를 청소하는 등 근면과 성실로 대표되는 1970년대 한국의 새마을 운동을 그대로 따라 하는 국가들이 꽤 있다고 소개했다. 아프리카 국가들은 한국의 새마을 운동 도입을 통해 그들의 생활방식을 바꾸고, 경제 환경도 더욱 건설적으로 바꿀 수 있을 것으로 기대하고 있다.

반 총장이 취임 후 첫 방문지로 아프리카를 선택하고, 한국경제 성장의 디딤돌이 되었던 새마을 운동을 제안한 것은 그만큼 한국경제에 대한 자신감이 있었기 때문이다. 반 총장은 아프리카 국가들이 한국의 경제모델을 통해 반드시 성공할 수 있을 것이라는 확신을 가졌다.

한국이 1970년대 박정희 대통령의 리더십 아래에서 새마을 운동을 성공적으로 수행해 경제발전을 이루었던 것처럼, 아프리카 정상들도 이를 본받아 새마을 운동을 도입해볼 것을 아프리카 대륙에 권유하고 있는 것이다. 반 총장은 현재 세계에서 가장 가난한 나라인 아프리카의 빈곤 퇴치와 경제발전을 위해 강한 리더십을 발휘하고 있다. 반 총장과 김용 총재는 한 사람의 뛰어난 리더십이 개인의 생활을 바꾸고, 국가를 변화시키고, 세계 역사의 흐름을 바꿀 수 있다는 것을 보여준다.

리더가 갖추어야 할 조건

우리는 주위에서 자신은 뛰어난 자질을 가진 리더인데 아랫사람들이 잘 움직이지 않는다며 불평하는 사람들을 보게 된다. 이는 자신의 잘못을 다른 사람에게 전가하는 비겁한 행동이다. 자신의 능력이 최고라고 과신하는 잘못에서 비롯된다. 리더는 조직의 단점과 약점에 대해 자신이 책임을 져야 한다. 리더에게 문제가 있기 때문에 조직이 제대로 돌아가지 않는 것이다. 마키아벨리는《군주론》에서 올바른 리더의 자질에 대해 이렇게 설명하고 있다.

"국민들이 저지르는 잘못에 대해 군주는 불평할 자격이 없다. 그것은 지도자가 자기 직무에 태만했거나 나쁜 본보기를 보인 결과 생긴 것에 지나지 않기 때문이다. 오늘날 강도짓을 하는 사람이 많은 것은 군주 자신이 평소에 강도처럼 행동했기 때문이다. 군주가 법을 만들고도 자기부터 지키지 않고 국민들의 재산을 강탈하기 위해 그 법을 악용하기 때문에 국민들 가운데 강한 자가 약한 자의 재산을 빼앗는 것이다. 이것은 전적으로 군주의 책임이다. 그래서 로렌조 데 메디치는 국민들은 항상 군주를 바라보고 있고, 그들은 군주의 행동을 모방하게 마련이라고 말했다."

리더가 갖추어야 할 조건을 이보다 더 잘 표현한 명문장이 있을까. 마키아벨리가 살았던 당시의 이탈리아는 약육강식의 사회였고, 사회질서는 혼탁했다. 강한 자가 약한 사람을 약탈하는 시대였다. 마키아벨리는 어지럽고 혼란한 사회일수록 리더와 군주는 솔선수범해야 한다는 가장 기본적인 원칙을 강조했던 것이다. 여기서 군주는 국가를 다스리는 왕에게만 국한되는 개념이 아니라 가정의 가장, 단체의 회장, 회사의 사장 등과 같이 조직의 리더라면 누구에게나 적용된다.

모든 사람들이 리더가 되는 것은 아니다. 작은 조직이나 단체의 리더도 되지 못하는 사람들이 있다. 언제까지 팔로우어follower에 머물러 있을 것인가. 다만 기억해야 할 것은 꾸준한 자기계발을 통해 내공이 강한 사람이어야만 기회가 올 때 리더십을 발휘할 수 있고, 리더가 될 수 있다는 사실이다. 김용 총재가 이를 증명하고 있다.

21

인생의 절반은
친구가 만들어준다

:

친구와 인맥

좋은 친구가 생기기를 기다리는 것보다
스스로가 누군가의 친구가 되었을 때 행복하다.
– 철학자 **버틀란드 러셀**

Kim Yong

김용 총재가 한국계 이민자의 아들로서 미국 사회에서 차곡차곡 성공의 사다리를 올라갈 수 있었던 것은 폭넓은 인맥을 형성하고 좋은 친구를 두었기 때문이다. 파트너스 인 헬스PIH를 설립해 전 세계를 누비며 의료구호 활동을 할 때에는 폴 파머Paul Farmer와 오펠리아 M. 달Ophelia M. Dahl과 같이 자기 자신을 던져 사회에 봉사하는 친구들을 두었다.

아프리카의 더운 날씨와 열악한 근무조건으로 어깨가 처지고 힘이 빠질 때 김용 박사는 친구들의 위로와 도움으로 다시 힘을 낼 수 있었다. 혼자서는 도저히 갈 수 없었던 길을 친구와 인맥으로 맺어진 사람들이 용기를 주었기 때문에 완주할 수 있었다.

김용 총재를 친구로 둔 것이 자랑스럽다

그가 동양인 최초로 다트머스대 총장이 되었을 때 격려와 용기를 준 사람은 루스 J. 시몬스Ruth J. Simmons 브라운대학교 총장이었다. 그녀는 지난 2000년 미국 아이비리그 역사상 처음으로 흑인 총장이 된 인물이다. 김용 총장이 동양인 처음으로 아이비리그 총장이 되었을 때 그녀는 소수민족으로서 남다른 감회를 느꼈다고 말했다. 미국 백인사회에서 비주류로 살아가면서 겪었던 아픔과 슬픔을 같이 공유했기 때문이다. 김용 총재가 이민자의 아들로 미국사회에 정착하는데 어려움을 겪었던 것처럼, 그녀의 삶도 평탄하지 않았다.

그녀는 김용 총장이 미국에 이민 와 처음 정착한 텍사스 주에서 태어
났다. 소작농 아버지와 하녀 출신 어머니 사이에 12남매 중 막내로 태어
났다. 그녀가 어렸을 때에는 흑인에 대한 백인들의 인종차별이 심했기
때문에 백인과 같은 학교를 다니지 못했다. 하지만 학업에 뜻을 둔 그녀
는 장학생으로 뉴올리온스의 딜라드대학교에 입학했고, 1967년 최우
수성적으로 졸업했으며 하버드대에서 언어학분야 박사학위를 받았다.
1995년 매사추세츠 주 노샘프턴의 스미스여대 총장으로 취임했고, 탁월
한 경영능력을 인정받아 2000년부터는 아이비리그 브라운대학교를 이
끌고 있다. 그녀는 취임 소감에서 눈물을 흘렸다.

"학비 때문에 대학 진학을 걱정했던 부모님이 이 소식을 들었다면 얼
마나 기뻐했을까를 생각하니 감회가 깊습니다. 브라운대 총장에 취임하
면 능력 있는 학생이 돈 걱정 없이 대학에 다닐 수 있도록 기부금을 확충
하는 데 앞장서겠습니다."

인종차별이 심했던 당시에 어렵게 공부하고, 학비 걱정을 하는 부모님
을 옆에서 안타깝게 지켜보며 차별과 멸시를 당했다. 하지만 결국 그녀
는 정상에 올랐고, 지금은 미국 흑인들의 우상이 되었다. 김용 총장이 미
국에 살고 있는 한국 교포들에게 역할모델이 되고 있는 것처럼. 동병상
련이라고 하지 않던가. 시련과 역경을 견뎌낸 사람들은 같은 처지를 겪
은 사람이 얼마나 열정적으로, 그리고 치열하게 삶을 살았는지 알고 있
는 법이다.

그녀는 김용 총재에 대해 이렇게 말했다.

"나는 김용 총재를 친구로 둔 것이 자랑스럽습니다. 그의 개인적인 성

공 스토리는 많은 사람들에게 영감을 줍니다. 그는 도저히 해결될 것 같지 않은 문제들을 혁신적인 아이디어와 사고방식으로 풀었는데 이는 대단한 업적임에 틀림없습니다. 그는 탁월한 지도력을 바탕으로 대학과 세상을 변화시켜 나갈 것입니다."

금맥(金脈)보다 중요한 것이 인맥(人脈)

김용 총장이 다트머스대학교를 운영하면서 어려움을 겪을 때마다 시몬스 총장은 친구로서 조언과 충고를 아끼지 않았다. 김용 총장은 겸손하고 겸허하게 친구의 말을 경청하면서 우정을 쌓아갔던 것이다. 인생을 살아가면서 친구만큼 소중하고 귀중한 존재도 없다는 것을 김용 총장은 너무나도 잘 알고 있었다. 늘 옆에서 희망과 긍정의 힘을 불어넣어주는 친구를 만나는 것은 행복하고 복된 일이다. 좌절감과 패배주의에 물든 사람들을 만나면 자신도 부정의 마인드로 물들게 되지만, 긍정과 열정으로 무장된 친구들을 옆에 두면 자신도 삶을 대하는 태도가 낙관적으로 바뀌게 된다.

좋은 친구 1~2명을 평생 동안 두는 것은 정말 복된 일이다. 남들이 나를 시기하거나, 멸시하거나, 불신할 때에 나의 진심과 진정성을 알아주고 끝까지 지지해주는 친구를 갖는다는 것은 천만금을 주고도 살 수 없는 행복이다. 자신의 출세를 위해 친구를 헐뜯고 험담하고 심지어 친구를 이용해서 성공하려고 하는 세상이 되어버린 현실에서 좋은 친구를 둔다는 것은 더없는 행운이다. 여러분은 믿고 의지할 만한 친구 몇 명을 두고 있는가.

인생의 절반은 개인의 노력과 땀으로 만들어지지만, 나머지 절반은 친구의 도움과 힘으로 만들어진다. 결코 독불장군 식으로 정글과도 같은 사회생활에 적응하기가 힘들다. 사람들은 흔히 이를 '인맥 네트워크'라고 부른다. 우스갯소리로 금맥金脈보다 중요한 것이 인맥人脈이라고 하지 않던가.

인도 속담에 '부자인 친구가 파티에 초대하면 가세요. 하지만 가난한 친구에게는 초대되지 않았을 때 찾아 가세요'라는 말이 있다. 어려움에 처한 친구에게 따뜻한 손길을 내밀면 친구는 진정으로 나를 이해하는 파트너가 되어줄 것이다. 좋은 친구가 생기기를 기다리는 것보다 스스로가 누군가의 좋은 친구가 되었을 때 행복해지는 법이다. 김용 총재가 소외되고 가난한 사람들 곁으로 다가가면서 더 많은 친구와 동료들을 얻는 것처럼.

어머니에게서 유교교육을 받은 김용 총장은 특히 공자에게서 많은 가르침을 얻었다. 즐거운 인생을 사는 방법과 좋은 친구를 사귀는 노하우에 대해 공자는 이렇게 말했다. 공자는 먼저 인생을 즐겁게 사는 방법 3가지를 제시했다.

"사람에게는 유익한 즐거움이 3가지 있고益者三樂, 해로운 즐거움이 3가지 있다損者三樂. 예법과 음악을 절제하면서 좋아하는 즐거움, 남의 장점과 좋은 점을 칭찬하는 즐거움, 그리고 뛰어난 친구를 많이 갖는 즐거움은 모두 도움이 된다. 이와 반대로 교만하게 남을 깔보는 즐거움, 쓸데없이 밖으로 나가 쏘다니는 즐거움, 유흥에 빠지는 즐거움은 모두 해로운 것이다."

공자는 인생을 살아가면서 느끼게 되는 많고 많은 즐거움 중에서 좋은 친구를 갖는 것을 3가지 즐거움 중의 하나로 꼽았다. 좋은 친구 덕분에 다른 사람들보다 빨리 성공하는 경우가 있는가 하면 친구 때문에 패가망신하는 경우도 있다. 그럼 좋은 친구와 나쁜 친구를 어떻게 구별할 수 있을까. 공자의 대답은 명쾌하고 간결하다.

"도움이 되는 벗이 셋이 있고^{익자삼우, 益者三友}, 해가 되는 벗이 셋이 있다^{손자삼우, 損者三友}. 잘못된 것을 싫어하는 강직한 벗, 성실하고 의리가 두터운 벗, 박식한 벗들이 도움이 되는 벗이다. 반면 남이 듣기 좋아하는 말만 하고 듣기 싫어하는 말은 하지 않는 벗, 팔방미인의 벗, 입으로만 아는 체하는 벗들을 가까이 하면 손해를 본다."

가이트너 재무장관과 클린턴 국무장관의 추천

여기서 말하는 친구는 또래일 수도 있고, 선배, 후배, 직장상사나 동료 등 누구나 대상이 될 수 있다. 직장생활을 하다보면 익자삼우와 손자삼우를 분명히 구별할 수 있다. 부하직원의 실적을 가로채 자신의 것으로 포장하는 상사, 부하직원의 승진을 교묘하게 가로막는 상사, 동료직원의 승승장구를 못마땅해하며 험담을 하는 사람 등은 손자삼우의 전형적인 예다. 부하직원의 숨은 재능을 인정해주는 상사, 동료직원의 승진을 진심으로 축하해주는 사람, 말만 하지 않고 행동으로 실천하는 사람 등은 익자삼우에 속하는 친구들이다. 여러분은 익자삼우에 속하는 친구들을 얼마나 많이 가지고 있는가.

향기가 그윽한 꽃을 꽂아 놓은 방에서 살던 사람에게서는 어느 사이엔가 그 향기가 몸에 배는 법이다. 이와 마찬가지로 훌륭한 사람을 친구로 사귀면 오랜 세월이 지난 뒤 자신도 그와 같은 향기를 내뿜는 인간이된다.

친구관계, 더 나아가서 인간관계에 신중을 기해야 하는 이유가 바로여기에 있다. 사람마다 개성과 인격이 다양한 오늘날에는 폭넓은 사람을만나는 것이 무엇보다 중요하다.

버락 오바마 미국 대통령이 세계은행 총재로 김용 총장을 지명한 배경에도 김 총장의 인맥이 크게 작용했다. 오바마 대통령에게 김용 총장을추천한 사람은 티모시 가이트너 미국 재무장관과 힐러리 클린턴 국무장관이었다. 티모시 가이트너 재무장관은 김용 박사가 총장을 지냈던 다트머스대학교 출신이다.

"임기만료를 앞둔 로버트 졸릭 세계은행 총재 후임으로 누구를 추천해야 할까요?"

오바마 대통령이 경제를 담당하고 있는 가이트너 재무장관에게 물었다.

"전 세계에서 광범위한 지지를 받을 수 있는 후보를 찾았습니다. 빈곤국 발전을 위해 평생을 헌신했고, 복잡한 문제를 창의적으로 해결할 수있는 인물입니다."

"그 사람이 누구인가요?"

"한국계 미국인으로 다트머스대학교 김용 총장입니다."

가이트너 재무장관은 확신에 찬 표정으로 말했다.

"김용 총장은 아프리카 아이티와 르완다에서 빈민들을 위한 의료구호 사업을 했습니다. 진흙을 발에 묻혀가며 자신을 돌보지 않고 현지 사람들과 일할 정도로 열정적이고 헌신적인 사람입니다. 세계은행 총재 자리에 딱 맞은 사람이라고 생각합니다."

가이트너 재무장관의 설명을 들은 오바마 대통령은 고개를 끄덕이며 수긍했다. 가이트너 재무장관의 추천도 추천이었지만, 오바마 대통령은 한국 사람들의 부지런함과 열정에 대해 이미 호감을 갖고 있었다. 오바마 대통령은 기회 있을 때마다 60년 전 세상에서 가장 가난한 국가였던 한국이 짧은 시간에 세계적인 경제대국으로 우뚝 선 것을 입버릇처럼 언급하곤 했다. 특히 한국의 교육열을 얘기하며 미국도 한국 교육을 배워야 한다고 노래를 부를 정도였다. 가이트너 재무장관이 김용 총장을 추천하자 오바마 대통령이 별다른 고민 없이 찬성 의사표시를 한 것은 김용 총장 개인의 능력과 한국인의 저력을 익히 알고 있었기 때문이다.

나는 뉴욕특파원 시절 당시 뉴욕연방준비은행장이었던 가이트너를 만나 몇 차례 인터뷰를 했다. 그는 호리호리한 몸매에 날카로운 눈매를 가진 전형적인 미국 신사 스타일로 미국 경제는 물론 글로벌 경제와 금융에 대해 해박한 지식을 가지고 있었다. 그가 뉴욕 맨해튼에서 강연을 할 때에는 한국은 물론 일본, 중국, 유럽 등에서 파견된 각국의 경제관료, 외교관, 학자들이 참석해 강연을 들었고, 강연장은 항상 만석이었다. 당시 그는 세계 금융의 중심지인 뉴욕 월스트리트에서 언젠가는 미국 재무장관이 될 인물이라는 평가를 받고 있었다.

그는 1961년생으로 김용 총재보다 2살 어리다. 가이트너는 빌 클린턴 정권 때 재무부 국제관계담당 차관보와 차관을 거치며 재무관리로서 확고한 입지를 굳혔으며, 정치적 색깔이 없는 실용성을 중시하는 인물이라는 평을 받았다. 뉴욕 브루클린에서 태어났지만 어린 시절을 짐바브웨, 인도, 중국, 태국, 일본 등지에서 보냈다. 방콕에서 고등학교를 나온 뒤 미국 다트머스대학에서 아시아학을 전공했고, 존스홉킨스대학에서 국제경제·동아시아학 석사학위를 받았다. 아시아에서 오래 산 데다 중국어, 일본어를 유창하게 구사해 '아시아통'으로 꼽힌다. 그가 김용 총재를 비롯해 아시아 인물들에게 호감을 가지고 있는 것은 이 때문이다.

다트머스대 출신인 가이트너는 정관계에 진출한 선후배, 동료들로부터 다트머스대학교를 성공적으로 운영한 김용 총장의 능력과 자질, 그리고 리더십에 대해 많은 것을 듣고 있었고, 이 같은 호평이 김용 총재를 추천한 배경이 됐다.

너에 대한 소문이 가장 좋은 소개장이다

힐러리 클린턴 국무장관도 가이트너 재무장관과 같은 이유와 논리로 김용 총장을 오바마 대통령에게 추천했다. 그녀는 국회의원으로 활동할 당시 지역구가 뉴욕이었다. 선거자금을 모으기 위해 한인들을 대상으로 뉴욕 플러싱과 뉴저지에서 모금운동을 개최하곤 했다. 이들 지역은 한인들이 밀집해 있는 곳으로 힐러리 클린턴은 한인들을 만나 대화를 하면서 한국인들의 부지런함과 성실성을 알게 되었고, 이 같은 좋은 인상이 김용 총재를 추천하는 계기가 됐다.

이처럼 김용 총장은 자신의 능력과 좋은 평판을 바탕으로 학계, 정계, 경제계, 의학계 등의 분야에서 명성을 쌓았고, 이는 수많은 인맥을 형성하는 데 큰 도움이 되었다. 다른 사람들에게 굳이 자신의 장점이나 업적을 설명하지 않아도 꽃향기가 사방으로 퍼져나가듯, 위대한 인물들의 평판은 소리 소문 없이 사방으로 전해지는 법이다.

유대인들이 신줏단지 모시듯 소중히 여기는 《탈무드》 잠언집에 이런 글이 있다. 위대한 랍비 아키바가 임종할 무렵 그의 아들이 말했다.

"아버님, 아버지 친구 분들에게 제가 얼마나 열심히 공부를 하고, 능력이 있는 사람인지 알려 주십시오."

그의 아들은 꽤 훌륭한 청년이었다. 아키바는 이렇게 대답했다.

"아들아, 나는 너를 추천할 필요가 없다. 왜냐하면 너에 대한 소문이 가장 좋은 소개장이니까 말이다."

열정과 신용을 삶의 모토로 삼고 살아가는 사람들에게는 별도의 소개장이 필요 없다. 그 사람 그 자체가 신용장이고, 소개장이기 때문이다. 김용 총장은 자신을 내세우지 않았고, 자신의 업적을 자랑하지도 않았지만 가이트너 재무장관과 클린턴 국무장관은 그의 능력과 인격을 알고 그를 먼저 찾았다.

여러분의 친구는 누구이며, 인맥은 어떠한가. 굳이 서울의 일류대학 동문이 아니어도, 대기업 출신이 아니어도, 같은 고향 사람이 아니더라도 여러분이 얼마나 열정을 갖고 삶을 살아가느냐 여부에 따라 친구와 인맥은 결정된다. 소개장이 없어도 사람들은 여러분을 찾게 된다. 아무런 소개장도 없이 미국 생활을 시작한 김용 총재가 지금은 세상에서 가장 많은 소개장을 갖고 있는 것처럼.

22

삶을 바꾸는 것은
마음의 습관이다

:

자기계발

그럼 길을 떠나세. 자네 말이 맞아.
인간이 죽고 사는 것은 모두 신의 뜻이야.
기운이 남아 있을 때 가보고 싶어.
– 톨스토이의 《두 노인》 중에서

김용 총재는 젊은이들에게 글을 쓰고, 열심히 운동을 하고, 외국어를 배우면서 자기계발을 해야 한다고 말한다. 그는 특히 학생들에게 좋은 글을 쓰기 위해서는 폭넓은 독서를 해야 한다고 강조한다. 김 총재 자신도 의료구호 활동을 하고, 교수직을 역임하면서 자신이 보고 배운 것을 바탕으로 수많은 저서와 논문을 썼다. 유명한 사람들의 좋은 글귀와 중요한 데이터는 별도로 스크랩을 하거나 메모를 해두었다가 글을 쓰는데 활용했다. 늦은 밤이나 이른 새벽 온 세상이 조용할 때 혼자 깨어나 글을 쓴다는 것은 번잡한 일상생활을 벗어나 자신만의 정신세계로 빠져들 수 있는 시간이었다.

글을 쓴다는 것은 자신의 생각과 사상을 다시 한 번 정리할 수 있는 기회가 될 수 있고, 자신의 논리를 더욱 구체적으로 정리할 수 있는 계기가 된다.

김용 총재는 2000년 《성장을 위해 죽어가고 있다: 세계의 불평등과 빈국의 보건현실Dying for Growth》이라는 책을 동료 교수들과 함께 공동 집필했다. 아프리카, 남미 등을 대상으로 의료구호 활동을 하고, 하버드대 의대교수로서 학생들을 가르치면서 익힌 지식과 경험을 바탕으로 저술했다. 이 책은 성장에만 치우친 경제정책은 오히려 개도국 국민들의 삶을 더욱 어렵게 한다는 내용을 담고 있으며, 개별 국가별 사례연구를 모아 놓았다. 또 성장이 초래한 역효과 중 의료 불평등에 대해 자세하게 설명하고 있다. 서문과 결론을 제외한 총 14개장 가운데 김 총재가 대표 필자로 있는 항목은 '회복 가운데 생겨난 질병: 페루의 공공부채와 개인 적 고통'이다.

세계 불평등을 책으로 질타하다

김 총재는 돈이 없어 폐결핵을 치료하지 못하는 페루 여성의 이야기를 다뤘다. 페루 정부는 국가부채를 갚기 위해 마른 수건도 짜는 방식으로 정부 예산을 긴축적으로 운영했으며 이 과정에서 치솟은 의료비용 때문에 이 여성은 치료를 전혀 받을 수가 없었다. 불쌍한 페루 여성 이외에도 이 책은 시장경제와 경쟁을 중시하는 신자유주의, 러시아의 보건 위기, 멕시코 국경 노동자의 건강, 쿠바의 의료현실 등에 대한 사례연구를 싣고 있다.

김용 총재는 책의 서문에서 '이 책은 국내총생산^{GDP} 증가와 기업수익 극대화를 추구하는 것이 사실은 일반 서민의 삶을 어렵게 한다는 점을 입증하고 있다'고 적고 있다.

현재 세계 경제를 움직이는 2가지 큰 조류는 무한 경쟁을 중시하는 '신고전주의'와 문제가 있으면 정부가 시장에 개입해 문제를 해결해야 한다는 '케인지언'으로 나눌 수 있다. 경제에 문제가 생기면 시장이 저절로 문제를 치료할 수 있다고 생각하는 신고전주의는 정부가 시장에 개입하는 것을 반대하고 꺼린다. 자본주의 시장은 자정능력이 있기 때문에 정부의 시장 개입이 필요 없다는 것이다. 미국 등 선진국들은 이 같은 논리를 강조한다. 반면 후진국과 개발도상국들은 현재 글로벌 경제정책이 선진국에 유리한 입장으로 흘러가고 있고, 이에 따라 불평등과 불균형이 양산되고 있다며 수정이 필요하다고 주장하고 있다.

김용 총재의 책은 신고전주의에 반대하면서 이제부터라도 후진국과 개도국의 성장, 불평등과 불균형의 문제에 글로벌 경제가 적극적으로 대처해 나가야 한다는 것을 주요 내용으로 하고 있다. 김 총재는 책에서 이렇게 적고 있다.

"신자유주의 정책이 경제성장을 촉진하는데 성공했다 하더라도 그 성공의 수혜나 혜택이 극심한 빈곤을 겪고 있는 세계 4분의 1지역까지는 미치지 않고 있다. 이 책은 부유한 선진국들과 세계은행[BW], 국제통화기금[IMF], 세계무역기구[WTO] 등과 같은 국제기구가 추구하고 있는 경제성장이 국민들의 보건에 어떠한 영향을 미쳤는지를 검토하고 있으며, 잘못 알려진 사실들을 바로잡고 있다."

자신의 생각과 경험을 표현하라

김 총재는 이 책을 통해 선진국 중심의 글로벌 경제정책은 빈곤국의 현실을 제대로 반영하지 못하고 있으며, 세계은행 등과 같은 국제기구도 이 같은 책임에서 자유롭지 못하다고 날카롭게 지적하고 있다. 김 총재는 글로벌 경제를 바라보는 자신의 시각과 견해를 유감없이 표현했고, 앞으로 글로벌 경제가 나아가야 할 방향도 함께 제시해놓았다. 김용 총재는 자기계발의 도구로 자신의 경험과 인생철학을 고스란히 이 책에 담아냈던 것이다.

하지만 미국이 김용 박사를 세계은행 총재로 지명하자 이 책은 바로 논란에 휩싸이게 된다. 경제학자와 서방 언론들은 김용 박사가 훌륭한 보건정책 전문가라는 것은 인정하지만, 경제정책 전반을 다루어야 하는 세계은행 총재 자리에 과연 적합한 인물인가에 대해서는 계속 의문을 제기했다.

영국 굴지의 일간지 〈파이낸셜 타임스^FT〉은 2012년 3월 26일 기사를 통해 '김용 박사의 책은 신자유주의와 기업주도형 경제성장을 비판하면서 이런 것들이 개발도상국 중산층과 빈곤층을 더욱 어렵게 하는 결과로 이어지고 있다고 강조하고 있다. 많은 경제학자들이 이를 비판하고 있다'고 지적했다. 이 신문은 성장을 우선시해야 하는 세계은행 총재 자리에 과연 김용 박사가 자격이 있느냐며 의문을 제기하기도 했다.

또 이 신문은 "김용 박사는 보건 전문가이기 때문에 그의 경제학적 노선이 상대적으로 덜 노출됐다. 성장에 대한 자신의 의견을 명확하게 밝히지 않으면 신흥국이 지명한 2명의 다른 후보에게 불리할 수 있다"고 지적하기도 했다.

미국의 저명한 경제지인 〈월스트리트 저널^WSJ〉도 거들고 나섰다. 이 신문은 '경제와 금융정책에 대한 경험이 없는 김 총장은 외부인의 시각으로 세계은행의 무책임하고 관료적인 문화를 개혁하는 데에는 가시적인 성과를 낼 것이다. 하지만 빈곤을 퇴치하는데 빈약한 성과를 보여 온 세계은행을 변화시키는 데에는 도움이 되지 않을 것이다'라고 논평했다.

김용 총재 입장으로서는 자신의 저서로 인해 곤혹을 치르게 된 셈이었다. 또 세계의 일부 언론들은 한국 사람인 반기문 총장이 UN본부를 맡고 있는 상황에서 같은 한국계인 김용 박사가 세계은행 총재 자리를 차지하는 것에 대해 은근히 반대하는 입장을 보이기도 했다. 이 같은 난관과 역풍에 대해 김용 박사는 물러서지 않고 정정당당하게 자신의 생각과 책의 진의眞意를 설명했다.

그는 자신을 비판했던 〈파이낸셜 타임스〉에 요청해 기고문을 실었다. 책의 일부분만을 꼬투리 잡지 말고, 책이 전하려고 하는 전체적인 맥락에서 정정당당하게 논리싸움을 해보자는 것이었다.

"만약 세계은행이 보다 포괄적인 발전을 촉진하려고 한다면 개발도상국들에게 더 큰 목소리를 줘야 하며, 향후 총재로 선출된다면 세계은행 내에서 신흥국가들에게 더 많은 투표권을 부여하도록 하겠다. 모든 나라가 성장을 위해 각자의 길을 가야 하지만, 우리의 총체적인 임무는 소득이 낮은 국가들의 새로운 세대들이 기회를 얻을 수 있도록 지속 가능한 경제성장을 누리도록 하는 일이다. 나는 의학, 사회과학 분야의 경험과 열린 마음으로 세계은행을 이끌어 나갈 것이다."

독서는 글쓰는 기술을 향상시킨다

김용 총재는 자신의 책에서 주장한 것처럼 선진국 중심의 성장이 아니라 개도국도 성장에 동참할 수 있는 역할을 할 것이라고 강조했고, 이 같은 주장과 호소는 결국 선진국은 물론 개도국의 지지와 표심을 얻는 결과로 이어졌다. 그는 저술활동을 통해 자신의 철학과 사상을 더욱 확고하게 다질 수 있었고, 주위에서 어떠한 역공이나 공격이 들어오더라도 논리적으로 무장하고 반격을 할 수 있었던 것이다.

"저는 책을 많이 읽었고 평소에 독서하는 습관을 가지고 있었습니다.

독서는 글을 쓰는 기술을 향상시켜주고 생각을 정리하는 데 큰 도움이 됩니다. 제가 연설문을 쓸 때 이전에 읽었던 책들의 문구와 내용을 많이 참고하게 되는데, 연설이 더욱 빛이 나도록 도와줍니다. 자신의 전공분야에서 얻은 지식과 경험을 바탕으로 글을 써 보도록 하세요.”

김용 총재가 한국의 젊은이들에게 조언하는 독서와 글쓰기를 통한 자기계발이다.

직장생활이나 사회생활 초기에는 두각을 나타내지 못하다가 시간이 갈수록 빛을 발하는 사람들을 발견하게 된다. 이들에게서 발견되는 공통점은 '중단 없는 배움'을 실천하고 있다는 점이다. 느릿느릿 하지만 결코 포기하지 않고 앞으로 나아가는 무소처럼. 원시불교 경전인 《수타니파타》에서는 이를 두고 '무소의 뿔처럼 혼자서 가라'고 중생들에게 가르치고 있다.

“내가 계속했더라면 너보다 잘했을 텐데…….”

“그때 중단하지 않았더라면 성공했을 텐데…….”

“그때 계속했더라면 뭐가 되도 됐을 텐데…….”

우리는 곧잘 친구나 동료들에게 입버릇처럼 이렇게 말하곤 한다. 하지만 이는 결코 진실이 아니다. 중단하느냐, 계속하느냐는 성공과 승패를 가르는 중요한 잣대이다. '중단하지 않았더라면'이라고 가정하지 마라. 중요한 것은 당신이 이미 과거에 중단하고 멈추었다는 사실이다. 과거에 중단했기 때문에 현재의 불만족스러운 당신의 모습이 있는 것이다. 당신이 현재의 처지나 상황에 만족하지 못한다고 하더라도 어쩔 수 없다. 당신이 과거에 선택한 결과인데 어떻게 되돌릴 수 있겠는가.

평생토록 자기계발형 인간이 되라

홍콩 최고의 갑부인 리카싱李嘉誠 청쿵그룹 회장도 '자기계발형 인간'
으로 사는 삶이 성공을 보장한다고 강조한다. 홍콩 사람이 주머니에서
1달러를 빼내 소비하면 이 중 5센트는 리카싱의 주머니로 들어간다는 소
리가 있을 정도로 그는 홍콩 경제계를 대표하는 인물이다. 22살의 젊은
나이에 창업전선에 뛰어든 그는 80대 초반에 들어선 현재 전 세계 54개
국에서 500여 개의 기업체와 22만여 명의 직원을 거느리고 있다. 그가
보유하는 기업들은 홍콩 주식시장 시가총액의 28%를 차지하고 있을 정
도이다.

리카싱 회장의 성공 키워드는 김용 총재와 마찬가지로 지칠 줄 모르는
자기계발과 독서에 있다. 리카싱은 12살 이후에 학교에 다닌 적이 없지
만 매일 새벽 4시에 일어나 중학교와 고등학교 교과과정을 독학으로 공
부했다. 중국 고전을 좋아하는 그는 한시도 손에서 책을 떼지 않는다. 지
금도 매일 1시간씩 영어뉴스를 들을 정도로 자기계발에 열중이다.

그는 자신의 독서 습관에 대해 "돈이 없던 젊은 시절, 헌책을 구해 읽
고, 다 읽은 후에는 그걸 팔아 또 다른 중고 책을 사서 읽었다"고 말했다.
어렸을 때부터 몸에 배었던 자기계발 습관이 여든 살을 넘은 지금까지도
그대로 이어지고 있는 것이다. 이것이 그의 성공을 이끌었던 비결이다.
한결같은 마음으로 쉼 없이 공부하고 배우는 자세, 직장생활을 시작하는
시점에 공부와 담을 쌓는 것이 아니라 자기분야에서 최고 전문가가 되기
위해 더욱더 땀방울을 흘리는 노력, 평생 동안 공부하고자 하는 의지와
끈기가 필요하다. 지금 여러분은 자기계발을 위해 얼마나 많은 시간과

비용을 투자하고 있는가. 남의 집 불구경 하듯이 외면하고 있는 것은 아닌가.

나는 바쁜 직장생활을 하면서도 자투리 시간을 내어 자기계발에 투자하는 사람들을 종종 발견한다. 남몰래 야간대학원에 다니며 국제경제학을 공부하는 친구, 임원 승진을 앞두고 재무전문가 시험을 준비하는 선배, 회사생활을 하면서 대학원에서 부동산 박사학위를 따고 전문 컨설턴트로 일하는 사람, 취재활동을 통해 배우고 경험한 지식과 지혜를 책으로 엮어내는 후배들. 하루하루를 열심히 사는 사람들을 기억해보면 단연 이들의 얼굴이 가장 먼저 떠오른다. 남들이 술잔을 기울일 때 그들은 대학원에서 책장을 넘기고, 남들이 일요일에 늦잠을 잘 때 그들은 책을 쓰고, 남들이 지하철 안에서 멍하니 출퇴근 시간을 낭비할 때 그들은 책을 읽는다. 결국 작은 사고의 차이, 생각의 차이, 습관의 차이가 평범한 삶과 비범한 삶을 가르는 기준이 되는 것이다.

김용 총재는 운동을 통해서도 자기계발을 할 수 있다고 말한다. 학교 수업 시간 중에서 체육시간이 점점 사라지고 있고, 젊은이들이 대입이나 입사시험 때문에 운동을 소홀히 하는 현실에서 그는 운동이 오히려 자기발전의 기초가 된다고 역설한다.

김용 총재가 아들과 함께 태권도를 배우는 이유

미국 보스턴에는 김재훈 관장이 운영하는 태권도장이 있다. 그는 미국 동부의 MIT대학과 하버드 경영대학원을 졸업했을 정도로 공부를 잘했다. 글로벌 기업인 제너럴일렉트릭GE에서 북태평양 사업단 부사장을 지냈고, 한국에서는 공군대위로 전역했다. 1974년에 보스턴에 태권도장을 오픈했고, 1979년에는 미국 국가대표팀 코치를 맡기도 했다.

김용 총재는 정기적으로 김재훈 태권도장을 찾아 태권도를 하고 있다. 하버드대학교 교수 시절부터 태권도장을 찾아 운동을 한다. 그는 태권도장을 찾을 때에는 반드시 큰아들 토머스를 데리고 간다. 아들에게 한국인이라는 자긍심을 심어 주기 위한 목적도 있지만, 너무 공부만 하지 말고 때론 운동을 통해 심신을 단련시켜야 한다고 믿기 때문이다.

다트머스대학교가 있는 하노버에서 보스턴까지는 2시간이나 운전을 해야 하지만, 김용 부자는 이를 마다하지 않고 보스턴까지 찾아가 운동을 하고, 태권도를 배운다. 태권도장에서 일하는 관계자는 "김용 총장과 토머스는 매주 토요일마다 왕복 4시간 거리가 되는 보스턴 태권도장을 찾아 수련을 계속하고 있다. 김 총장은 큰아들에게 운동을 열심히 하는 것도 자기계발의 한 방법이라고 가르친다"고 설명했다.

동네 주변에 태권도장도 많은데 김용 총장이 굳이 보스턴에까지 와서 태권도를 하는 이유는 김재훈 관장이 '스승을 섬겨라'라는 가르침을 토머스에게 항상 전해주기 때문이다. 김재훈 관장은 "우리는 20대만 넘으면 누군가에게 배우려고 하지 않는 경향이 있다. 항상 누군가에게 배우려는 자세를 가져야 한다"며 수련생을 교육시킨다. 김용 총장이 평생에 걸쳐 인생철학으로 삼아온 마음자세인데, 김재훈 관장도 같은 방식으로 사람들을 가르치고 있는 것이다.

배운다는 것은 곧 자기계발이다. 대학교를 마치고 사회생활을 시작하면 우리는 자기계발을 게을리한다. 하지만 진짜 승부는 이때부터라는 것을 김용 총장과 김재훈 관장은 사람들에게 알려주고 있는 것이다. 김용 총장은 운동에 대해 이렇게 말한다.

"운동을 하는 것은 결코 시간낭비가 아니다. 운동을 하면 두뇌활동이 더욱 활발해지기 때문에 오히려 공부에 효과적이다. 나의 삶이 곧 운동이라고 해도 과언이 아니다. 나는 미식축구, 골프, 농구, 야구 등 모든 스포츠를 좋아했다. 미식축구 대회가 있으면 총장의 직위를 떠나 다트머스대 학생들과 함께 응원하고, 목청을 높이고, 같이 어울렸다."

히토즈쿠리와 모노즈쿠리

김 총재에게는 운동도 자기계발의 수단이었던 것이다. 공부가 되었든 운동이 되었든 독서가 되었든 저술활동이 되었든 간에 자신만의 장점과 특징을 부각시킬 수 있는 자기계발을 잘해야 한다. 김용 총재를 비롯해 위대한 거인들은 시간을 허투루 보내지 않고, 자신의 성장을 위해 시간과 노력을 투자했다. 위대한 거인들이 넘어지고 좌절하고 아파하는 젊은 이와 직장인들에게 주는 메시지는 한결같다.

'끊임없이 자기 계발하라!'

김용 총재의 자기계발에 대한 철학은 일본 기업들이 강조하는 '히토즈쿠리人作り'와 '모노즈쿠리物作り'와 맥을 같이 한다. 일본 경제가 1990년대부터 20년간 성장 동력을 잃고 있지만 일본 제조 기업들이 글로벌 시장에서 여전히 탁월한 경쟁력을 유지하고 있는 것은 바로 히토즈쿠리와 모노즈쿠리 정신이 함께 작용하고 있기 때문이다.

히토즈쿠리는 말 그대로 '사람을 만드는 것, 바로 인재개발'이다. 모노즈쿠리는 '물건을 만드는 것, 바로 기술력'을 일컫는다. 좋은 기업이 위대한 기업으로 변신하기 위해서는 히토즈쿠리와 모노즈쿠리가 절묘하게 맞물려 시너지효과를 내야 한다. 인재를 키우면 자연스레 제품의 기술력은 높아지게 되고 이는 결국 경쟁력으로 이어진다.

지난 1959년 이후 50년 이상 흑자기조를 이어오고 있는 일본의 대표 기업 교세라의 성공비결이 바로 히토즈쿠리와 모노즈쿠리에 있다. 기업과 마찬가지로 개개인도 히토즈쿠리에 시간과 에너지를 투자해야 한다. 자기계발과 배움을 중단하면 히토즈쿠리 작업은 원점으로 돌아가고 만다. 새로운 이론과 기술, 경험으로 무장할 때 우리들 개개인은 히토즈쿠리 작업에 동참하게 되는 것이다. 기업들이 히토즈쿠리 작업을 통해 세계적인 기술력과 경쟁력을 확보하는 것처럼, 인간들도 히토즈쿠리 작업에 충실할 때 직장이나 사회생활에서 도태되지 않고 경쟁력을 얻게 된다.

전 세계 인구의 0.2%에 불과한 유대인들이 역대 노벨상 수상자의 23%를 차지하는 비결이 바로 자기계발과 배움을 통한 히토즈쿠리에 있다. 어떤 사람들은 유대인이라고 하면 셰익스피어 작품 《베니스의 상인》에 나오는 악질 대부업자 샤일록을 떠올리지만, 오늘날 글로벌 금융시장을 움직이는 큰손은 유대인들이다.

유대인은 자녀들이 초등학교에 입학하면 손가락에 꿀을 묻혀 알파벳을 쓰게 한다. 자녀들은 단물이 묻은 손가락을 빨면서 배움이 꿀처럼 달콤하고 맛있다는 것을 몸으로 배우게 된다. 2500년 전 공자孔子가 아이들에게 배움의 즐거움을 되도록 일찍 체감할 수 있도록 해야 하고, 늙어서도 배움을 중단해서는 안 된다고 설파한 것과 같은 맥락이다.

가끔씩 여러분의 하루 일과를 체크해보는 것은 어떨까. 오늘 얼마나 많은 시간을 나 자신을 계발하고 공부하는데 투자했는가. 남들처럼만 하면 된다는 생각에 제자리에서 자전거 페달을 돌리고 있는 것은 아닌가. 열차가 나를 종착지까지 태우고 갈 것이라고 맹목적으로 믿고 있는 것은 아닌가.

"당신은 충분히 특별한 사람입니다. 삶을 바꾸는 것은 한 번의 큰 기회가 아니라 마음의 습관habits of mind입니다. 이것을 항상 기억하세요."

김용 총재는 젊은이들과의 대화에서 늘 이렇게 강조한다. 김용 총재를 찬찬히 살펴보라. 성공의 해답은 그 안에 있다.